For Feifei

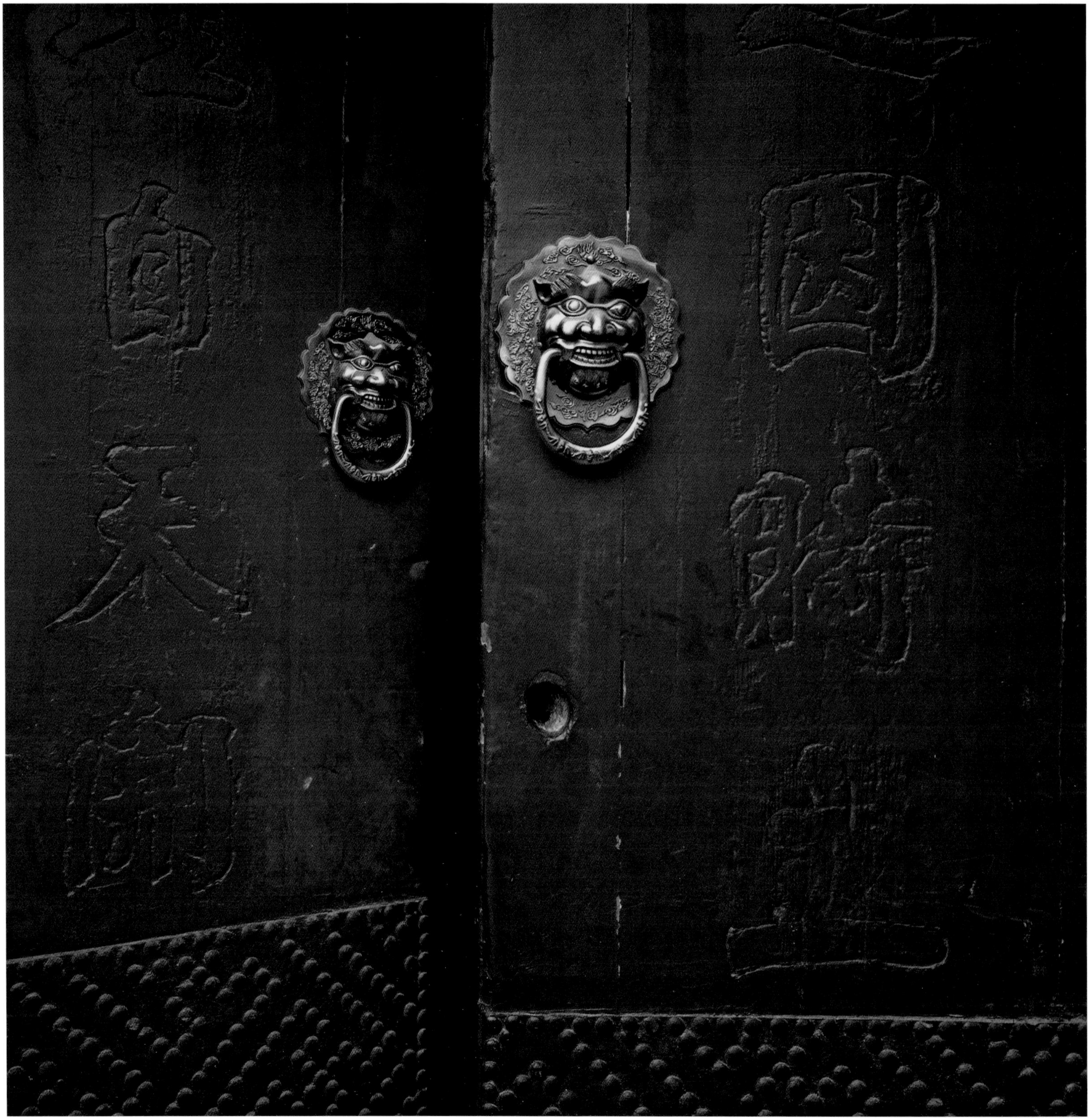

Beijing, Liulichang – 2008

中國

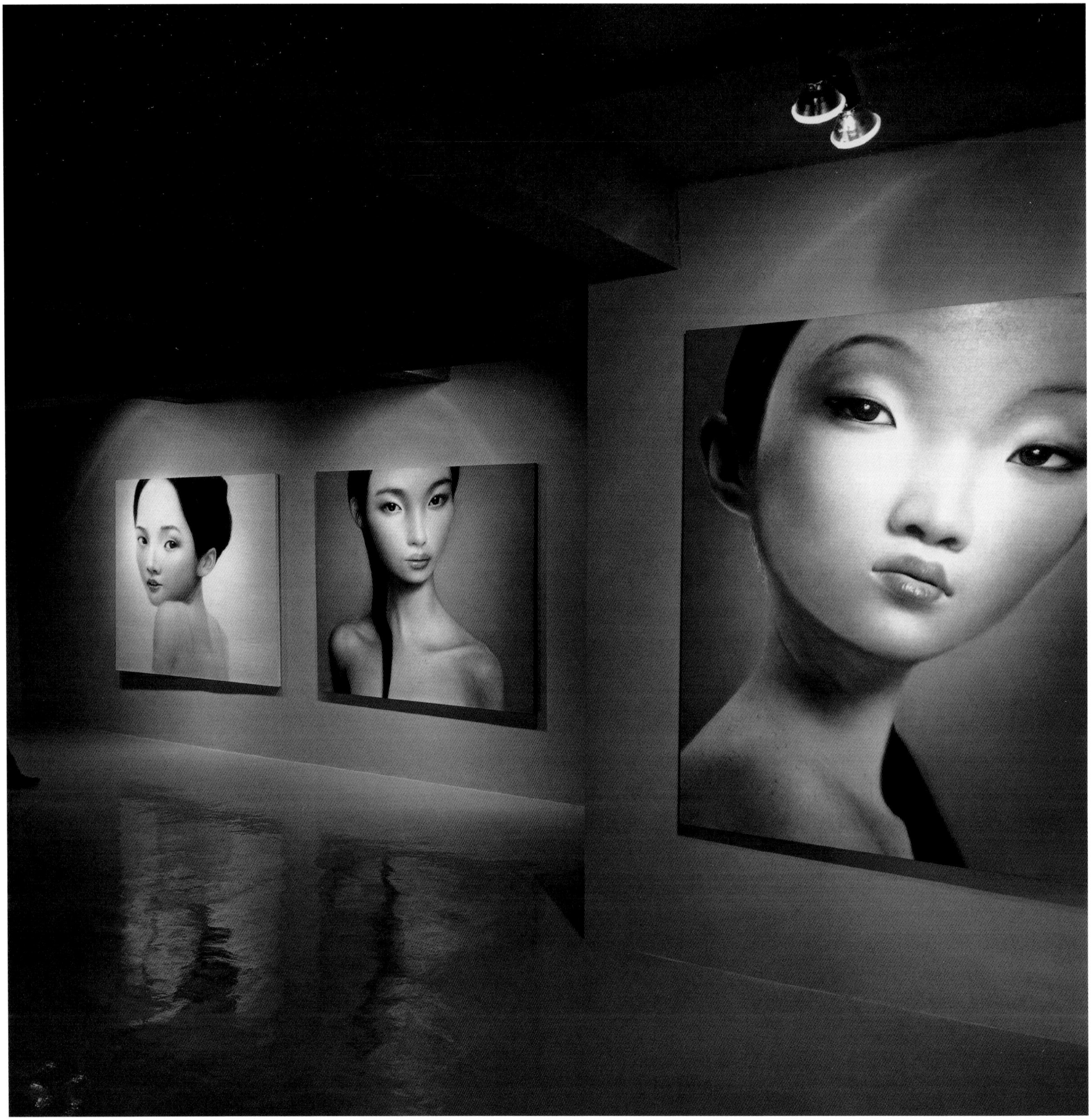

Beijing, Courtyard Gallery, Paintings by Ling Jian – 2005

CHINA MEMORIES

Marco Paoluzzo

CHINA MEMORIES

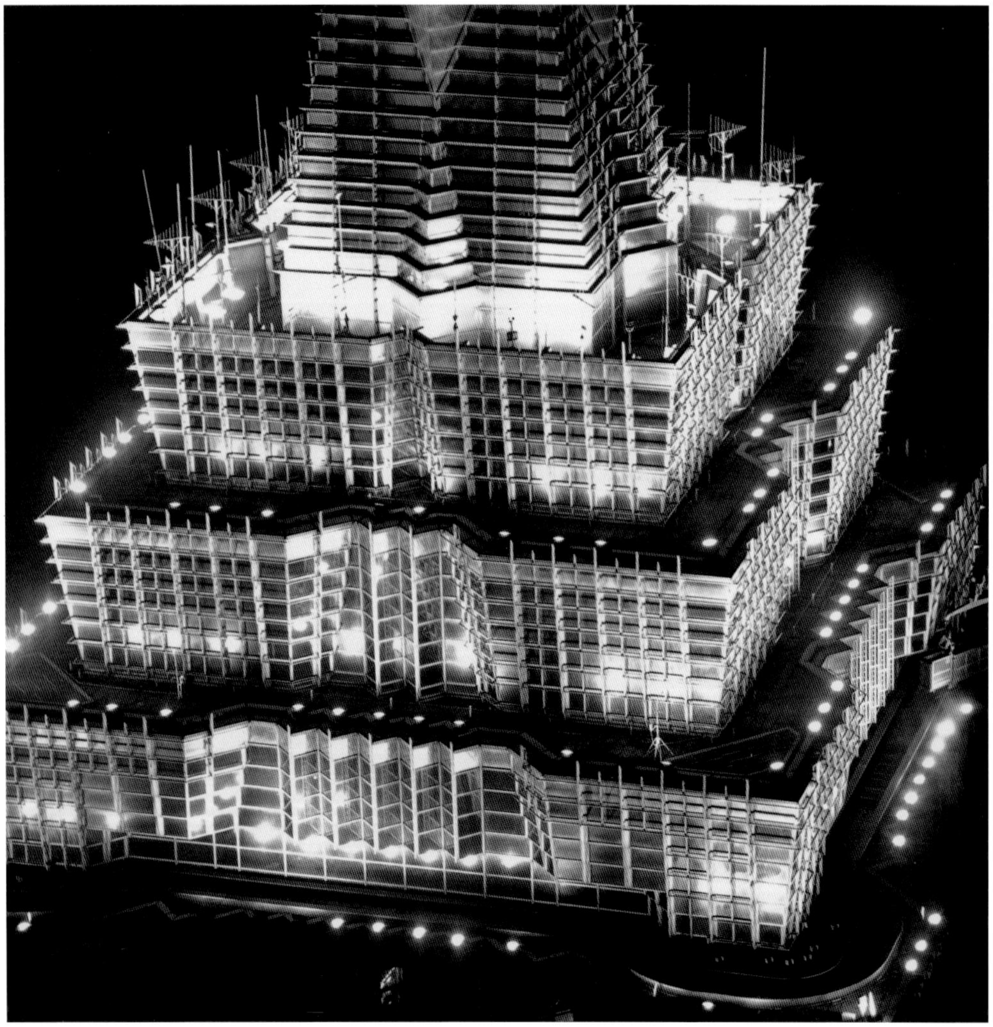

My interest in China dates back to 1969. For my twentieth birthday, my elder sister gave me a book by the Swiss photographer, Emil Schulthess. Suddenly I was caught up in this very different world and amazed by the infinite spectrum of possibilities such images could offer. At the time, I was beginning to develop a keen interest in photography.

Unfortunately, the photographs had been taken before the Cultural Revolution. In a pre-Internet era, the heroic deeds of the Red Guards took some time to reach my ears. Appalled by media reports, I changed my plans and headed for other shores. Mao had regained control and a leaden shroud came crashing down on the country. In 1989, when things were starting to improve, the events of Tiananmen Square dashed all hopes of my travelling to China one day.

Ten years later, my friends Ferit Kuyas and Edy Brunner told me about a book they were planning to do on Shanghai, a city that was just beginning to shake off its lethargy. Nothing was certain. We had no publisher and no funding, but what we did have was loads of enthusiasm. Ferit and Edy had already been to Shanghai several times and knew more or less what to expect. But I had no idea. It was hard getting started. In Shanghai in 1998, virtually no one spoke a foreign language. I got a city map and walked for days and days, getting a feel of the city. Huge construction sites were springing up everywhere – the city was

Shanghai, Jin Mao Building from Shanghai World Financial Center – 2010 teeming with activity. The frenzy that seized the megalopolis has never abated. What is more, it has spread like wildfire across the country, first to Beijing, then on to the large provincial cities.

In 2000, when the book was published, we displayed our photographs at the Shanghai Art Museum. To commemorate the fiftieth anniversary of diplomatic relations between Switzerland and China, Adolf Ogi, then president of the Swiss Confederation, inaugurated the exhibition. That very day, I was to meet Feifei, who several years later would become my wife.

Before we got married, I began to visit China more and more frequently. I took advantage of my trips there to explore the country, acting on my whims and fancies. Beijing, a mandatory stopover for long hauls from Europe, became my port of call. It is a city I have always appreciated for the striking contrasts between old and new. It is also the cultural capital of China, home to many artists, photographers and art galleries. It is a pleasant city, despite its mammoth proportions, where one can always flee the frenzy of the megalopolis and find peace and quiet in a vestige from a bygone era.

Zhengzhou, the capital of Henan, the country's most populous province, also became a must. Feifei came from that city of six million people and her parents and friends still live there, so it is only natural that we should return whenever we travel to China. That explains to a large extent why my work on China has focused on these three cities: Shanghai, Beijing and Zhengzhou.

During my early voyages to China, the emblematic figure of Mao Zedong was still omnipresent. As time passed, however, a subtle change was taking place in the hearts of the Chinese people, who were too busy either trying to survive or get rich. Mao's finest hour came many years after he had been immortalized by Andy Warhol. I can wryly imagine the Great Helmsman turning over in his grave in Tiananmen Square at the thought of having become a market value in the form of tourist souvenirs flooding the flea markets. "The Great Leap Forward" would have to await the arrival of Deng Xiaoping and the hordes of foreign investors in the early 2000s.

I would also like to underscore the influence of many Chinese photographers whose pictures portrayed a China that was fast becoming a thing of the past. First, there were the gripping photos of Liu Zheng, which appeared in the magazine *Du*. Then came those of Jiang Jian, who let me discover aged farming couples from the Henan heartland. That was the China I had dreamed of when I was twenty and that I had imagined was gone forever. That was what I wanted to show – a lightening transition from one China to another. By showing its roots, contemporary China took on a whole new meaning, that of a leap spanning several centuries.

Despite my many sojourns in Shanghai and elsewhere, I have still not learned to speak Mandarin. In the Middle Kingdom, a smile works wonders and I have been able to manage on my own most of the time. Yet many of the encounters illustrated in this book would not have been possible without the help of Feifei, who bravely conveyed my feverish requests in Chinese. It is to her, my faithful companion, that I wish to dedicate this book.

I would also like to thank all those strangers I met along the way, whose warmth makes these pages come alive. My thanks also go to Jiang Jian and to Liu Zheng for their friendship and support throughout the project. This book is also theirs.

Marco Paoluzzo

CHINA, EIN TAGEBUCH

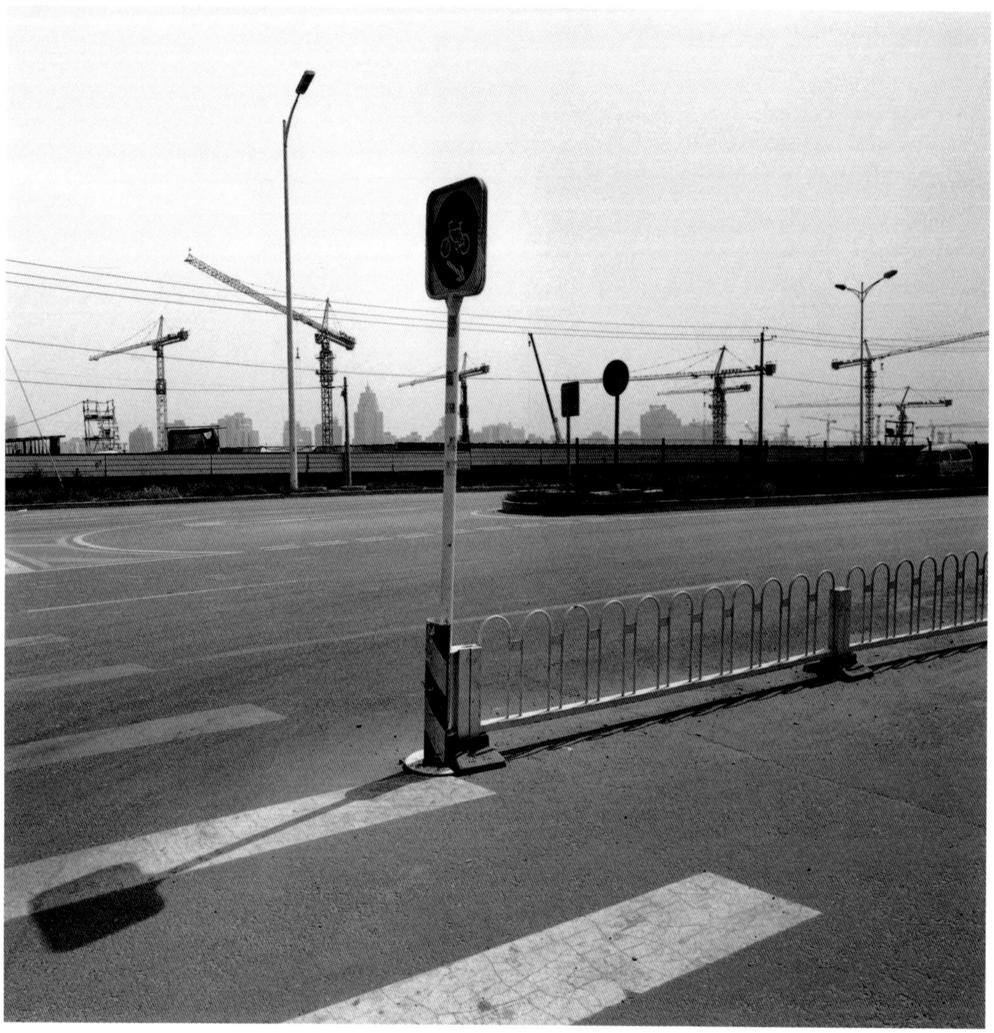

Beijing, Tianzhu Airport Industrial Zone – 2005

Mein Interesse für China wurde 1969 geweckt. Zu meinem 20. Geburtstag hatte mir meine ältere Schwester einen Bildband des Schweizer Fotografen Emil Schulthess geschenkt. Auf Anhieb schlug mich diese ganz andere Welt in ihren Bann, und ich staunte zugleich über die Möglichkeiten des Bildermachens, die ich für unbeschränkt hielt. Damals begann ich, mich ernsthaft mit Fotografie zu beschäftigen.

Leider waren die Bilder des Buches vor der Kulturrevolution aufgenommen worden. Zu einer Zeit, da es das Internet noch nicht gab, dauerte es etwas, bis die Heldentaten der Roten Garden zu meinen Ohren gelangten. Über die in den Medien berichteten Geschehnisse empört, gab ich meine ursprünglichen Projekte auf, um andere Horizonte zu suchen. Mao übernahm erneut die Zügel, und eine Bleidecke senkte sich auf das Land. Als sich die Lage 1989 zu bessern begann, verlor ich angesichts der Ereignisse auf dem Tian'anmen-Platz jede Hoffnung, jemals in dieses Land zu reisen.

Zehn Jahre später erzählten mir meine Freunde Ferit Kuyas und Edy Brunner von einem Buchprojekt über die Stadt Shanghai, die damals soeben aus ihrer Lethargie erwacht war. Nichts war gewährleistet. Wir hatten weder einen Verlag noch Geld für die Herstellung des Buches, besassen jedoch viel Begeisterung. Ferit und Edy waren bereits mehrmals in Shanghai gewesen und wussten deshalb mehr oder weniger, was sie erwartete. Für mich war alles neu. Die erste Zeit war ziemlich mühsam. 1998 sprach in Shanghai niemand oder fast niemand eine ausländische Sprache. Ich besorgte mir einen Stadtplan und lief tagelang durch die Stadt, um ihren Puls zu fühlen. Überall gab es grosse Baustellen, Shanghai war im Aufbruch. Die Hektik, welche die Megalopolis erfasst hatte, ist seither nicht erloschen, sondern hat im Gegenteil das ganze Land angesteckt, zunächst Beijing, dann aber auch rasch die grossen Provinzstädte.

Nach der Publikation des Buches im Jahr 2000 stellten wir unsere Fotografien im Kunstmuseum von Shanghai aus. Anlässlich des 50-jährigen Bestehens diplomatischer Beziehungen zwischen der Schweiz und China eröffnete der damalige Bundespräsident Adolf Ogi die Ausstellung. Gleichentags lernte ich Feifei kennen, die ein paar Jahre später meine Frau wurde.

Nach unserer Hochzeit hielt ich mich häufiger in China auf, um aufs Geratewohl das Land zu entdecken. Beijing, obligater Ankunftsort für Langstreckenflüge aus Europa, wurde mein Fixpunkt. Von Anfang an schätzte ich diese Stadt wegen ihrer spannenden Gegensätze zwischen Alt und Neu. Zudem ist Beijing die grosse Kulturhauptstadt des Landes, in der zahlreiche Künstler, Fotografen und Galeristen leben. Trotz ihrer Grösse ist es eine angenehme Stadt, da man der Hektik der Metropole stets entkommen kann, um einen Ort aus alten Zeiten aufzusuchen. Zhengzhou, die Hauptstadt Henans, der bevölkerungsreichsten Provinz des Landes, wurde ebenfalls zu einem obligaten Ziel. Feifei stammt aus dieser Stadt, die sechs Millionen Einwohner zählt, und da ihre Familie und ihre Freunde immer noch dort leben, besuchen wir sie bei fast jedem Aufenthalt. Dies erklärt zu einem grossen Teil, warum sich meine Arbeit in China auf die drei Städte Shanghai, Beijing und Zhengzhou konzentriert.

Zum Zeitpunkt meiner ersten Reisen zählte Mao Tse-tung als Leitfigur noch zu den sicheren Werten des Landes. Im Laufe der Jahre wandten sich die Chinesen allmählich von ihm ab, da sie wohl allzu sehr damit beschäftigt waren, entweder zu überleben oder aber reich zu werden. Für Mao kam die Stunde des Ruhms erst lange, nachdem ihn Andy Warhol verewigt hatte. Voller Ironie stelle ich mir vor, wie sich der Grosse Vorsitzende in seinem Sarkophag am Tian'anmen-Platz umdreht bei der Idee, ein Handelswert der Reiseandenkenindustrie geworden zu sein, der alle Flohmärkte überschwemmt. „Der Grosse Sprung nach vorn" musste schliesslich auf Deng Xiaoping und das massive Auftreten der ausländischen Investoren zu Beginn der 2000er-Jahre warten.

Ich möchte zudem den Einfluss der zahlreichen chinesischen Fotografen hervorheben, die mir in ihren Bildern das untergehende China zeigten. Zunächst waren es die Aufnahmen von Liu Zheng in der Zeitschrift *Du*, die mich berührten, anschliessend jene von Jiang Jian, dessen Fotos mir alte Bauernpaare in Henan näherbrachten. Dieses China war es, von dem ich 30 Jahre lang geträumt hatte und das ich für immer untergegangen hielt. Dieser blitzartige Wandel vom alten zum neuen China war es, den ich zeigen wollte. Mit dem Aufdecken ihrer Wurzeln erhält die Modernität einen ganz anderen Sinn, jenen eines Sprungs über mehrere Jahrhunderte hinweg.

Seit meinem ersten Aufenthalt in Shanghai habe ich immer noch nicht Mandarin gelernt. Im Reich der Mitte bewirkt ein Lächeln Wunder, und ich kam häufig gut allein zuwege. Doch viele der im vorliegenden Band illustrierten Begegnungen wären nicht möglich gewesen ohne den Beistand von Feifei, die meine ungeduldigen Wünsche übersetzen musste. Ihr, meiner getreuen Begleiterin, möchte ich dieses Buch widmen.

Mein herzlicher Dank richtet sich an all die Unbekannten, denen ich unterwegs begegnete und deren Warmherzigkeit diesen Seiten Leben verleiht, aber auch an Jiang Jian und Liu Zheng für ihre Freundschaft und Unterstützung bei diesem Projekt. Das vorliegende Buch ist auch ihr Buch.

Marco Paoluzzo

D'UNE CHINE A L'AUTRE

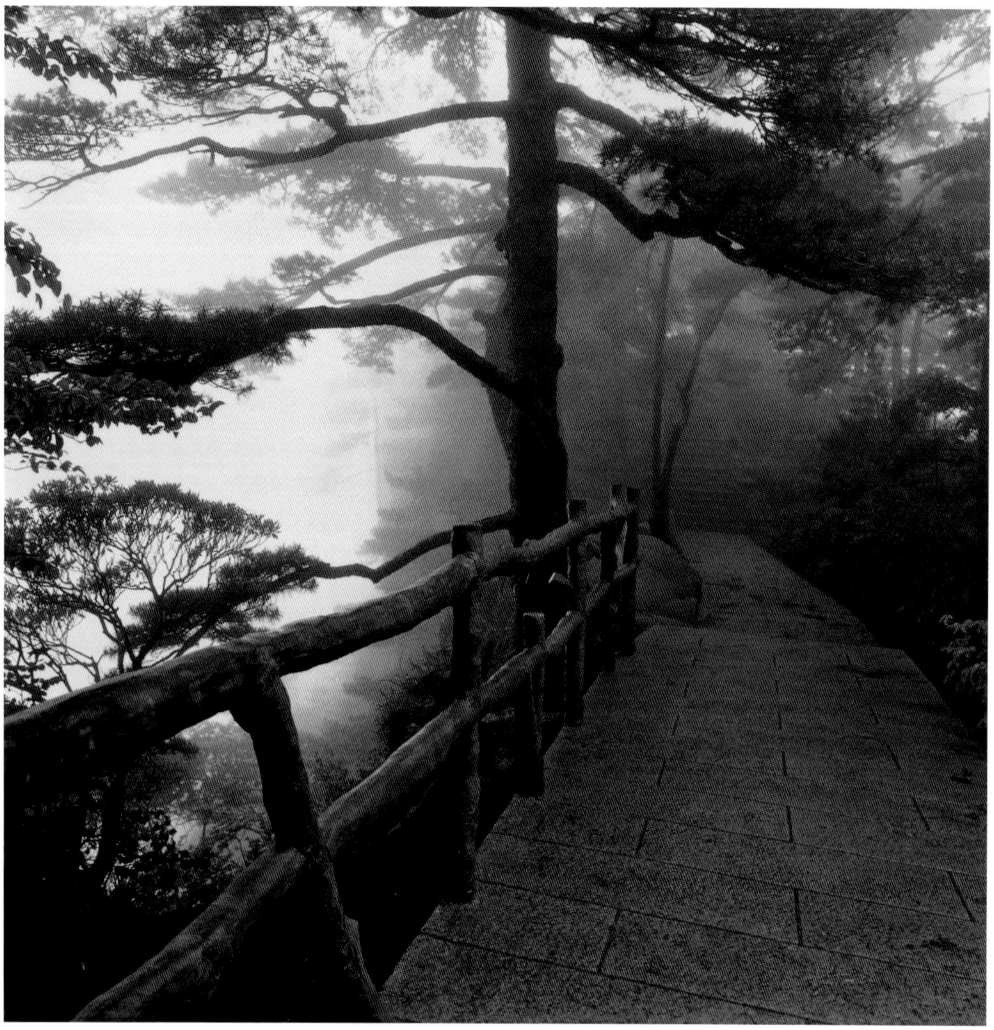

Huangshan, Anhui – 2009

Mon intérêt pour la Chine remonte à 1969. Pour mon vingtième anniversaire, ma sœur aînée m'avait offert un livre du photographe suisse Emil Schulthess. Tout de suite, je fus happé par ce monde tellement différent, et émerveillé par les possibilités d'images, que j'imaginais illimitées. A l'époque, je commençais à m'intéresser sérieusement à la photographie.

Malheureusement, les images du livre avaient été prises avant la révolution culturelle. A une époque où Internet n'existait pas encore, les hauts faits des Gardes rouges mirent quelque temps pour parvenir jusqu'à mes oreilles. Révolté par les incidents relatés dans les médias, je me détournai de mes projets initiaux pour voguer vers d'autres cieux. Mao reprit le pouvoir, et une chape de plomb s'abattit sur le pays. En 1989, alors que les choses commençaient à s'arranger, les événements de la place Tian'anmen me firent perdre tout espoir de me rendre un jour dans ce pays.

Dix ans plus tard, mes amis Ferit Kuyas et Edy Brunner me parlèrent d'un projet de livre sur la ville de Shanghai, qui commençait tout juste à sortir de sa léthargie. Rien n'était sûr. Nous n'avions pas d'éditeur, pas d'argent pour la réalisation de l'ouvrage, mais beaucoup d'enthousiasme. Ferit et Edy avaient déjà fait quelques séjours à Shanghai et savaient donc plus ou moins à quoi s'attendre. Pour ma part, c'était l'inconnu. Les débuts furent assez laborieux. A Shanghai en 1998, personne ou presque ne parlait une langue étrangère. Je pris un plan de la ville et marchai pendant des jours et des jours pour prendre le pouls de la cité. Partout, de grands chantiers sortaient de terre, la ville était en ébullition. La frénésie qui s'était emparée de la mégalopole n'a plus cessé depuis. Bien plus, elle s'est transmise à tout le pays, à la ville de Pékin d'abord, bientôt rejointe par les grandes villes de province.

En 2000, après la parution du livre, nous exposâmes nos photographies au Musée d'art de Shanghai. A l'occasion du cinquantième anniversaire des relations diplomatiques entre la Suisse et la Chine, Adolf Ogi, alors président de la Confédération, inaugura l'exposition. Ce même jour, je rencontrai Feifei, qui deviendrait ma femme quelques années plus tard.

Avant notre mariage, mes séjours en Chine se firent plus fréquents. J'en profitai pour découvrir le pays, au hasard de mes envies. Pékin, escale obligatoire pour les longs courriers venant d'Europe, devint mon port d'accueil. C'est une ville que j'ai toujours appréciée pour ses contrastes saisissants entre le moderne et l'ancien. C'est aussi la capitale culturelle du pays, abritant de nombreux artistes, photographes et galeries. Une ville agréable malgré son gigantisme, où il est toujours possible de fuir la frénésie de la métropole en se réfugiant dans un endroit sorti du passé.

Zhengzhou, la capitale du Henan, la province la plus peuplée du pays, devint également une étape obligatoire. Feifei étant originaire de cette ville de six millions d'habitants et ses parents et amis y vivant toujours, c'est tout naturellement que nous y retournâmes à chaque séjour ou presque. Cela expliquera en bonne partie pourquoi mon travail en Chine s'est concentré sur ces trois villes: Shanghai, Pékin et Zhengzhou.

Lors de mes premiers voyages, la figure tutélaire de Mao Tsé-Toung était encore au firmament des valeurs sûres du pays. Et puis, au fil des ans, un détachement subtil prit forme dans le cœur des Chinois, trop occupés à survivre ou à s'enrichir. Pour Mao, l'heure de gloire arriva bien des années après avoir été immortalisé par Andy Warhol. Avec ironie, j'imagine le Grand Timonier se retourner dans son sarcophage de la place Tian'anmen, à l'idée d'être devenu une valeur marchande du souvenir touristique, envahissant tous les marchés aux puces. «Le Grand Bond en avant» dut finalement attendre l'heure de Deng Xiaoping et l'arrivée en masse des investisseurs étrangers au début des années 2000.

J'aimerais aussi relever l'influence des nombreux photographes chinois, qui m'ont montré, dans leurs images, cette Chine en voie de disparition. Ce furent tout d'abord les photographies de Liu Zheng, parues dans le magazine *Du*, qui me secouèrent. Ensuite celles de Jiang Jian, qui me fit découvrir dans ses images les vieux couples de paysans de la campagne du Henan. C'était de cette Chine-là que j'avais rêvé à 20 ans et je l'imaginais à tout jamais disparue. C'était ce que je voulais montrer, ce passage éclair d'une Chine à l'autre. En montrant ses racines, la modernité prenait un tout autre sens, celui d'un saut de plusieurs siècles.

Depuis mes premiers pas à Shanghai, je n'ai toujours pas appris le mandarin. Dans l'Empire du Milieu, un sourire fait des miracles, et j'ai pu me débrouiller tout seul bien souvent. Mais des nombreuses rencontres illustrées dans cet ouvrage, beaucoup ne furent possibles que par l'intervention de Feifei, qui dut se charger de traduire mes demandes fiévreuses. C'est à elle, ma fidèle accompagnatrice, que j'aimerais dédier ce livre.

J'aimerais aussi remercier tous ces inconnus rencontrés en chemin, dont la chaleur fait vivre ces pages. Merci aussi à Jiang Jian et à Liu Zheng pour leur amitié et leur soutien dans ce projet. Ce livre est aussi leur livre.

Marco Paoluzzo

12

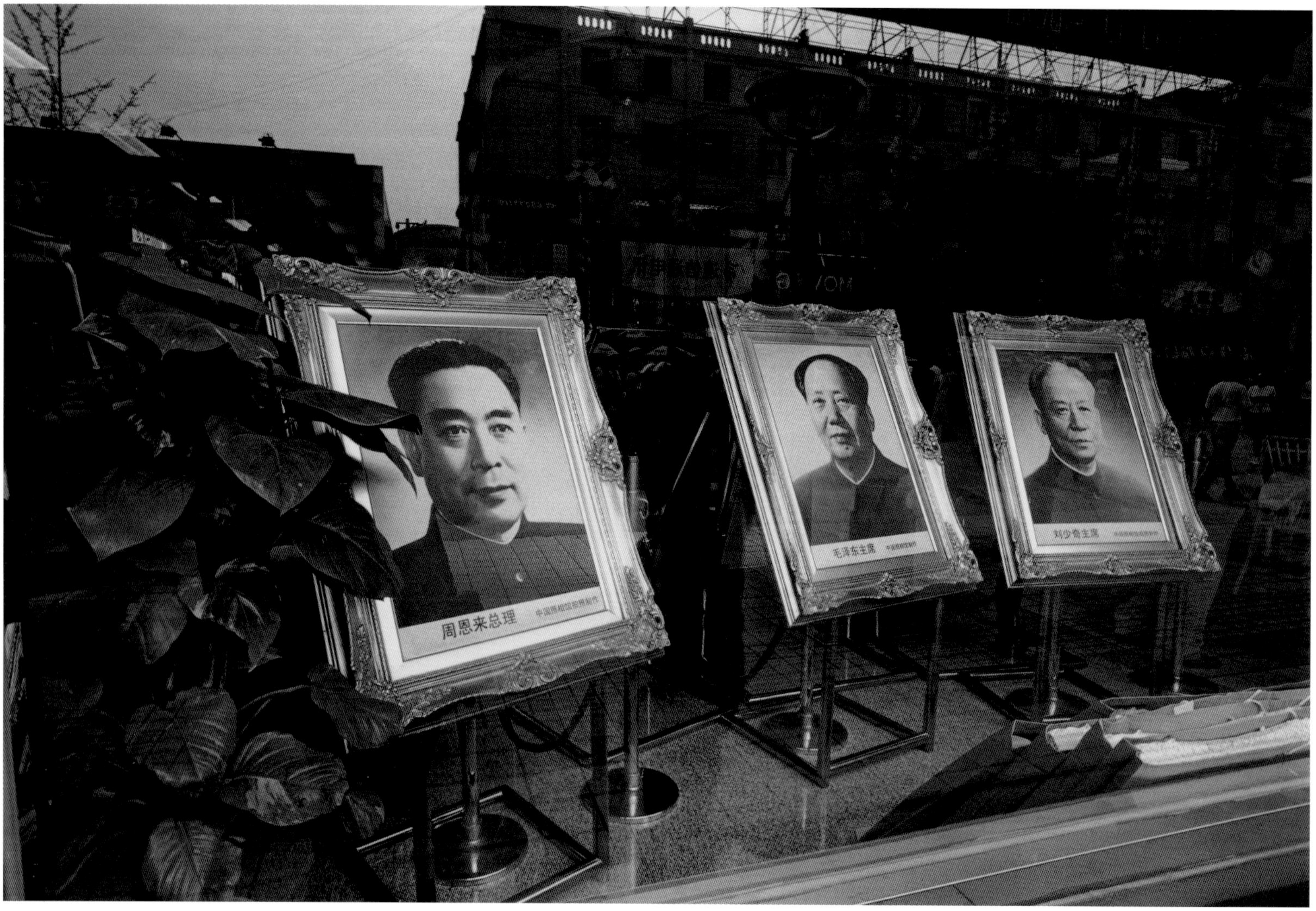

Beijing, Wangfujing Dajie – 2001

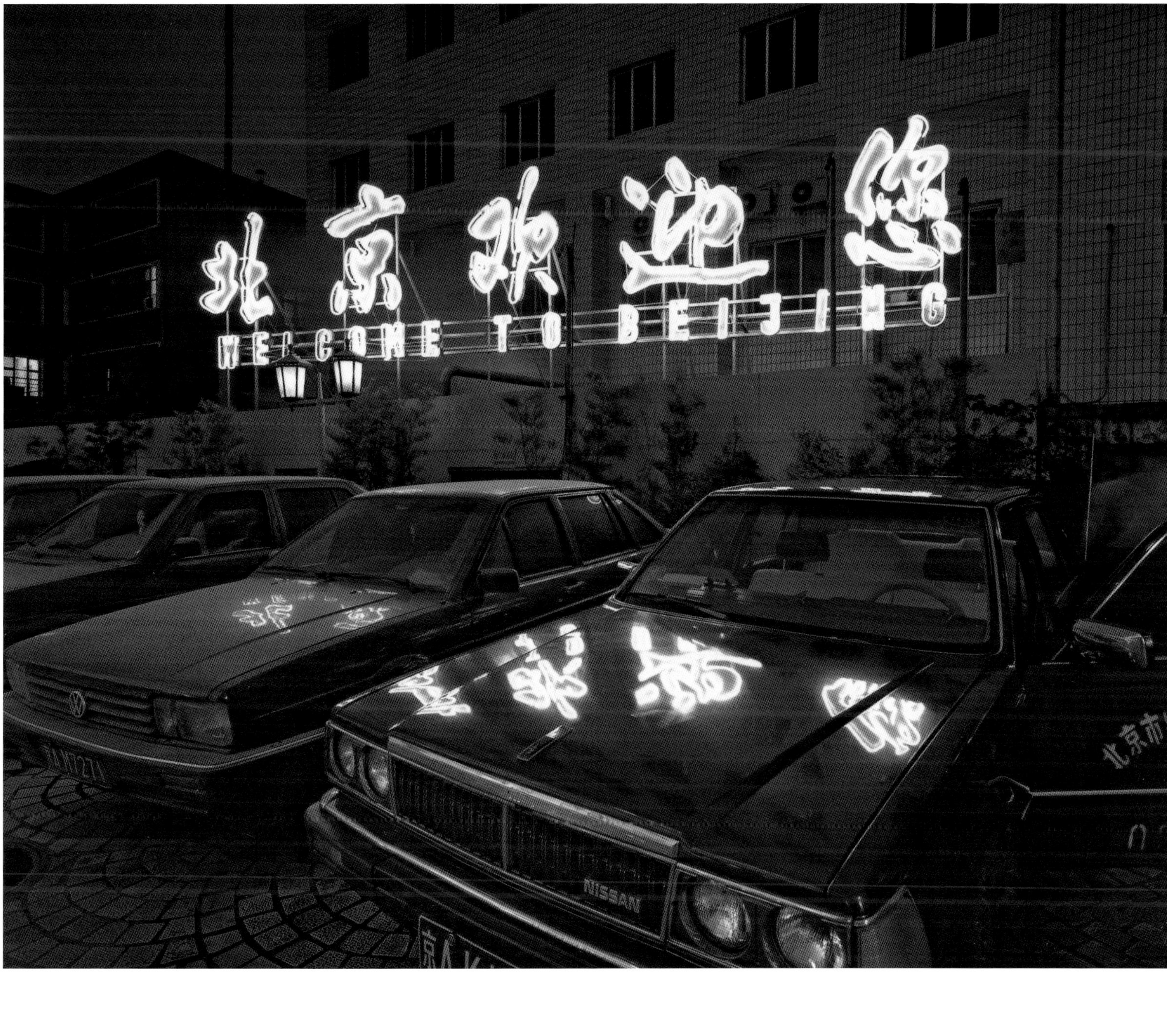

Beijing, Dengshikou Dajie – 1998

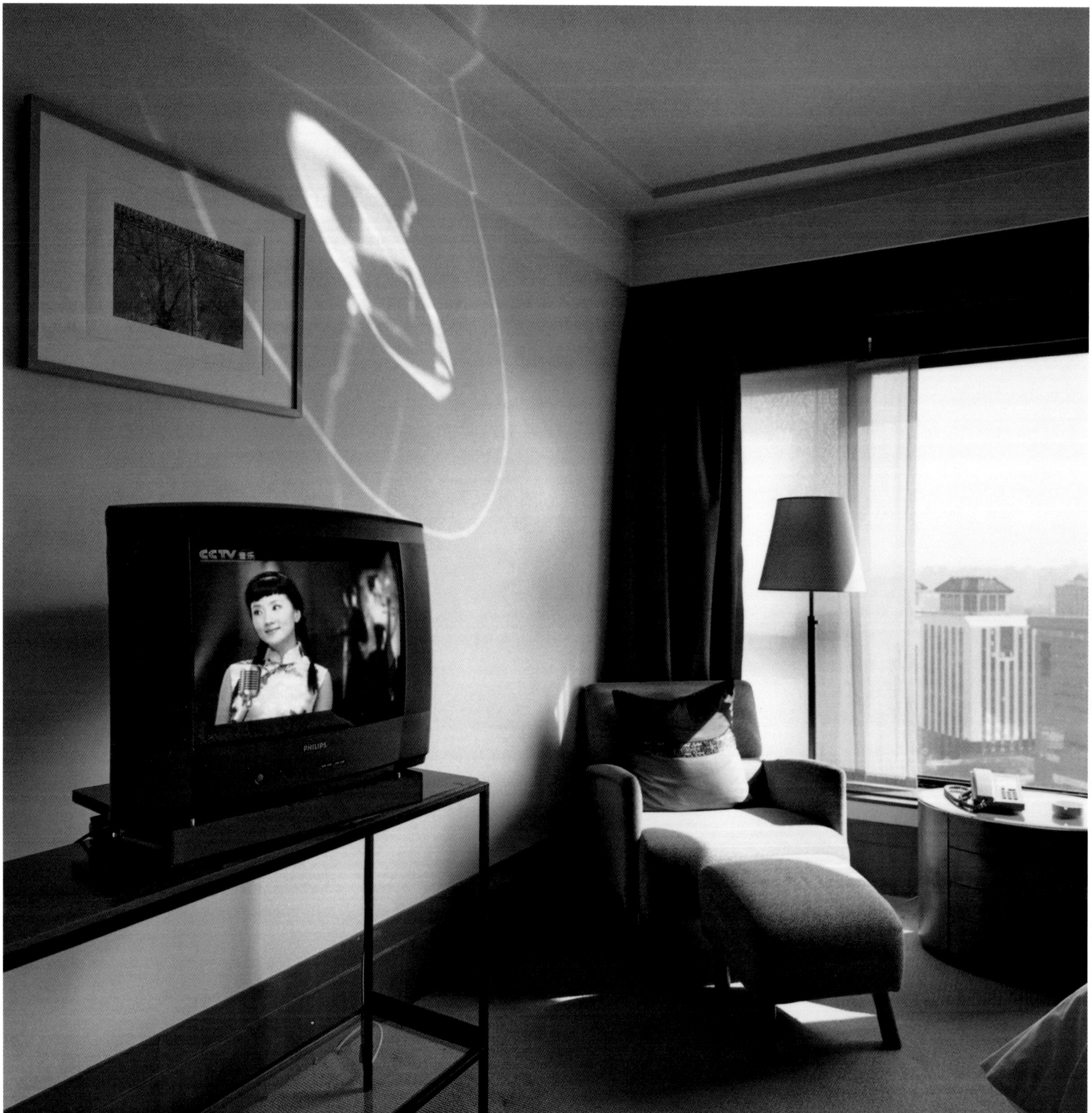

Beijing, International Hotel – 2008

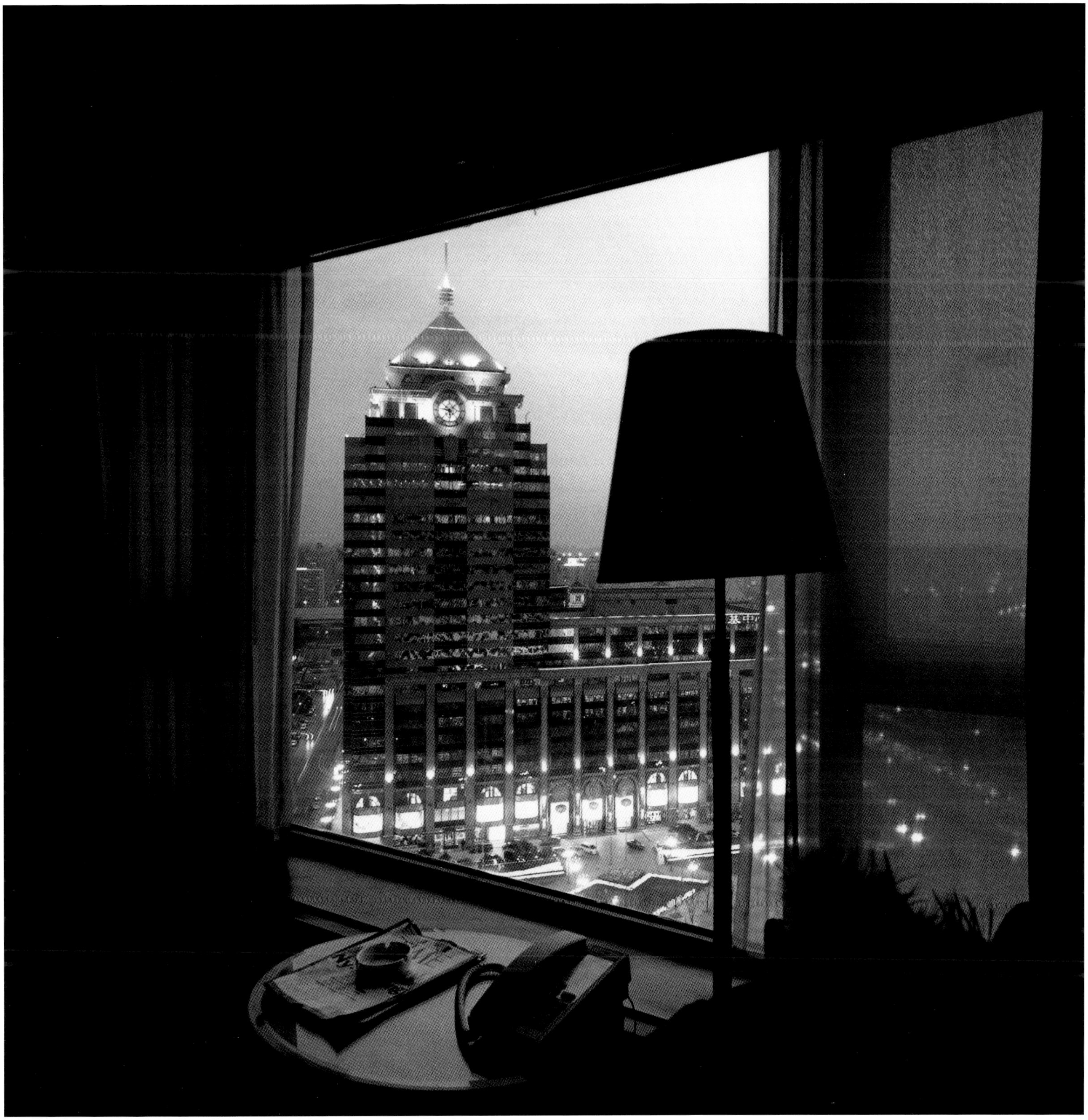

Beijing, Jianguomen Nei – 2008

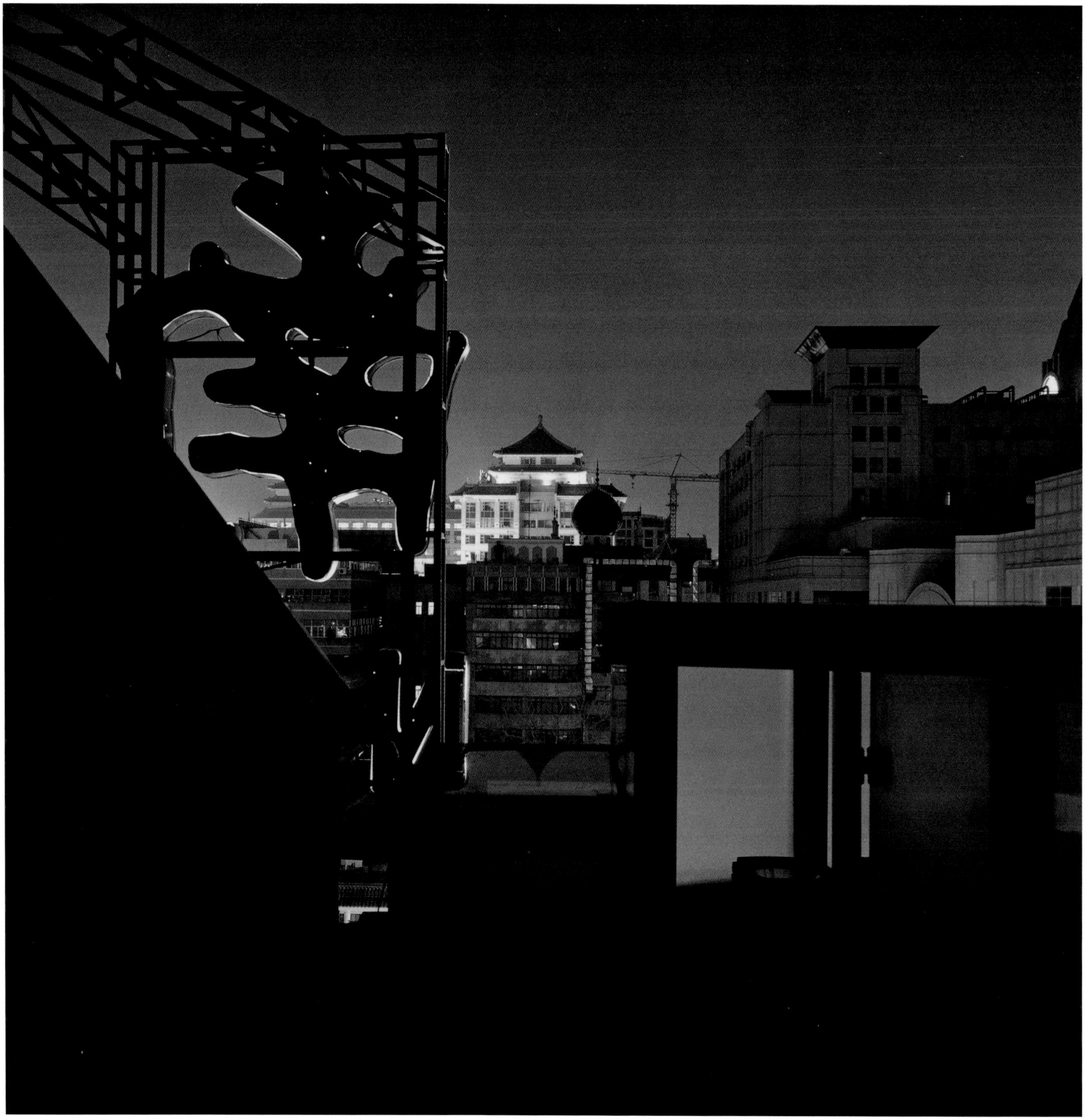

Beijing, Wangfujing Dajie – 2007

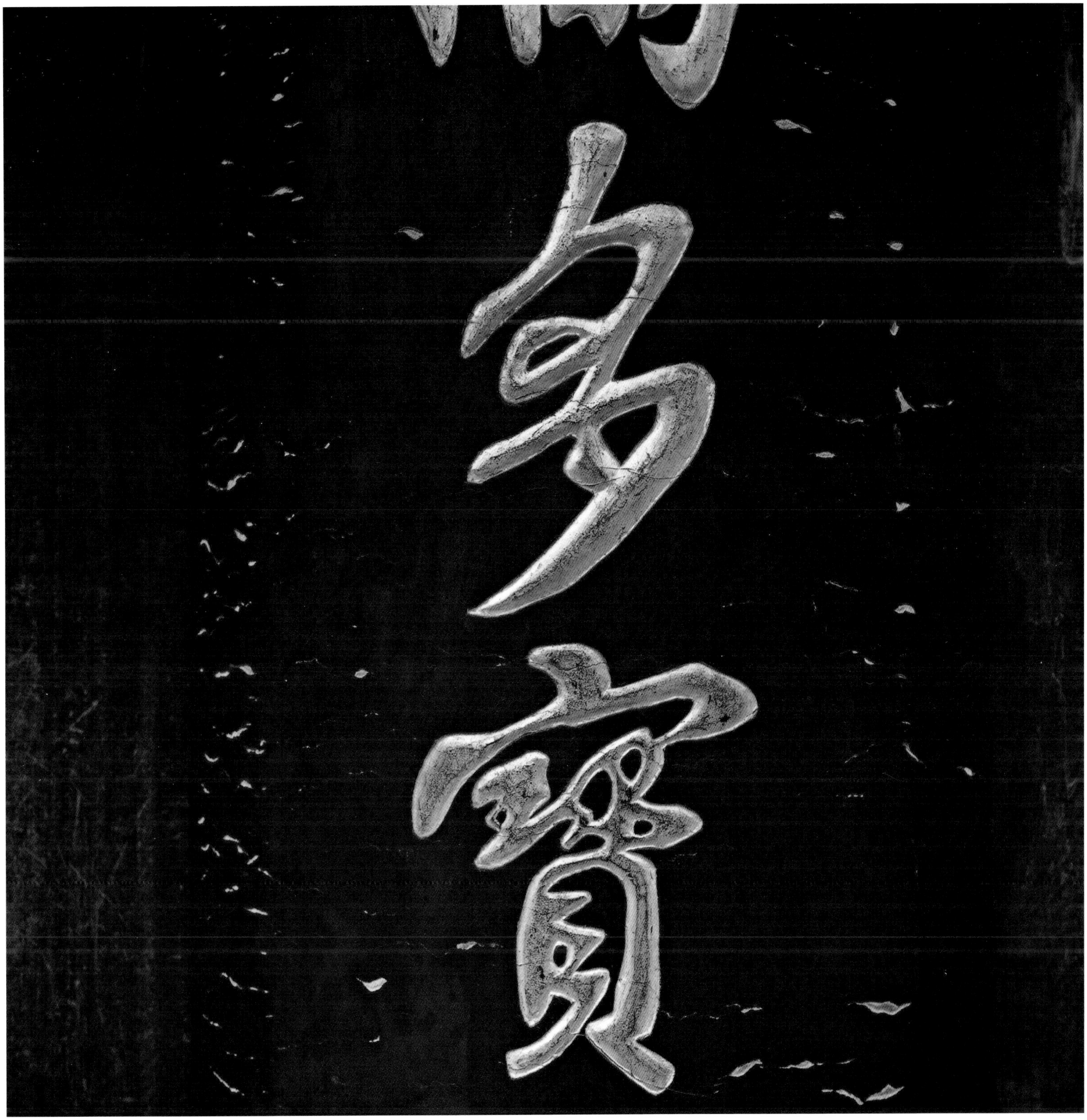

Beijing, Beihai Park – 2009

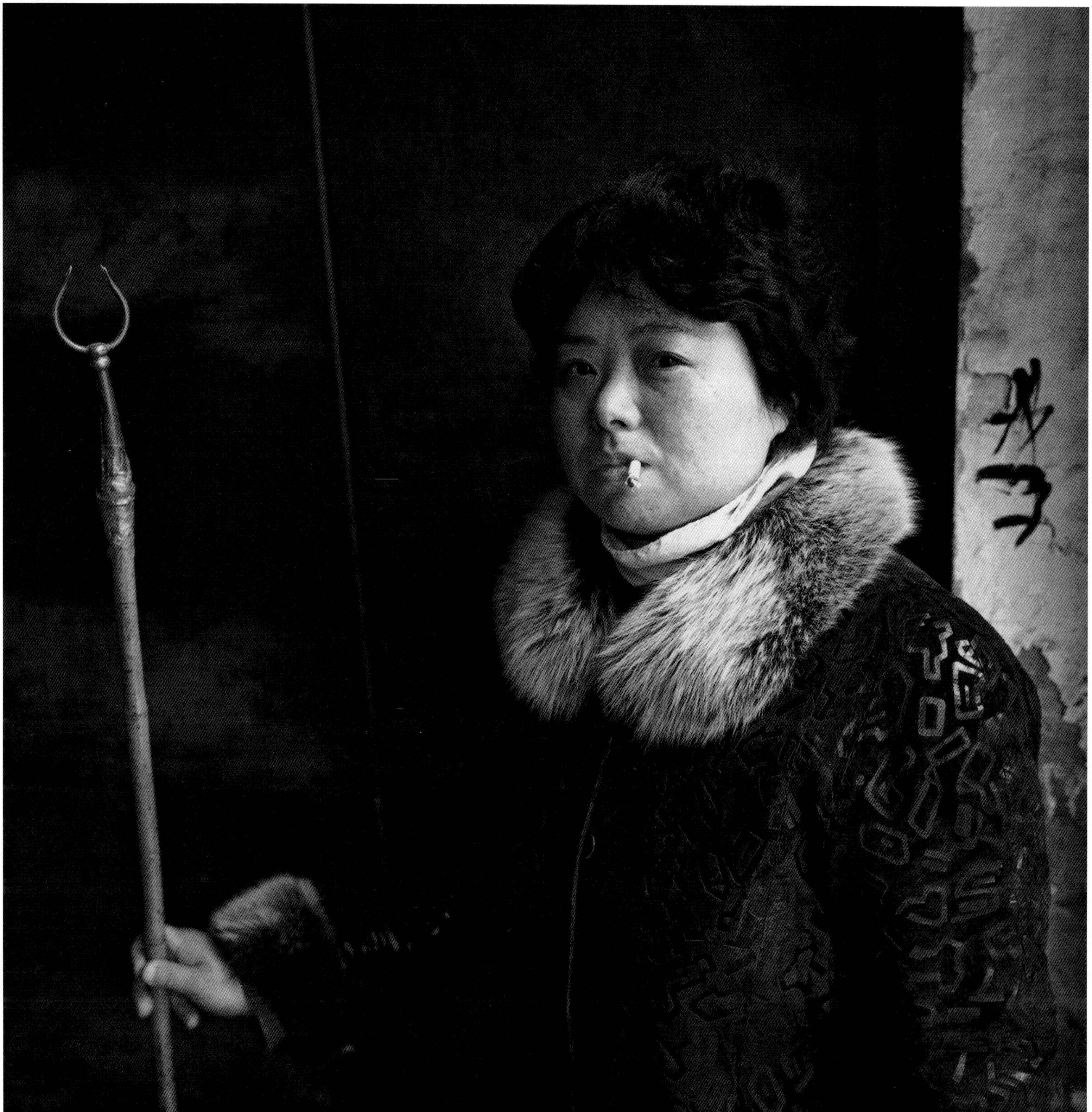

Beijing, Liulichang – 2008

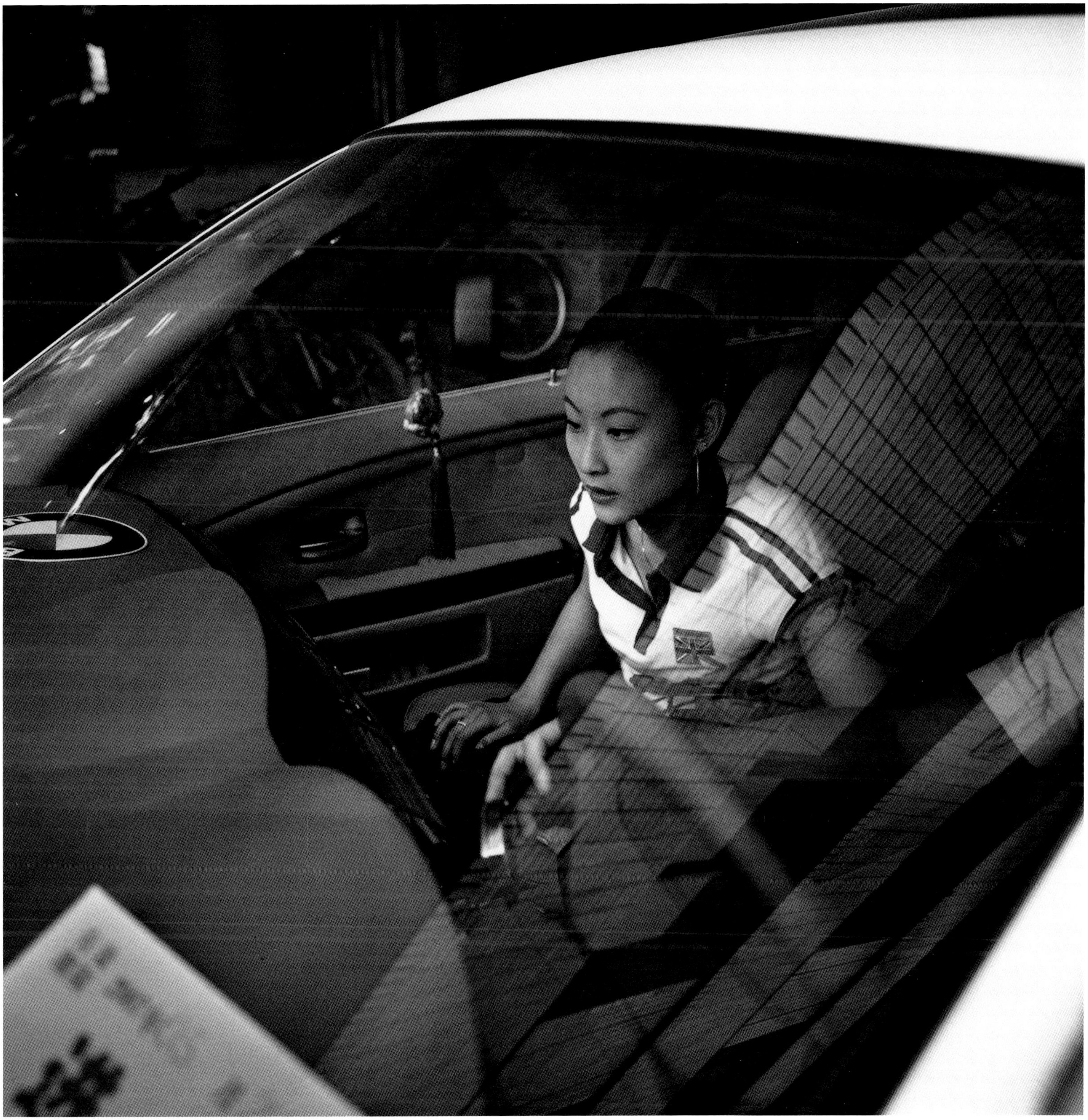

Beijing, near Wangfujing Dajie – 2007

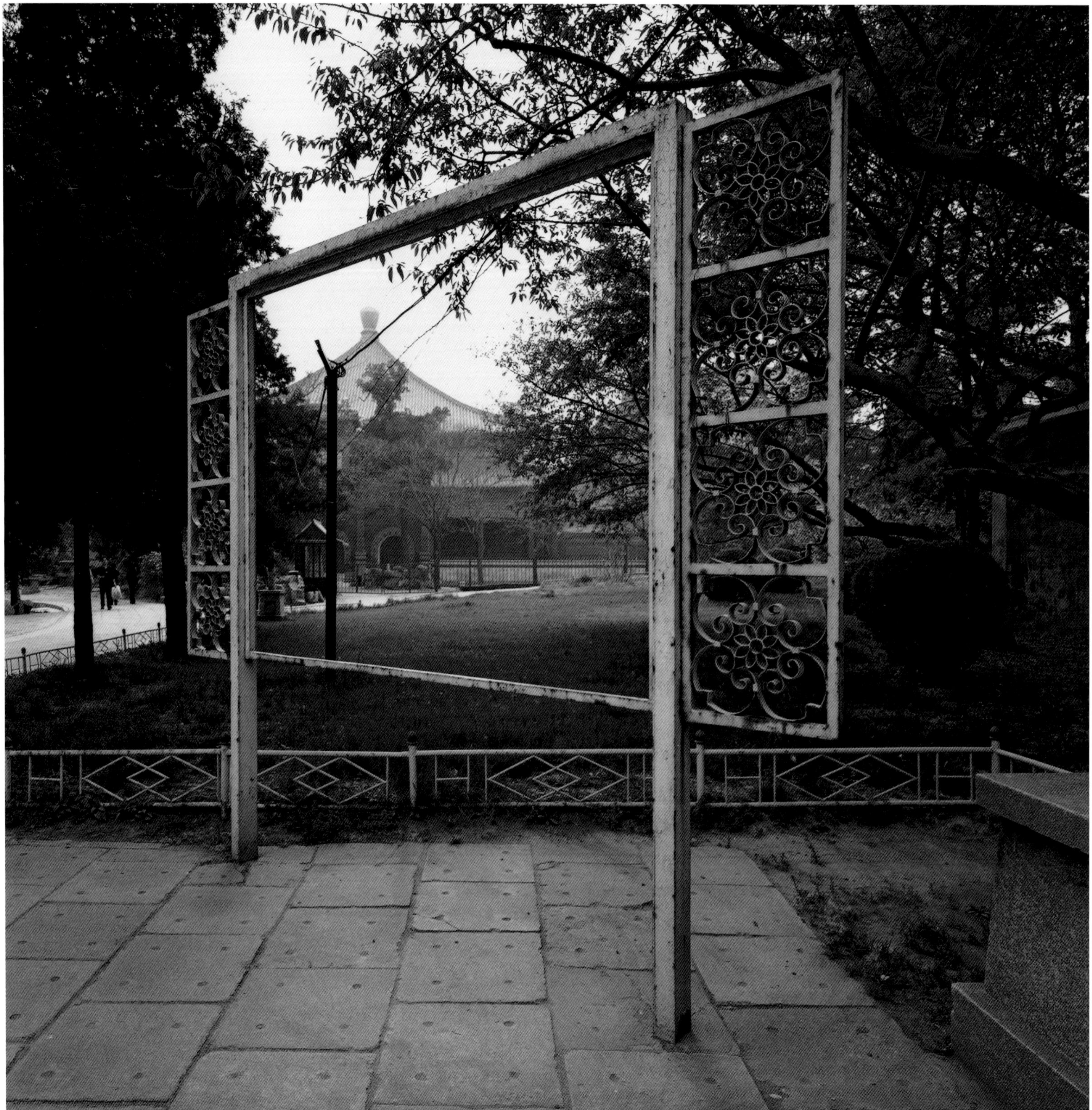

Beijing, Beihai Park – 1998

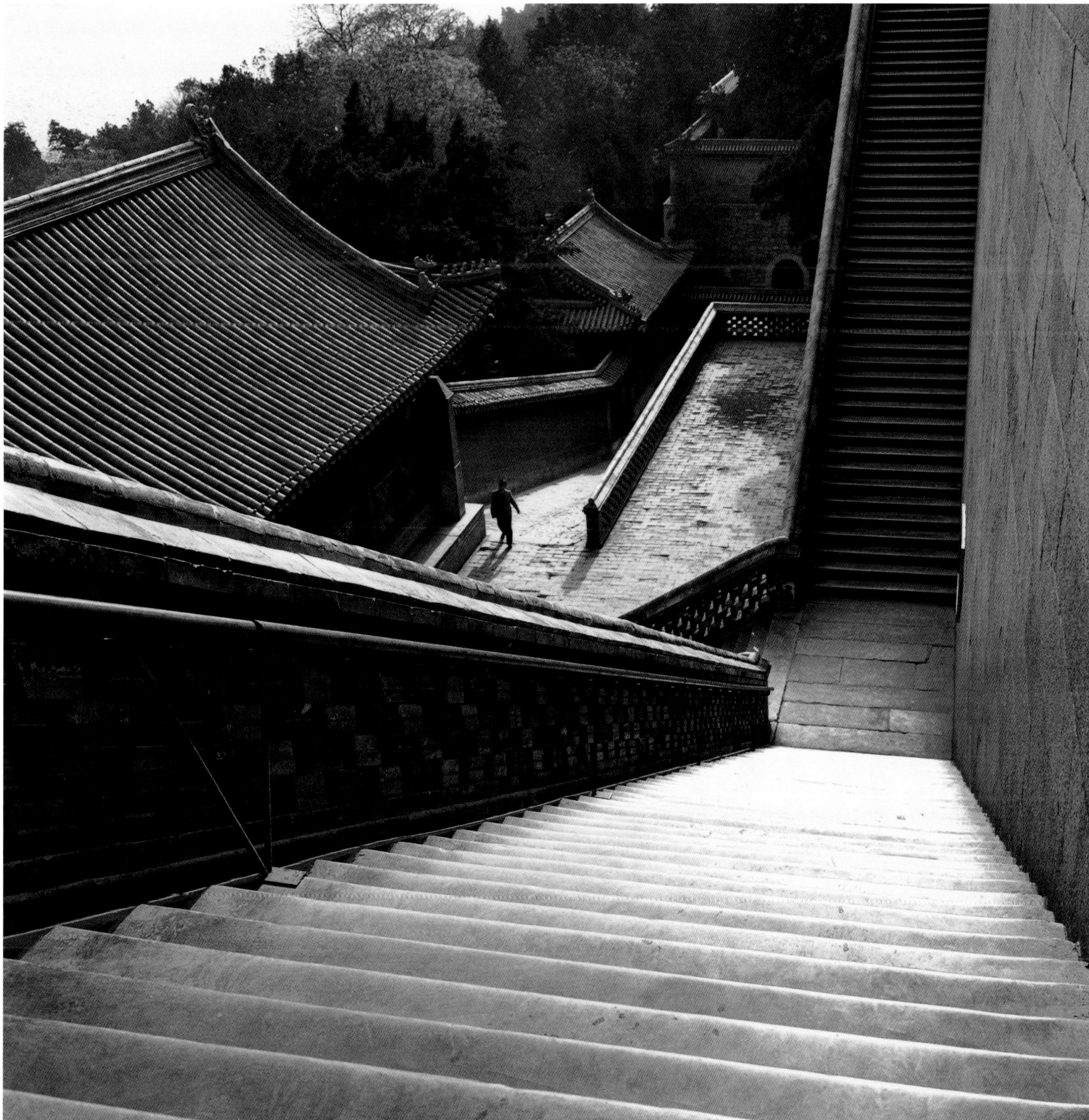

Beijing, Summer Palace – 1998

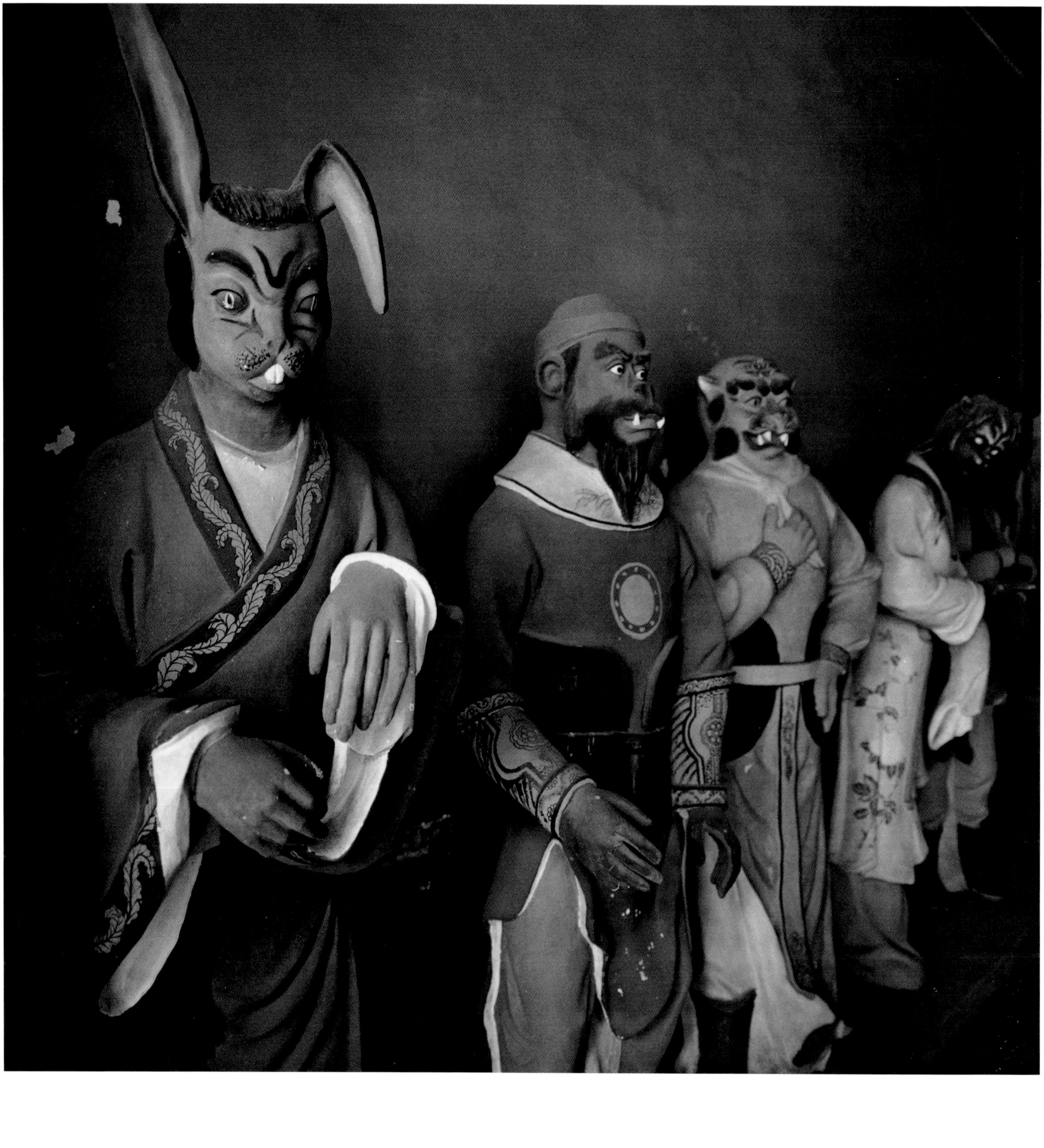

Beijing, Dongyue Miao – 2009

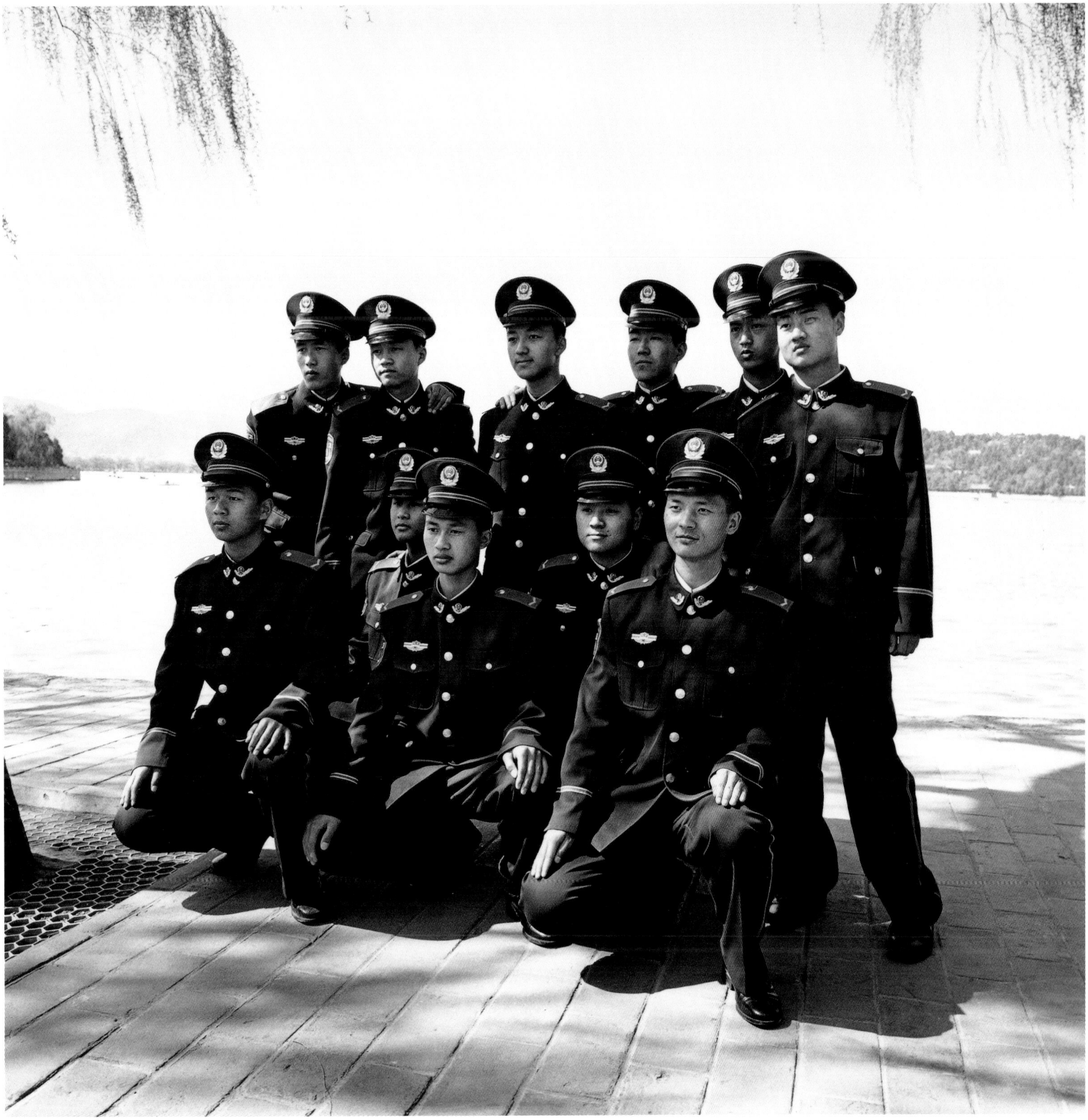

Beijing, Summer Palace – 2007

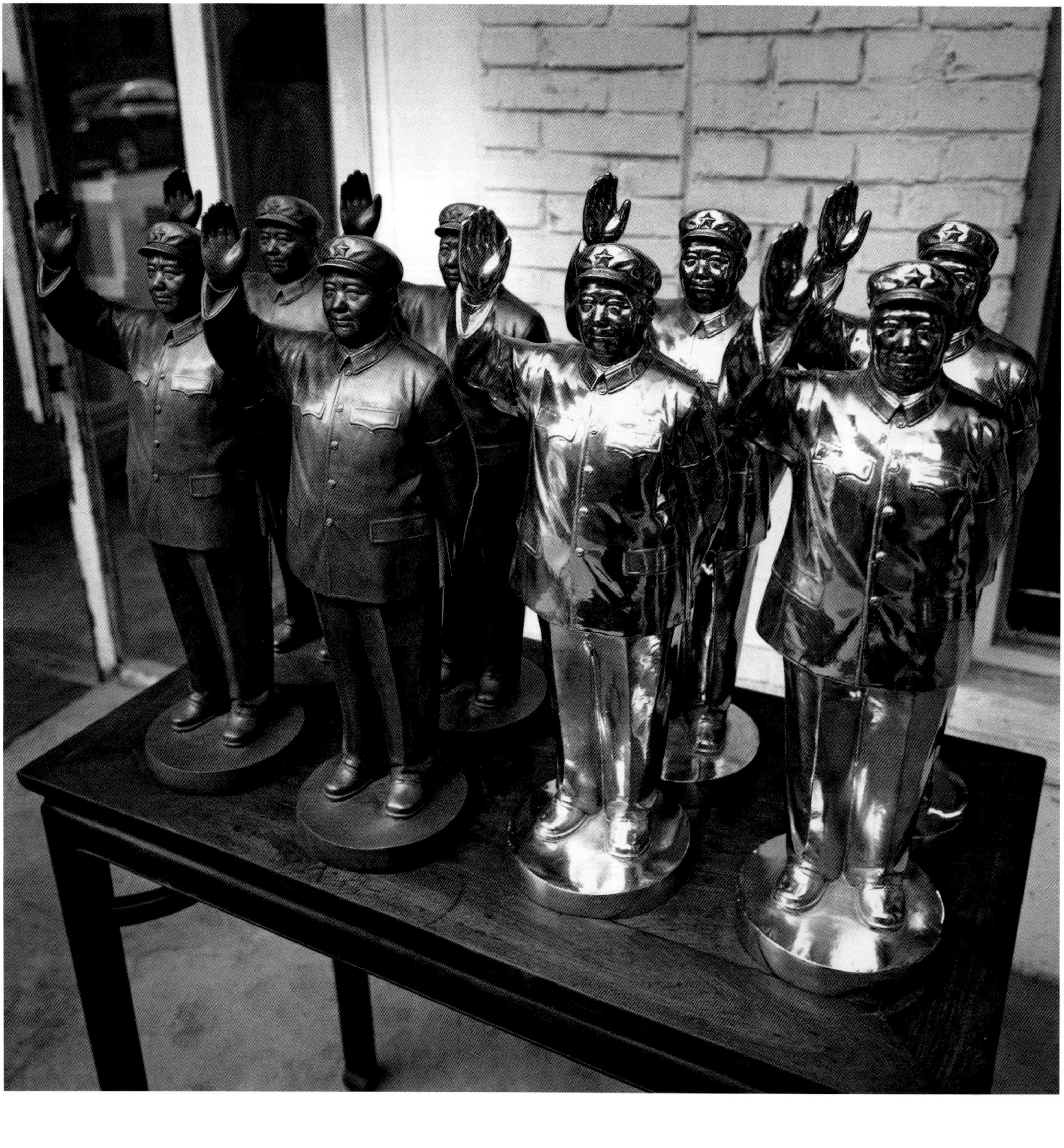

Beijing, Dashanzi Art District – 2007

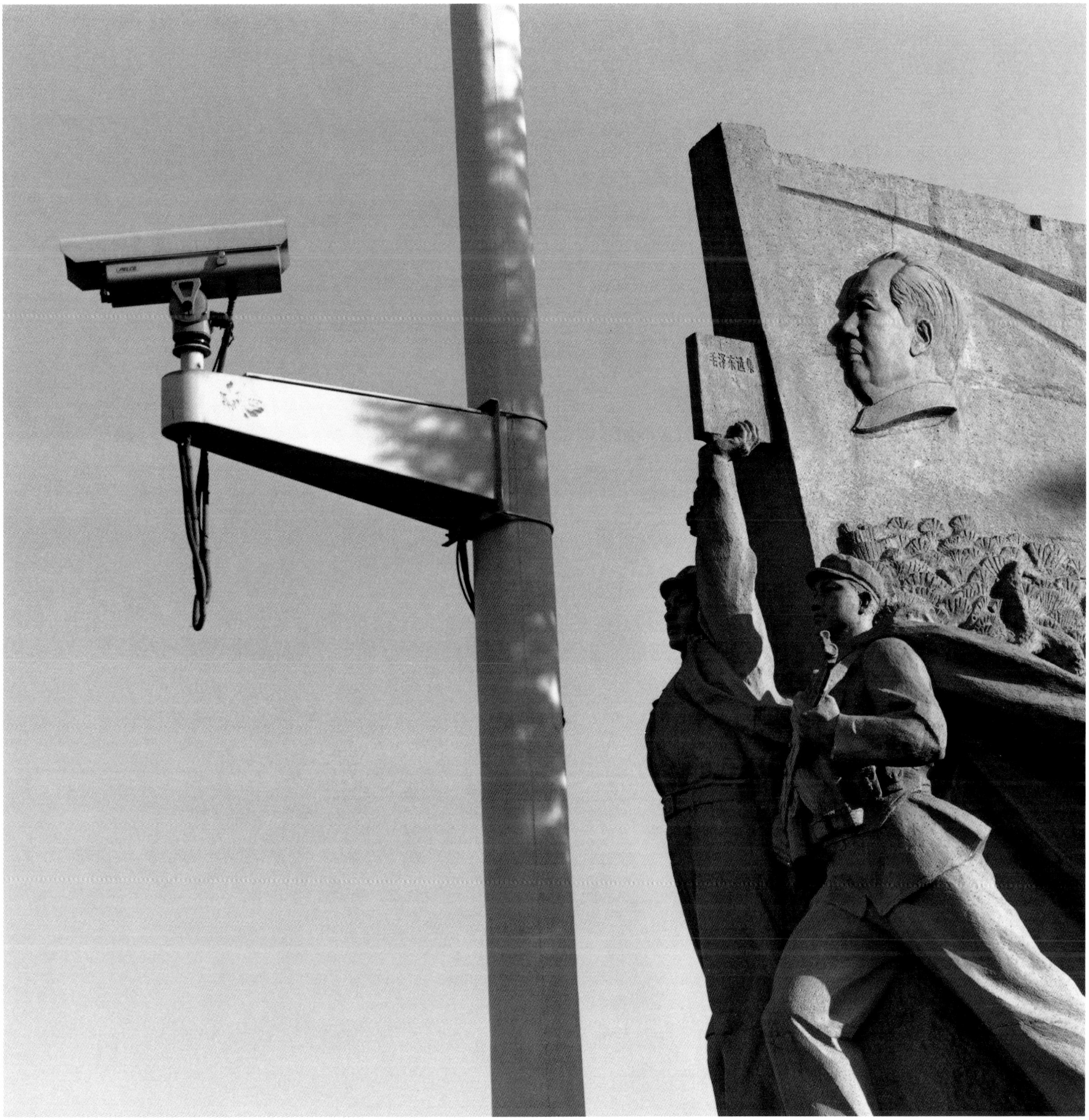

Beijing, Tiananmen – 2008

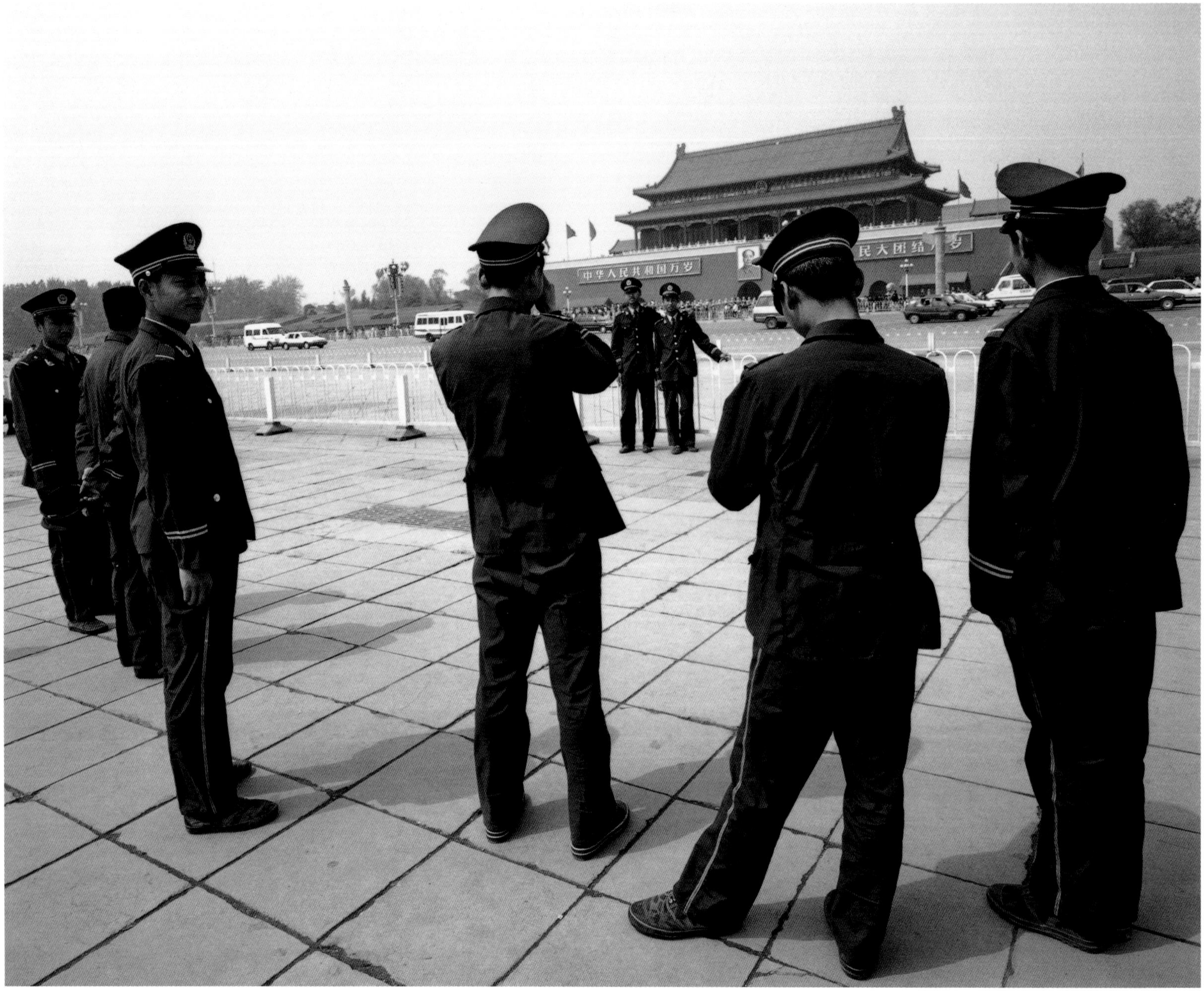

Beijing, Tiananmen – 1998

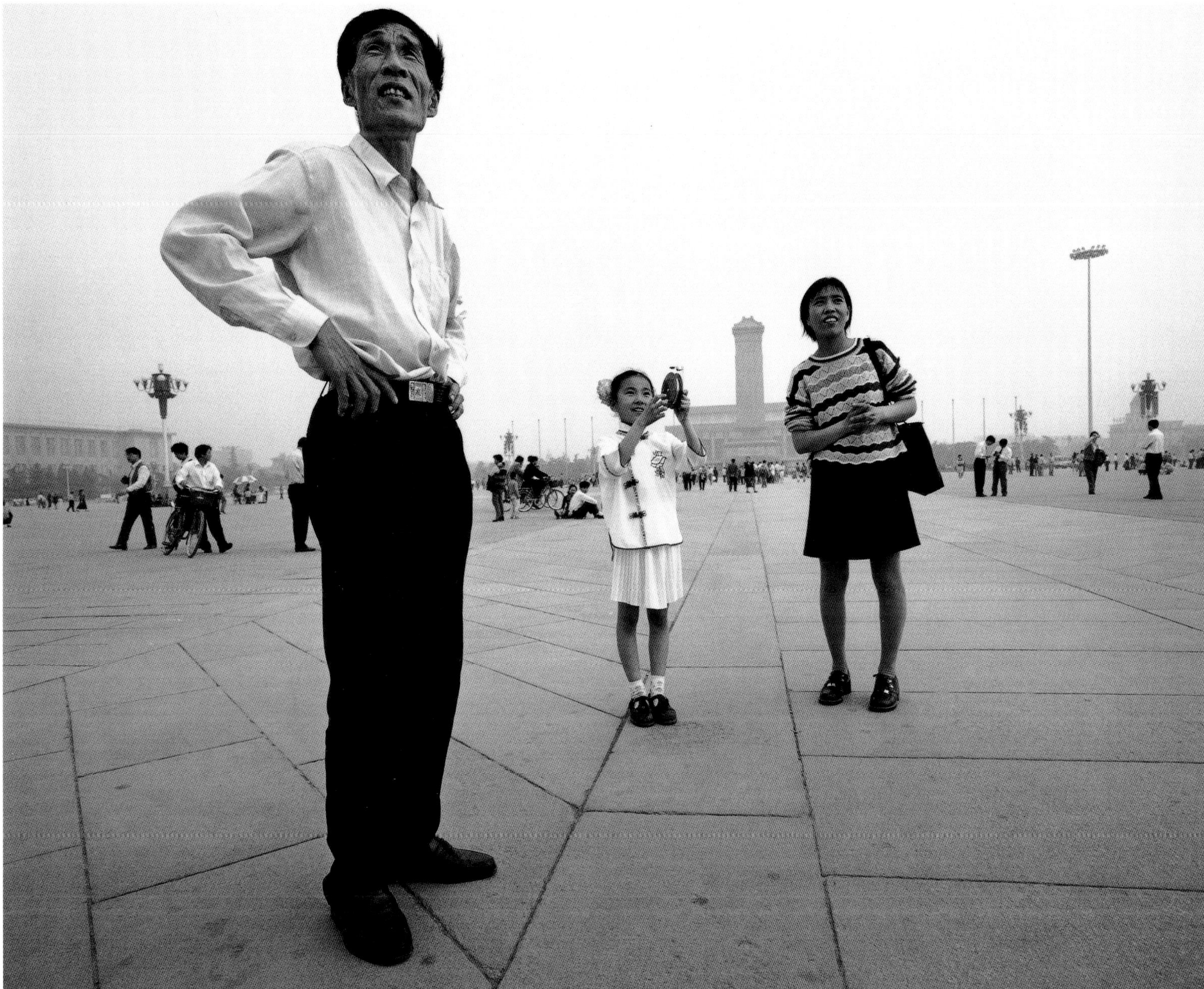

Beijing, Tiananmen – 1998

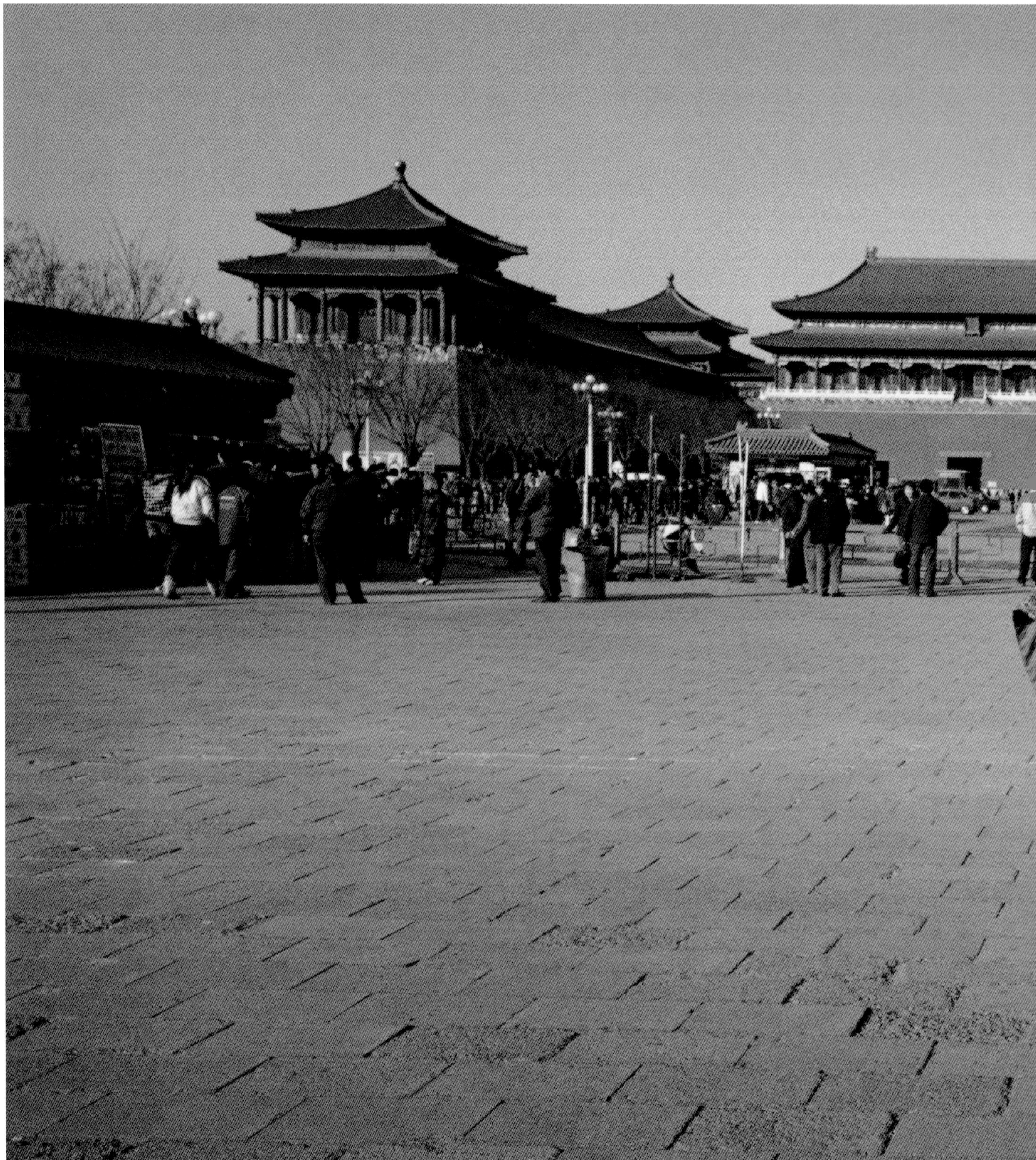

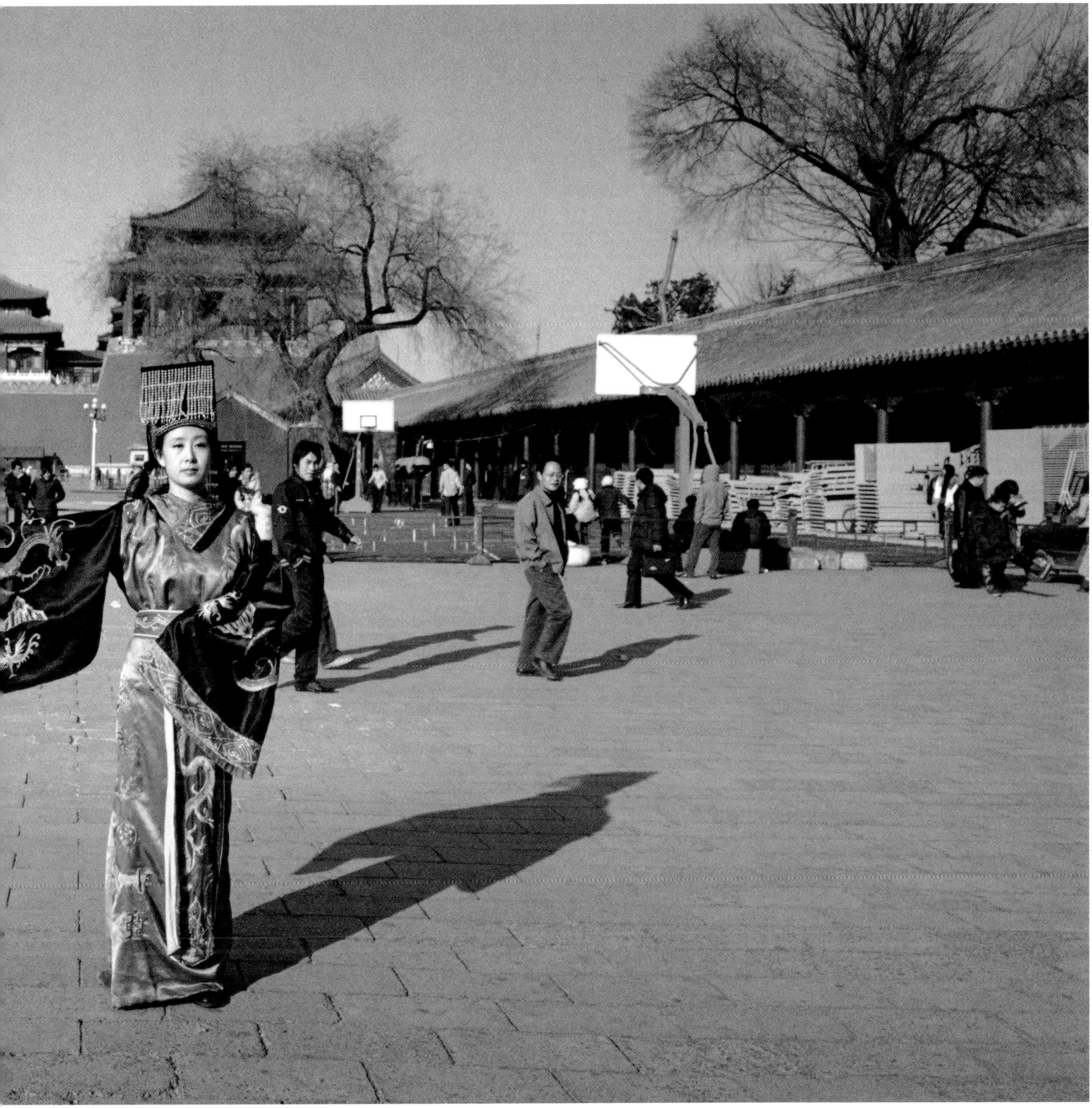

Beijing, Forbidden City – 2008

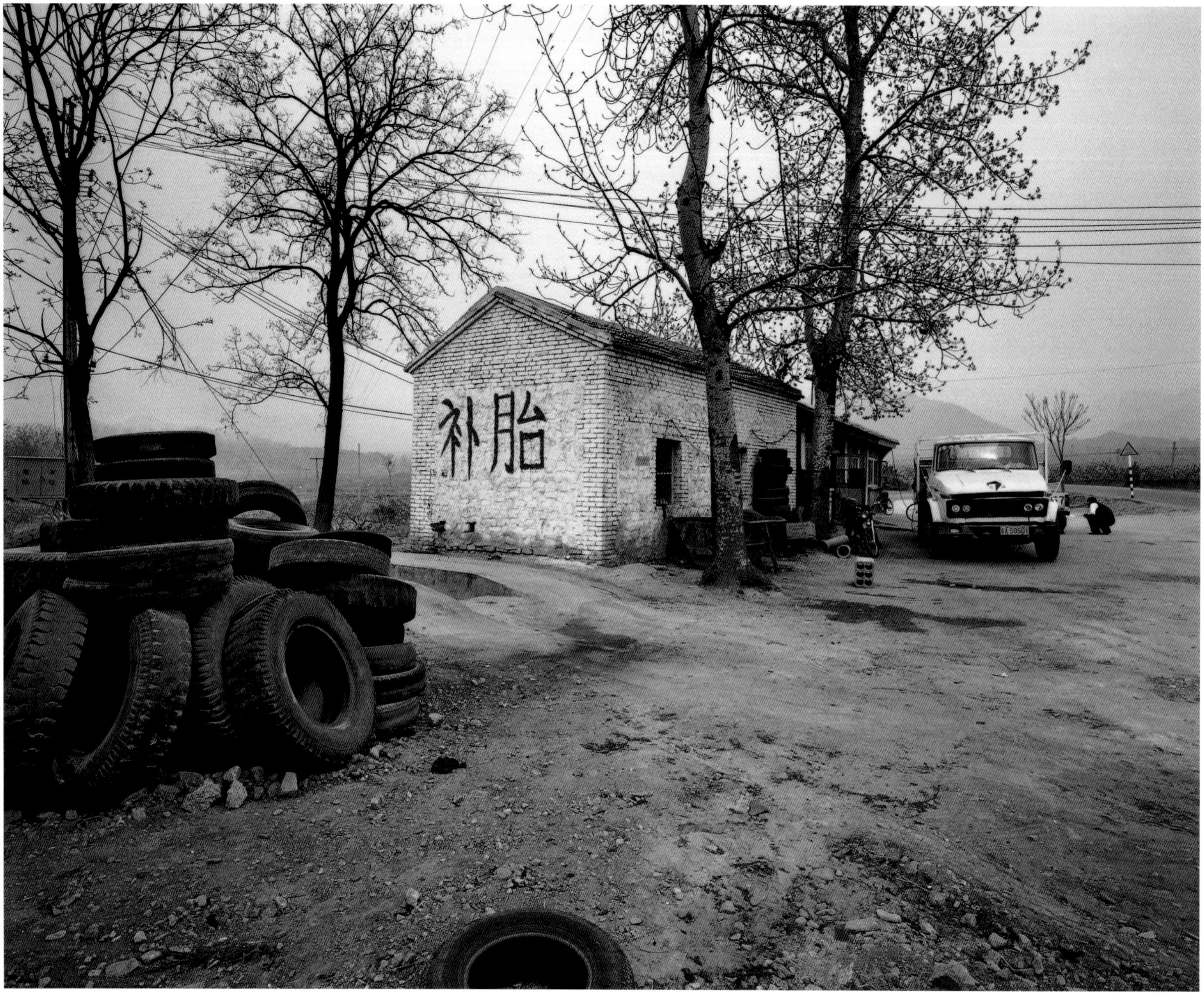

Near Badaling, Hebei – 1998

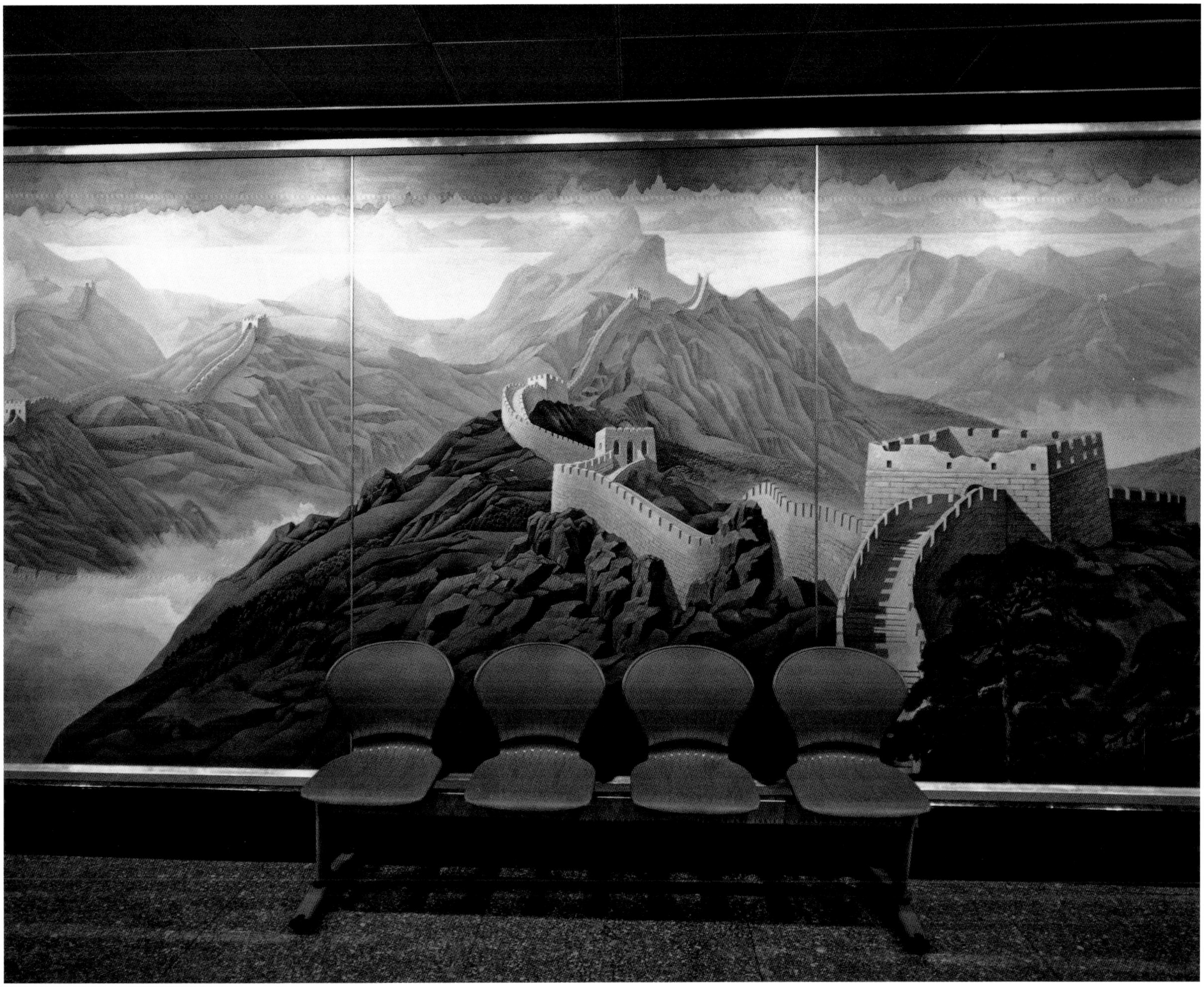

Beijing, International Airport – 2008

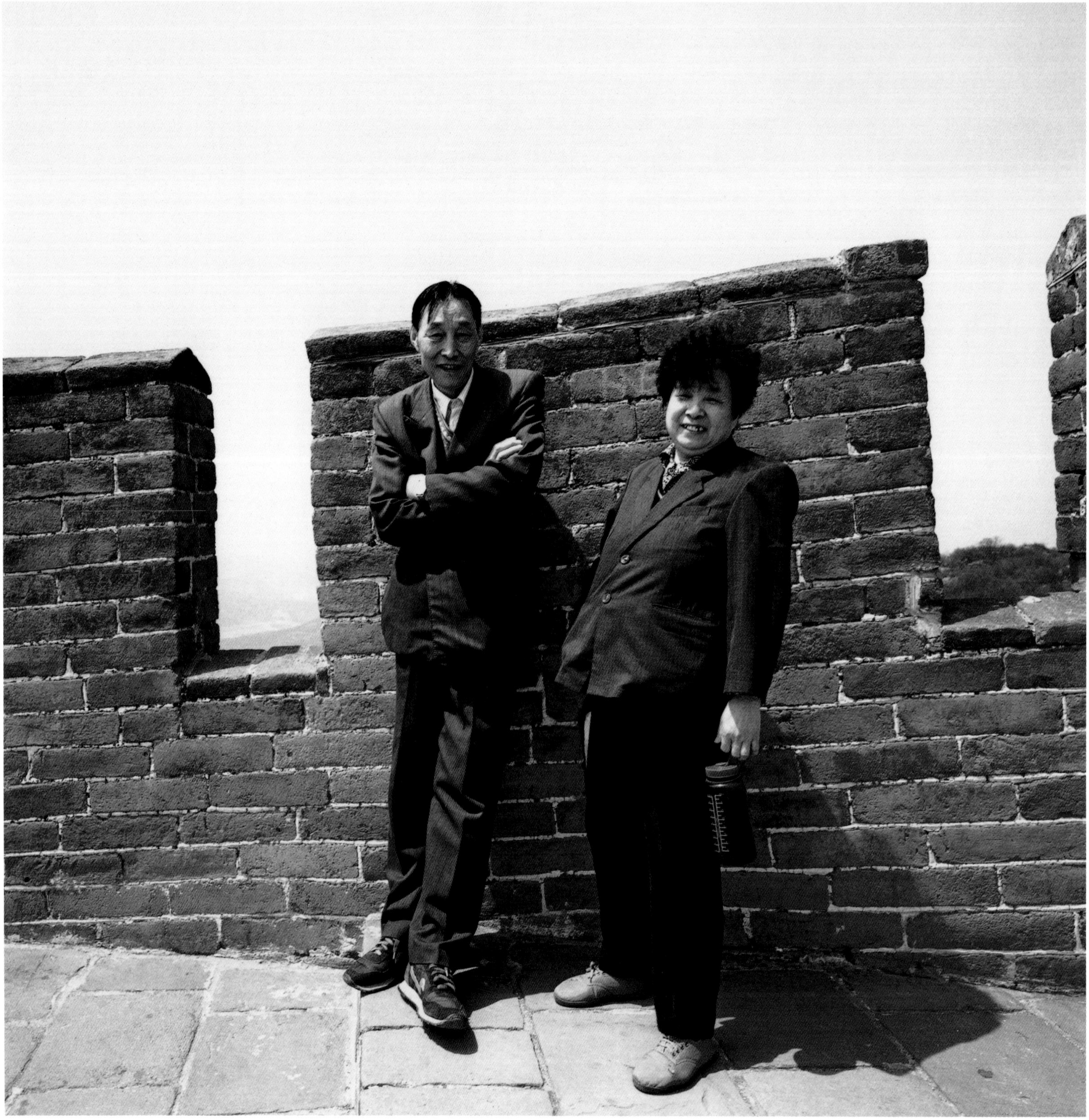

Badaling, Great Wall, Hebei – 1998

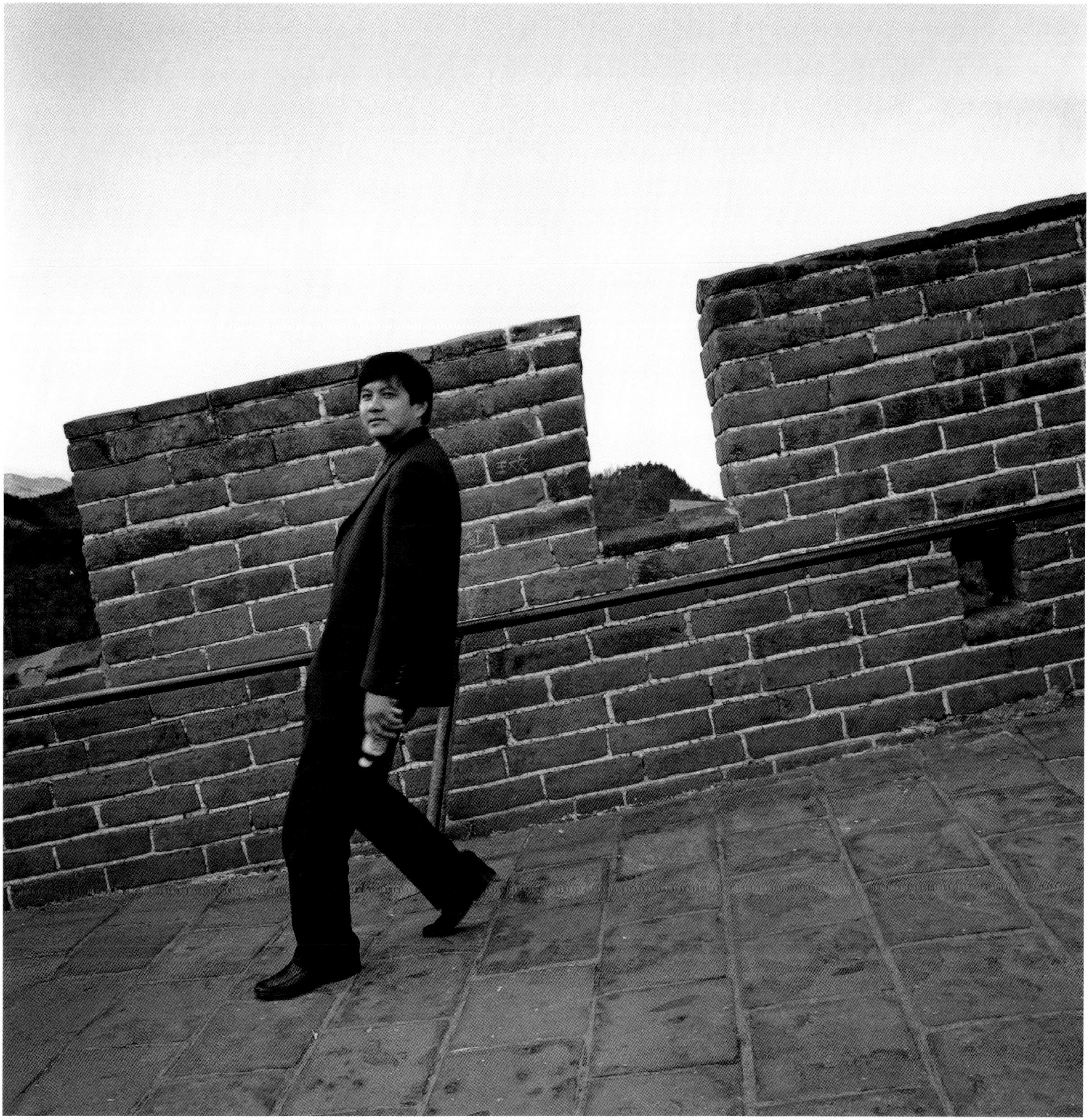

Badaling, Great Wall, Hebei · 2007

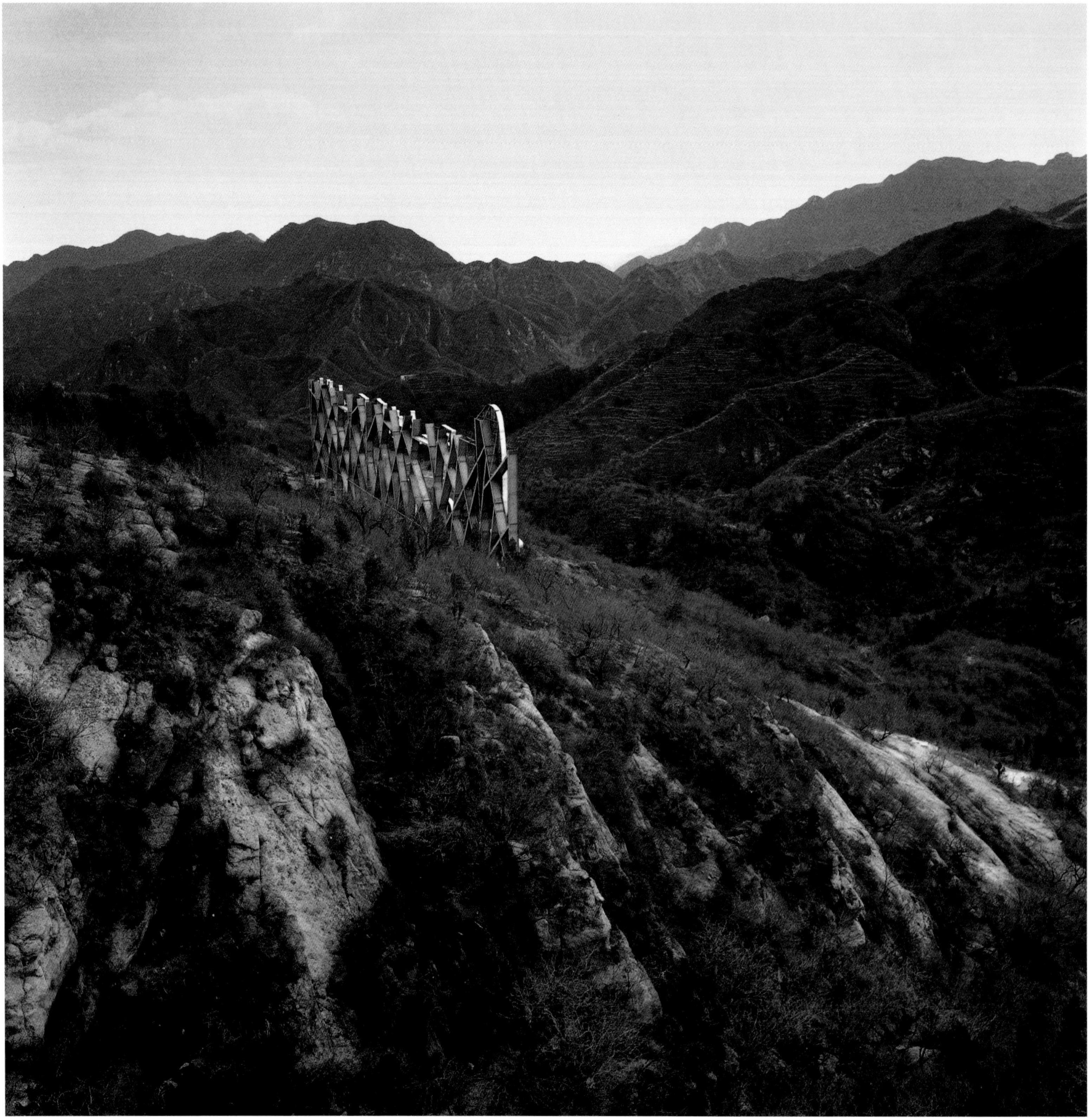

Badaling, Hebei – 2007

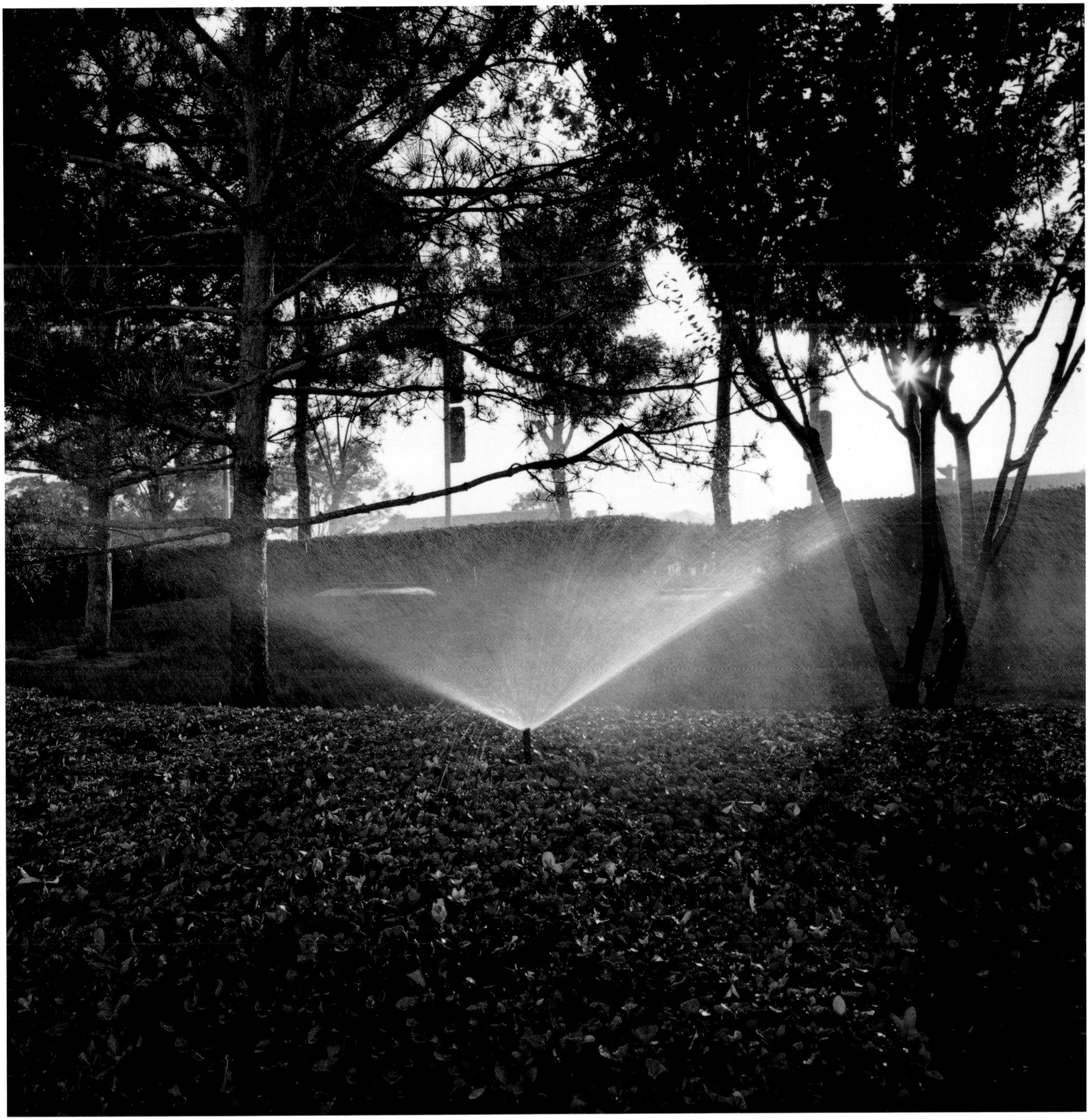

Beijing, Opera Park – 2009

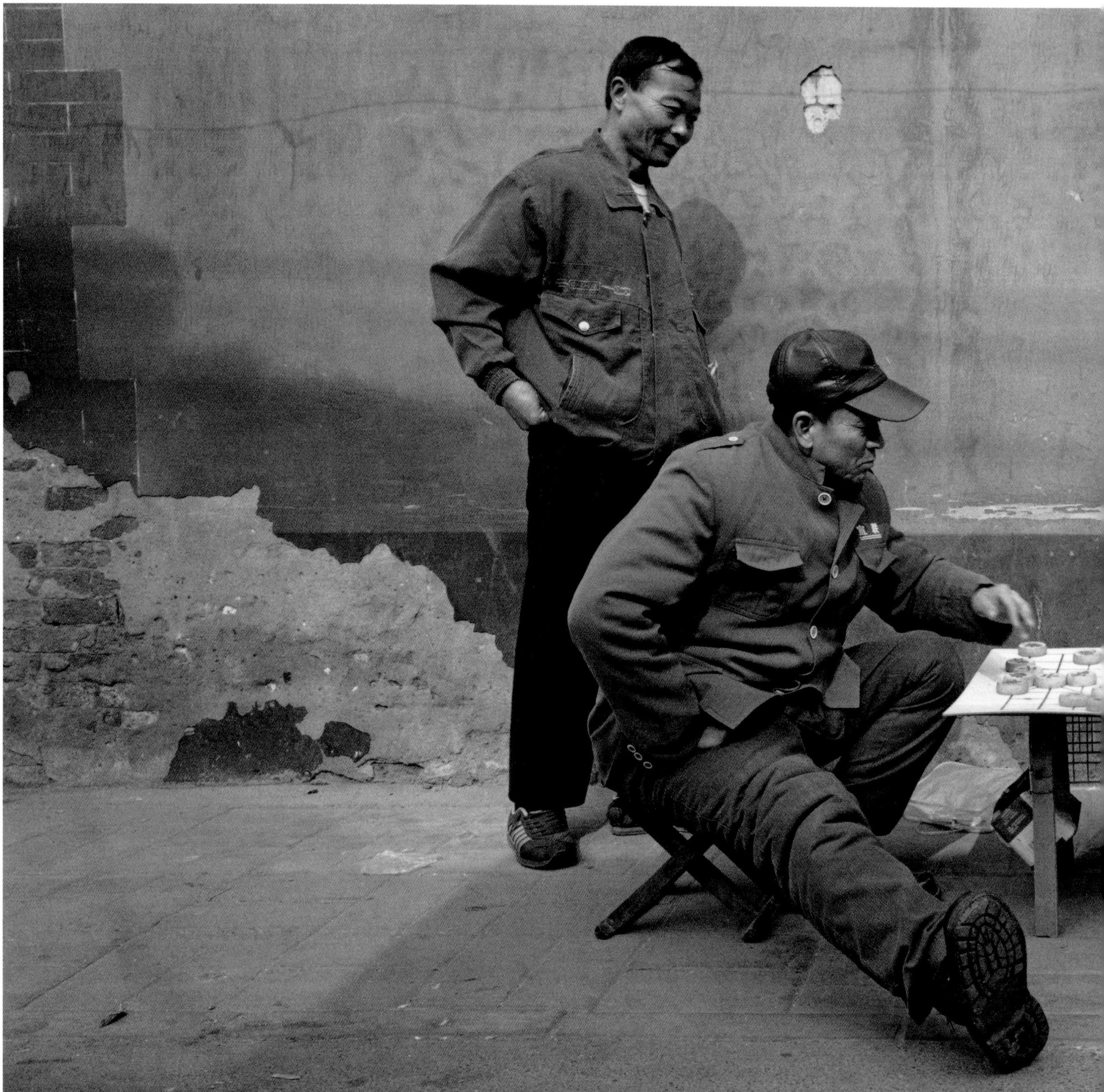

Beijing, Liulichang – 2008

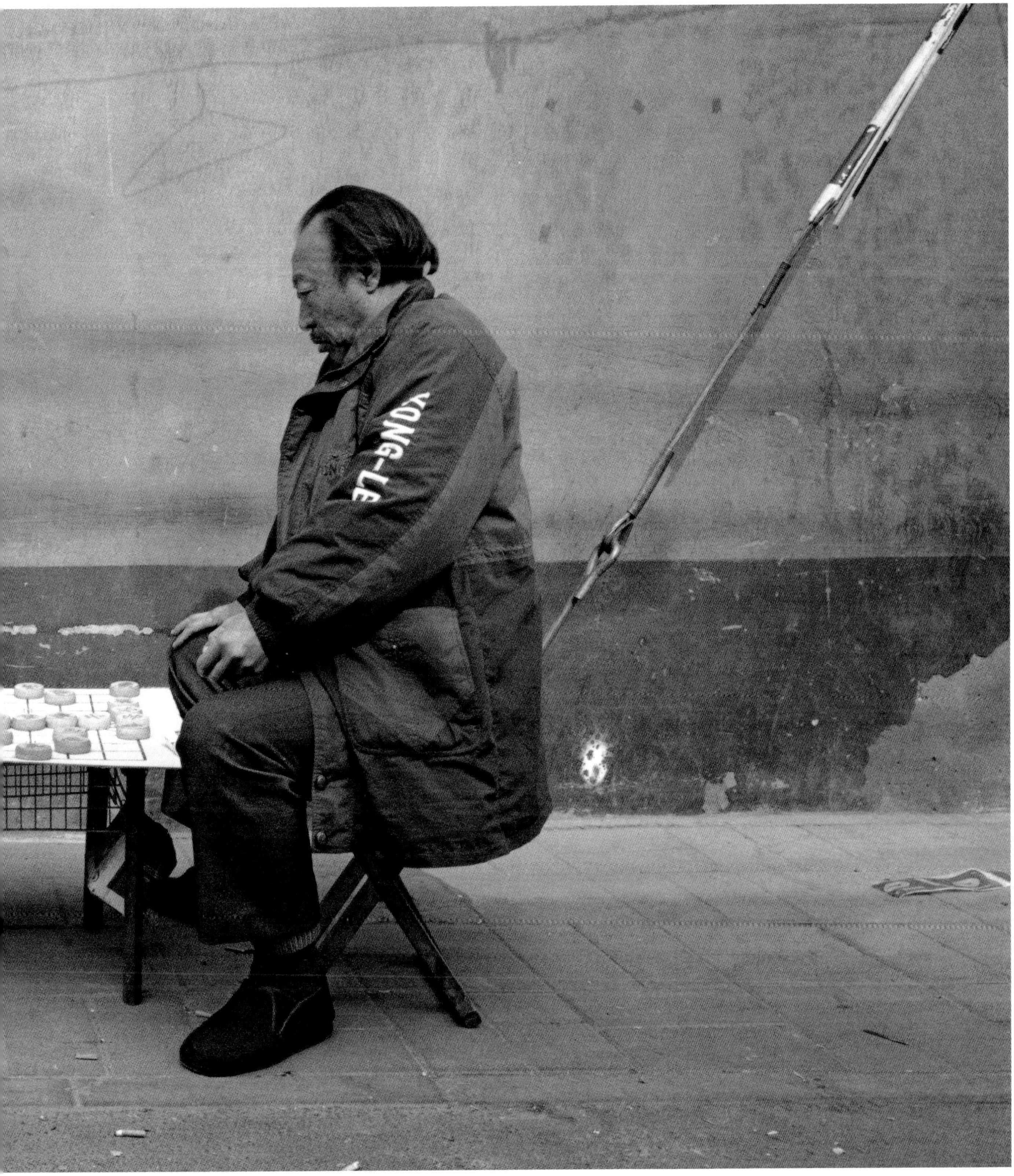
YONG-LE

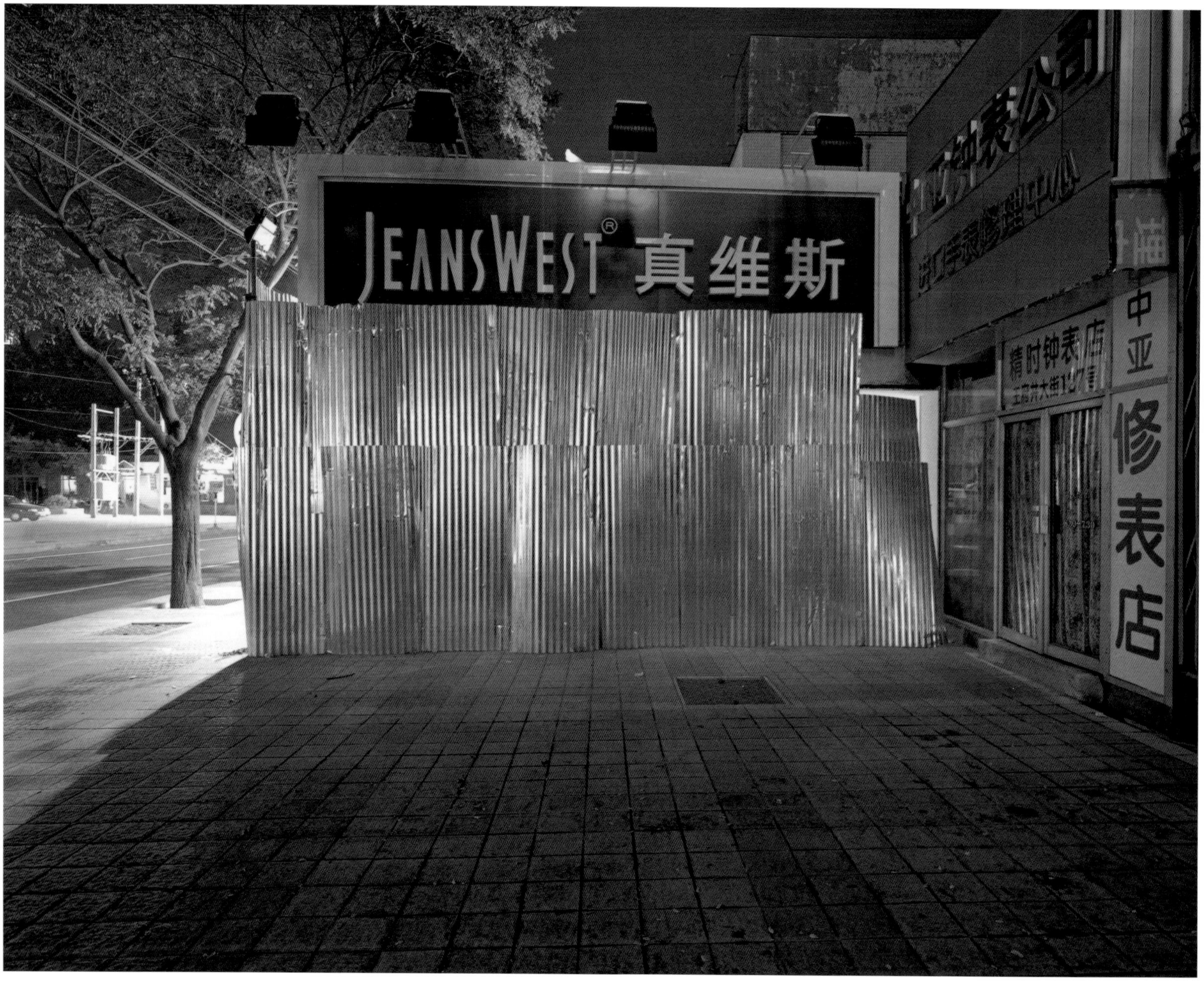

Beijing, Wangfujing Dajie – 1999

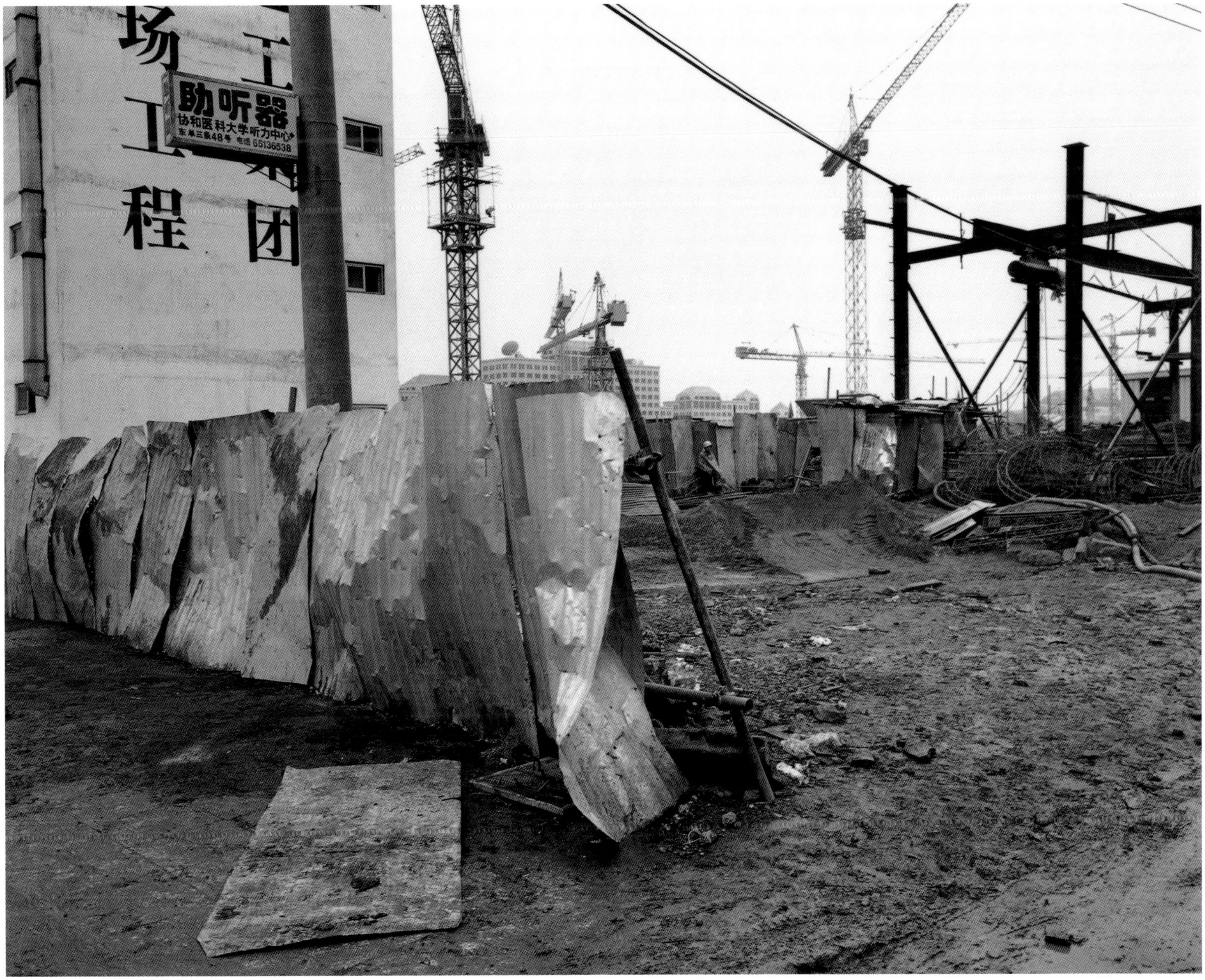

Beijing, Chang'an Jie – 1998

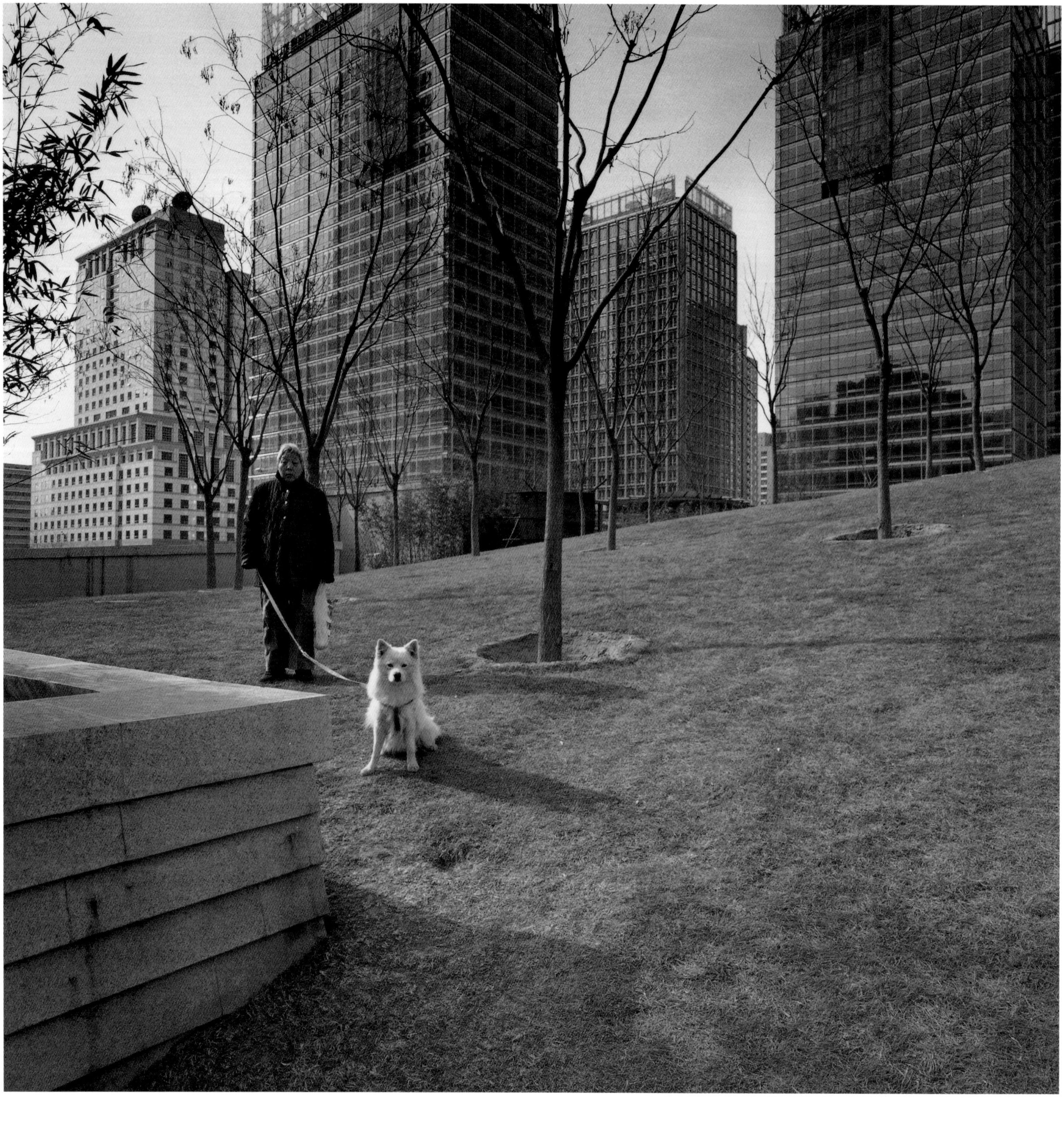

Beijing, Guanghua Lu – 2008

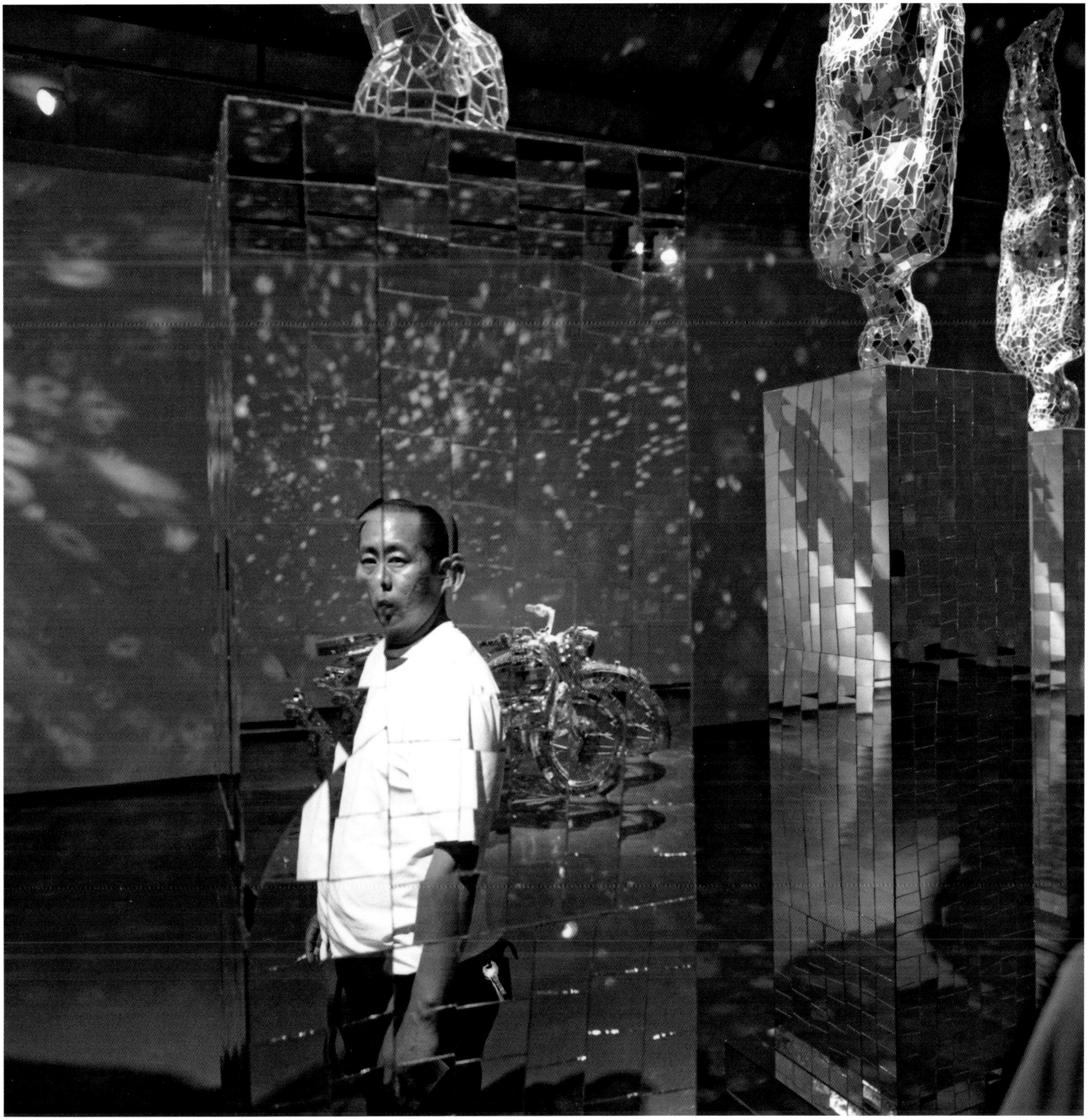

Beijing, Li Wei, Artist – 2009

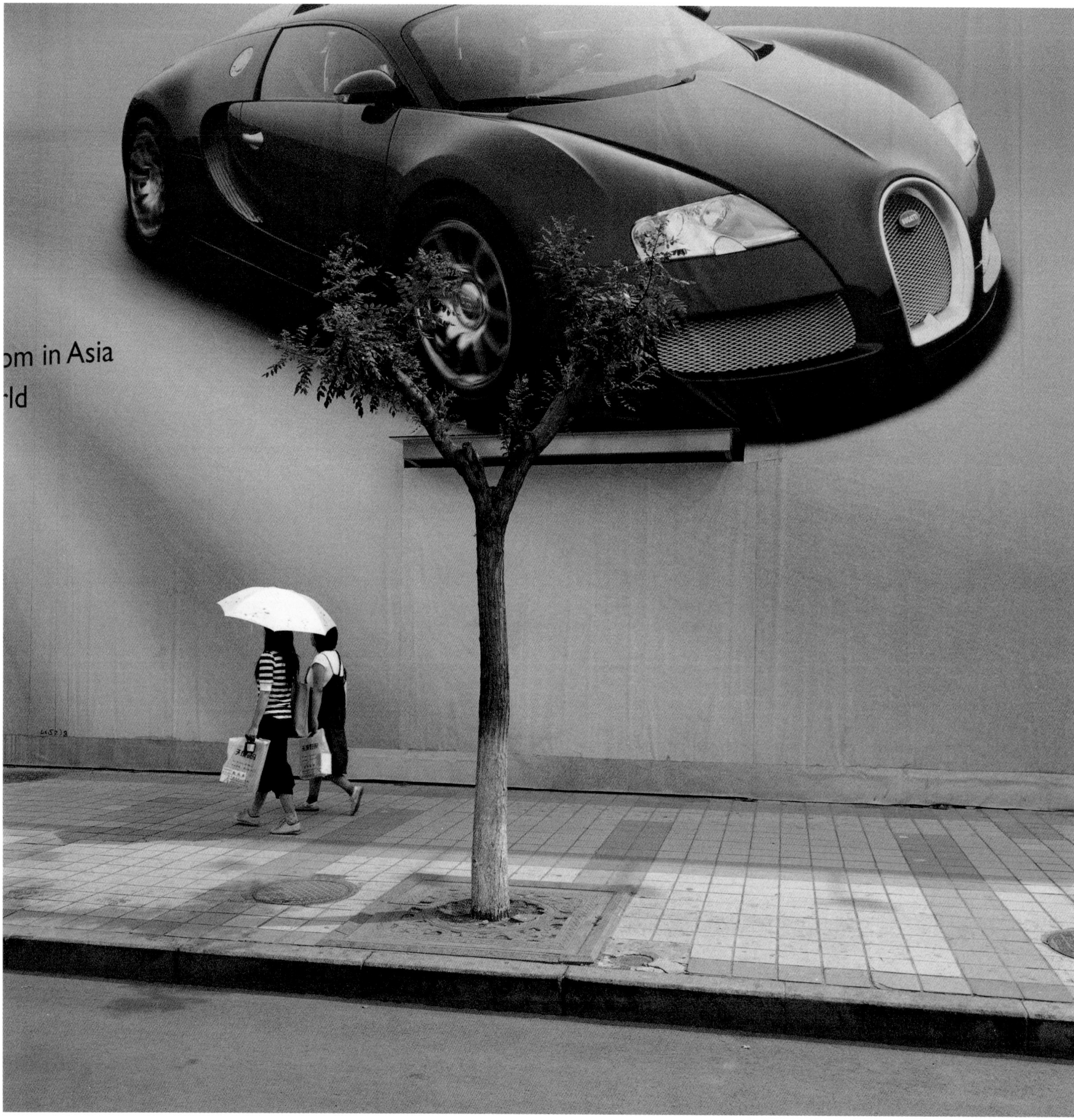

Beijing, Jinbao Jie – 2009

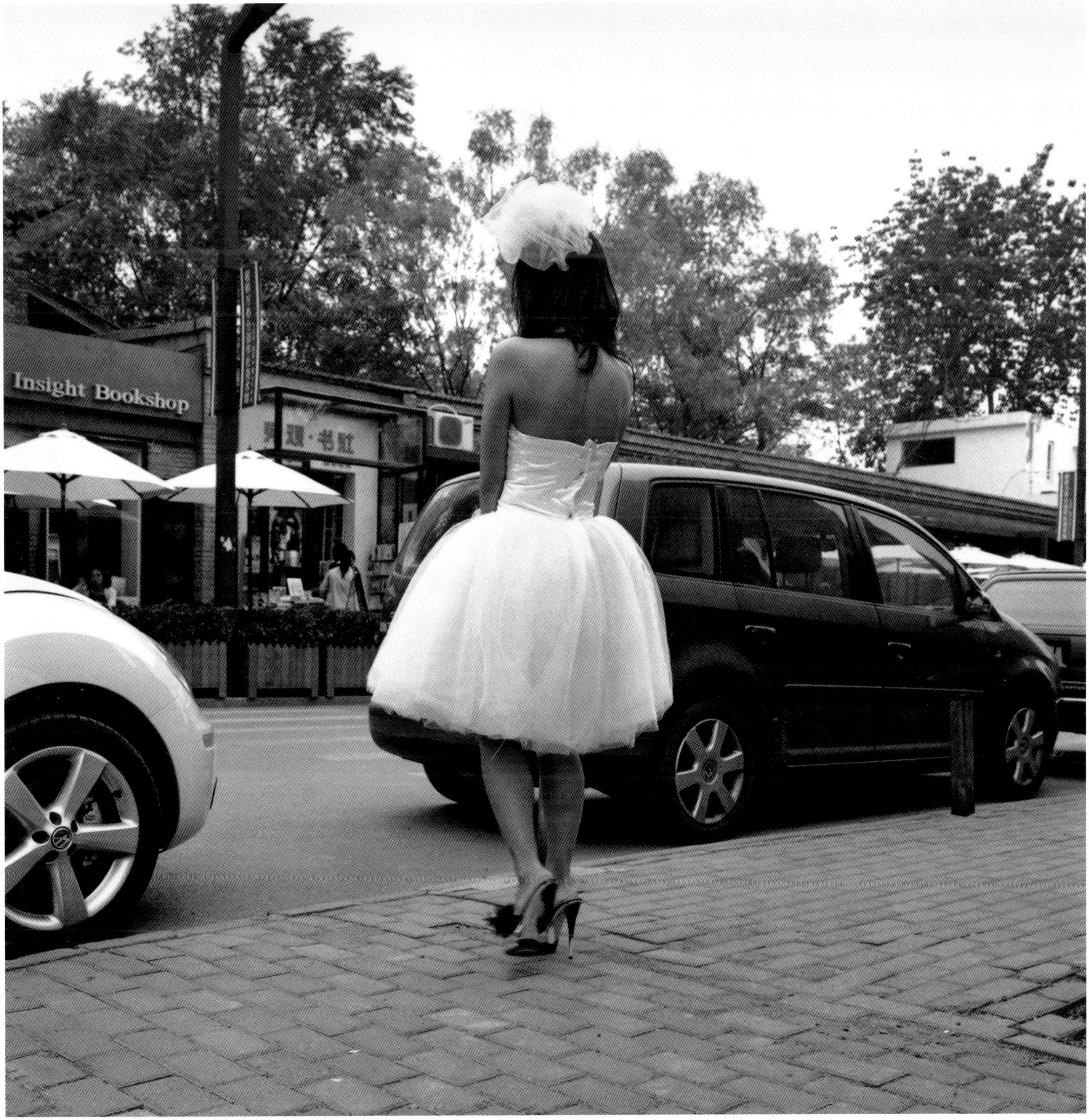

Beijing, Dashanzi Art District – 2010

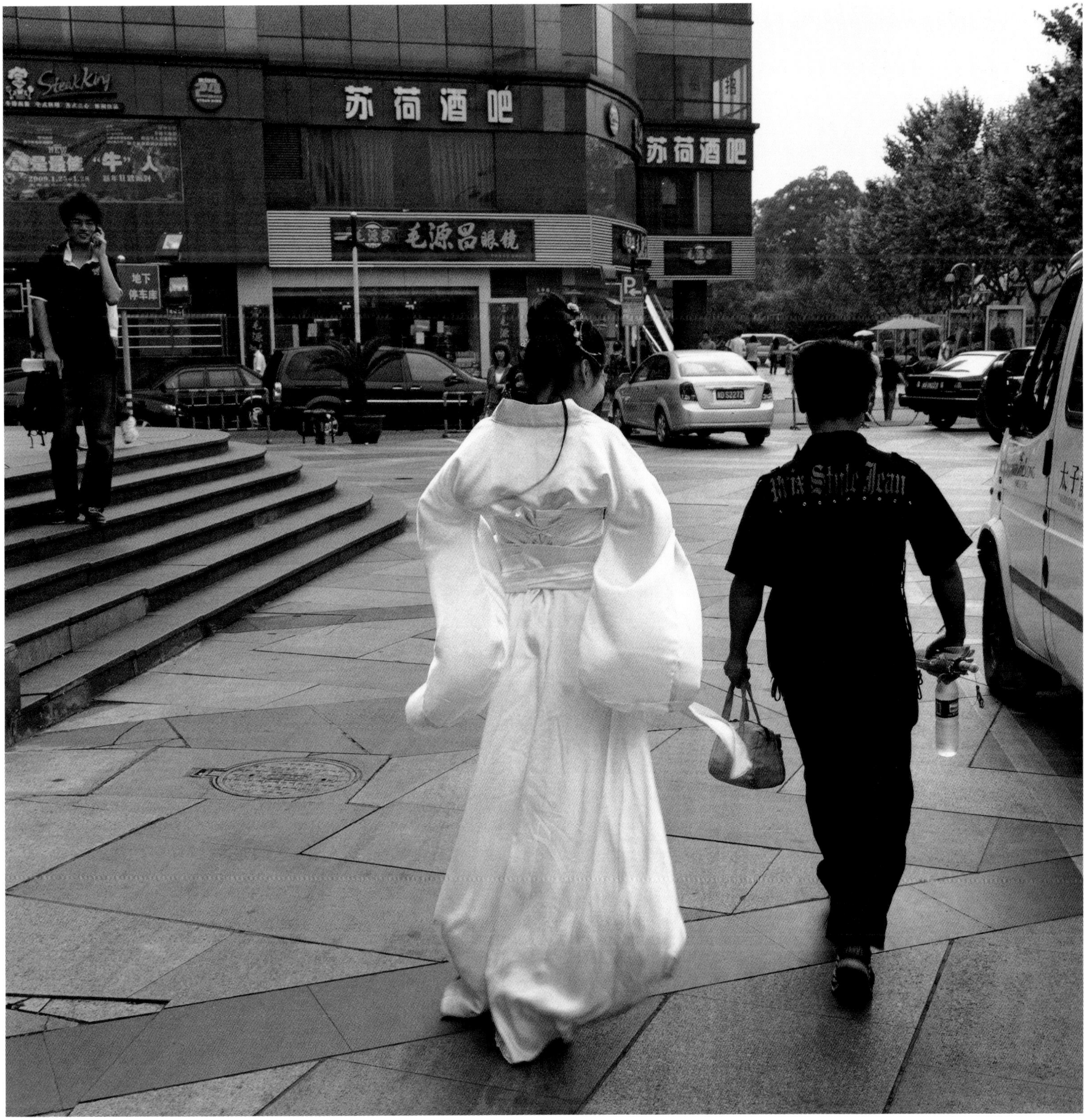

Hangzhou, Zhejiang – 2009

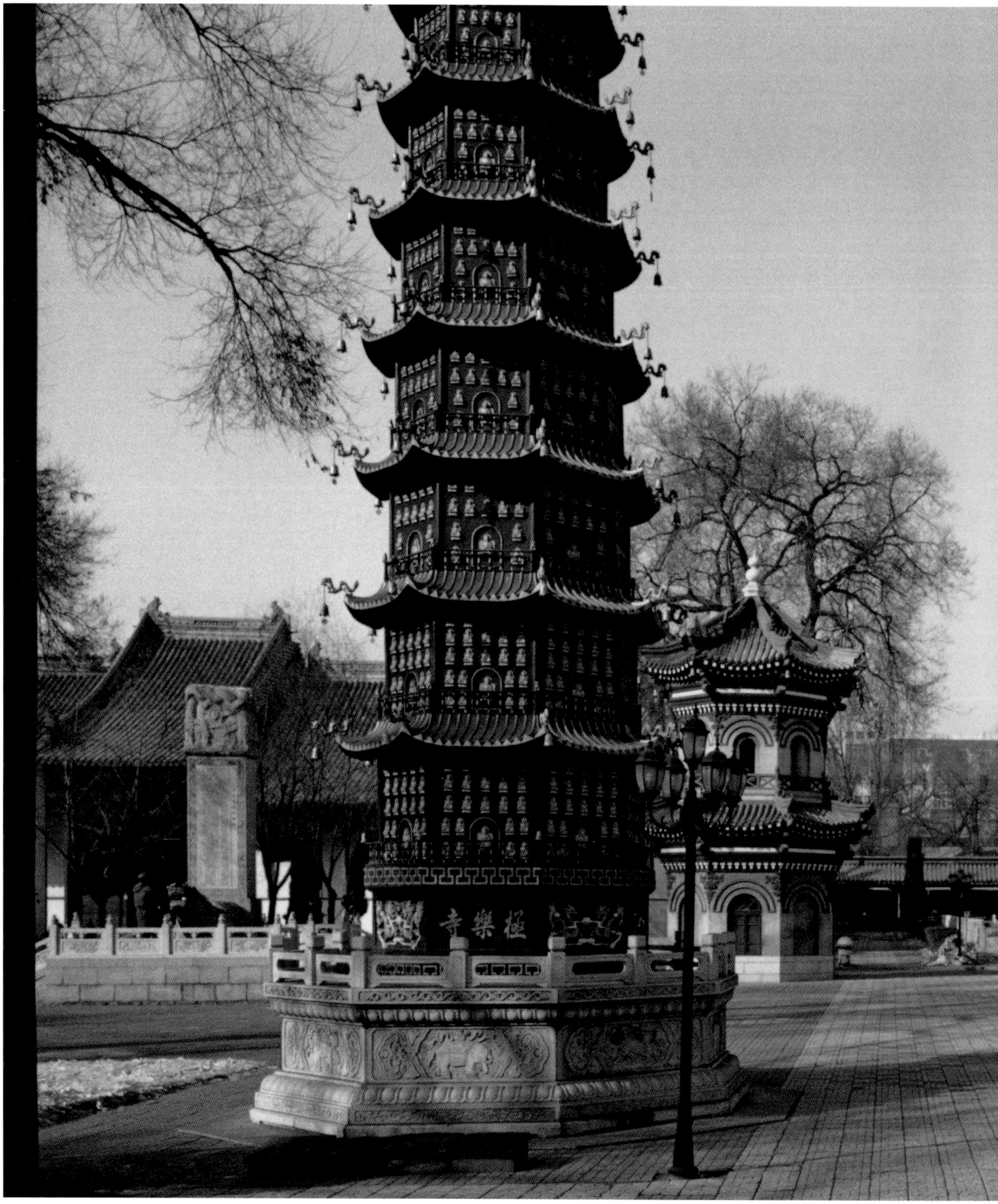
極樂寺

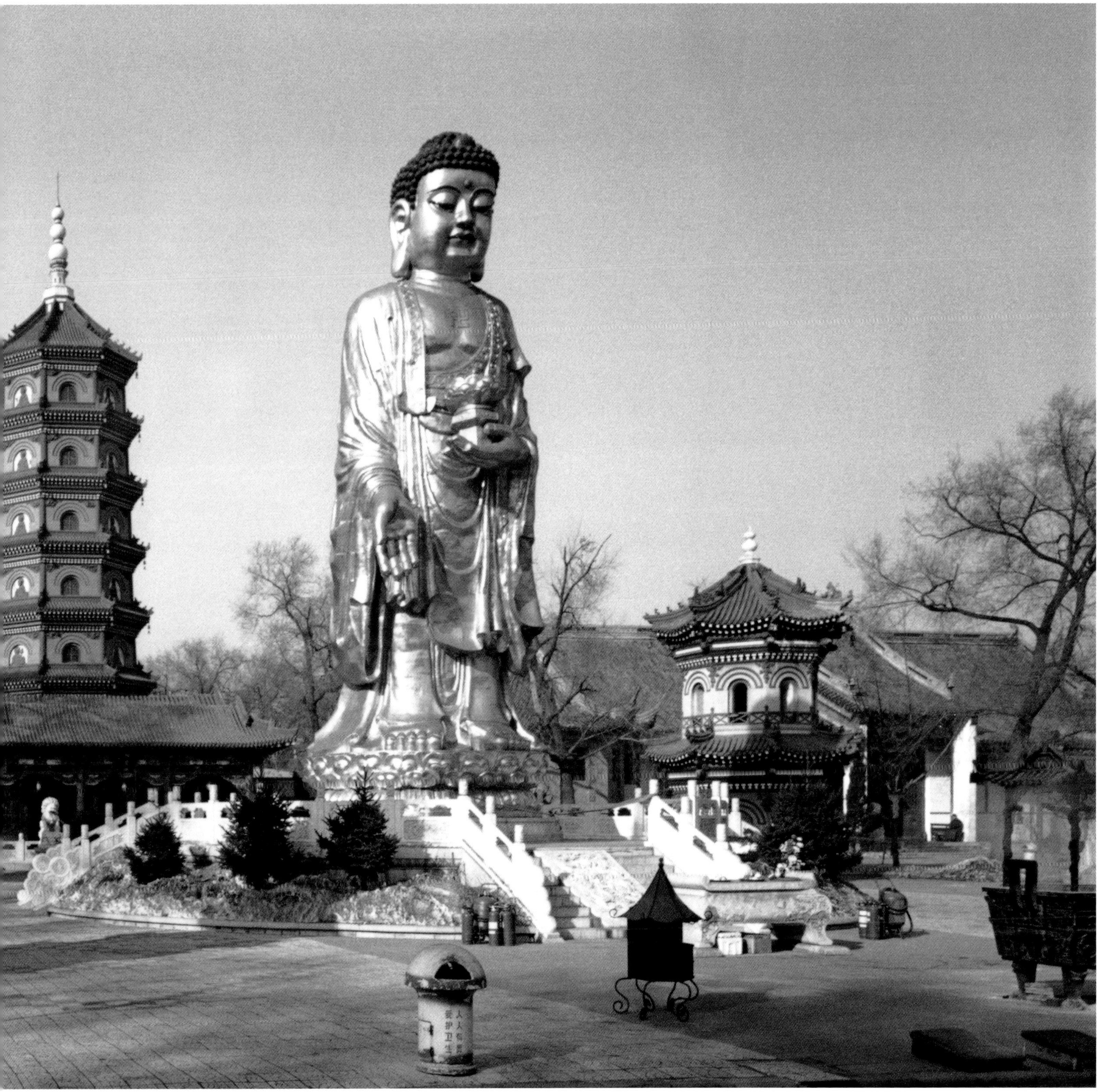

Harbin, Wen Miao, Heilongjiang – 2008

48

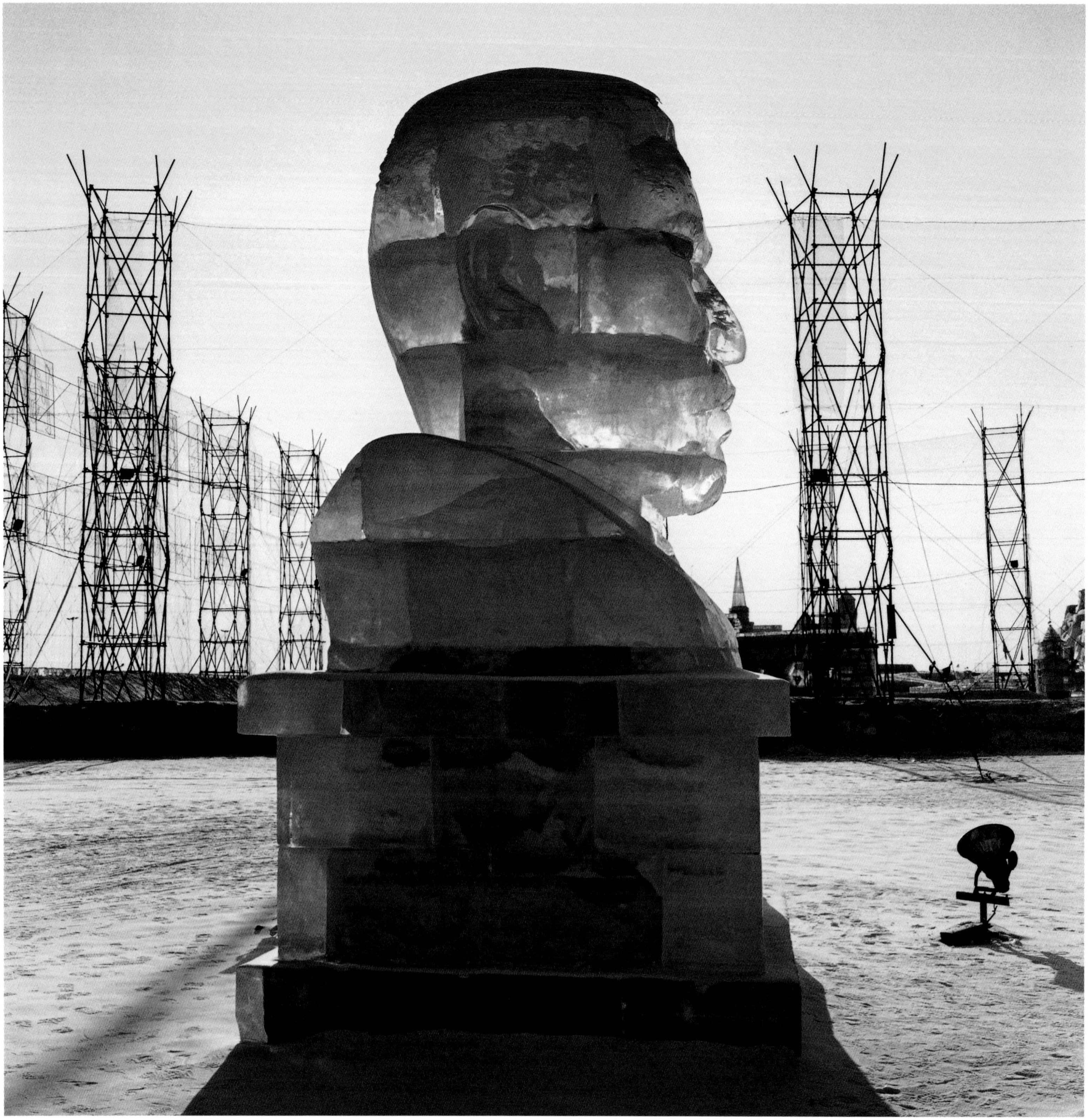

Harbin, Ice & Snow Festival, Heilongjiang – 2008

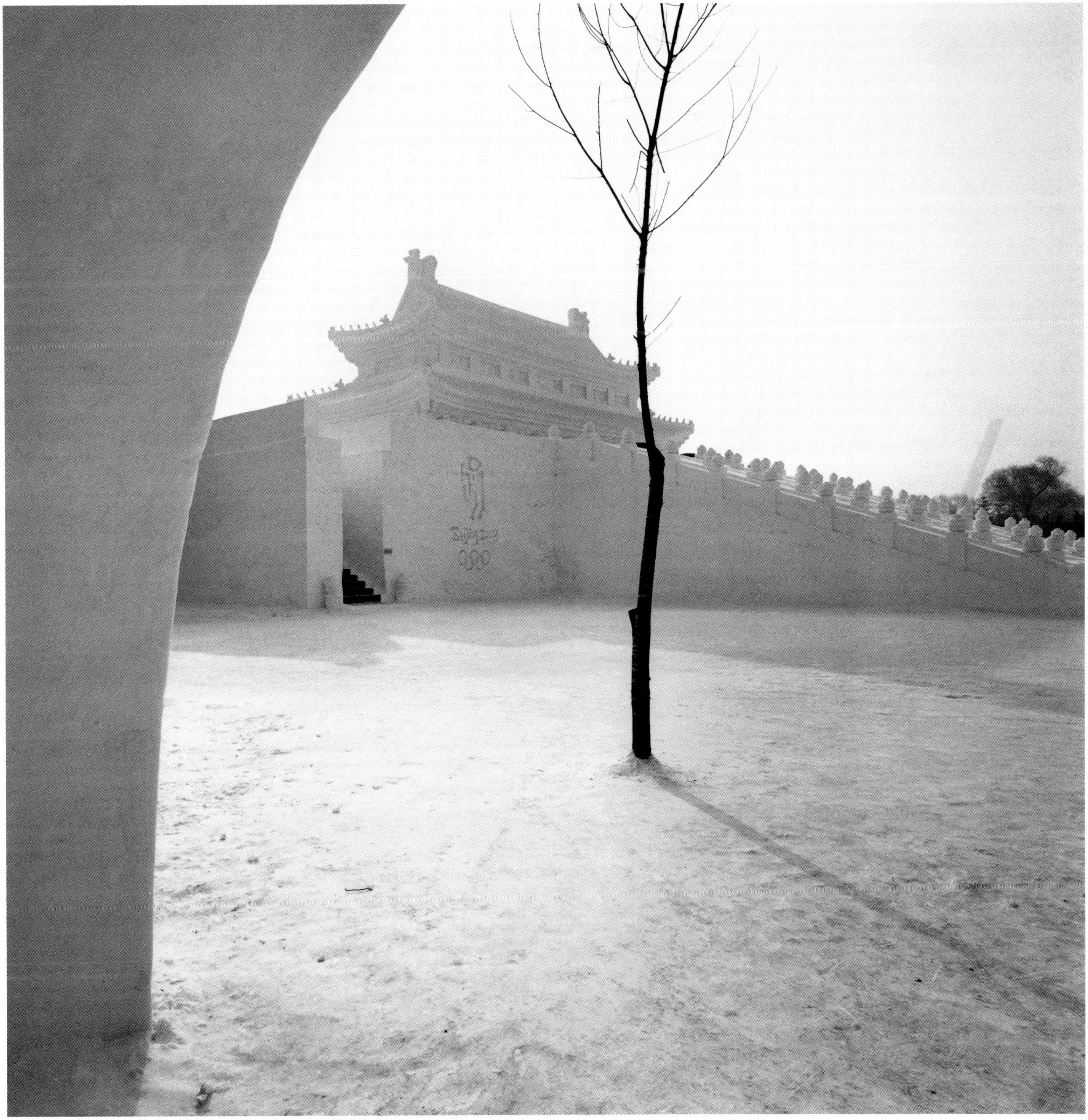

Harbin, Ice & Snow Festival, Heilongjiang – 2008

50

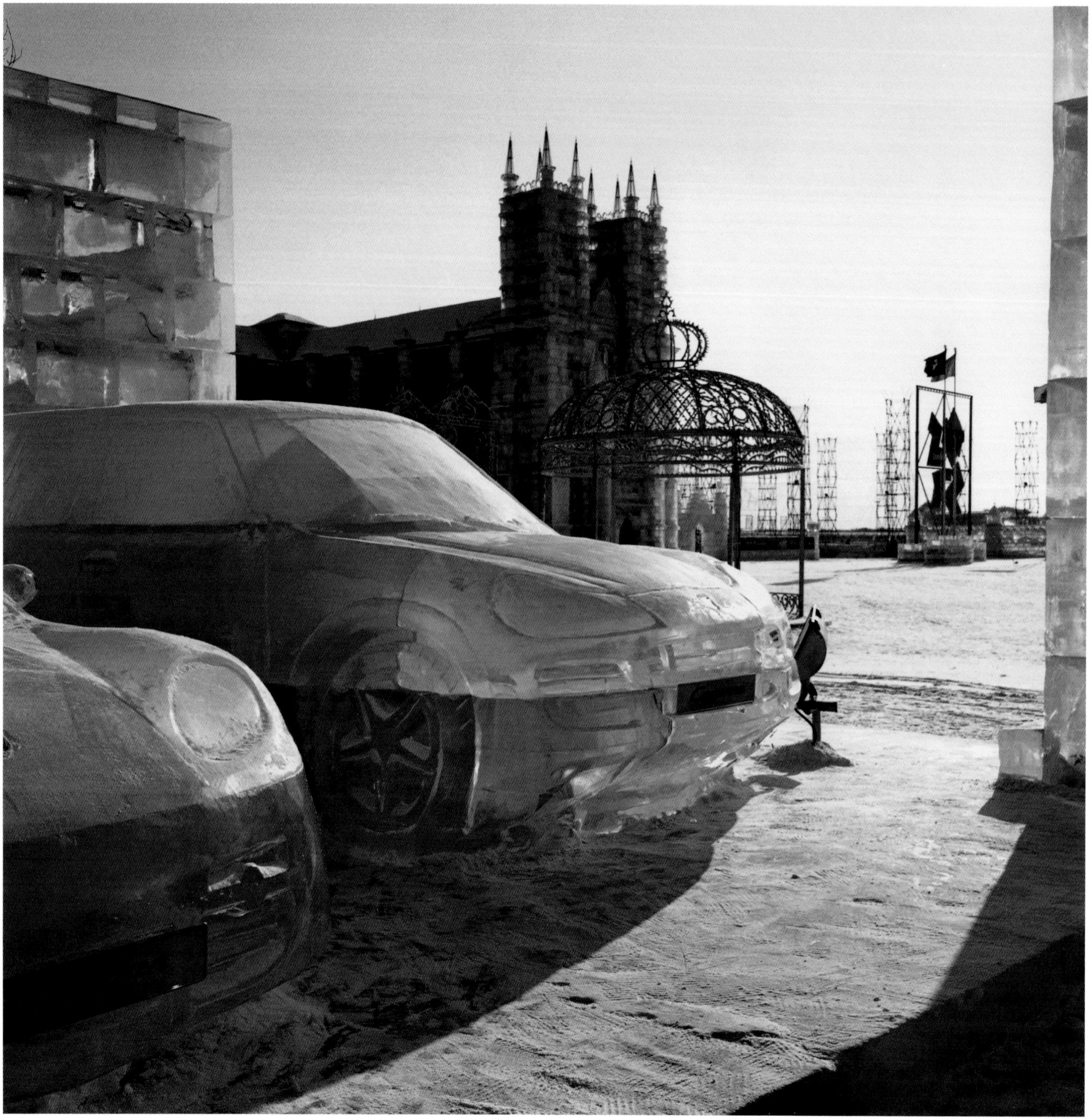

Harbin, Ice & Snow Festival, Heilongjiang – 2008

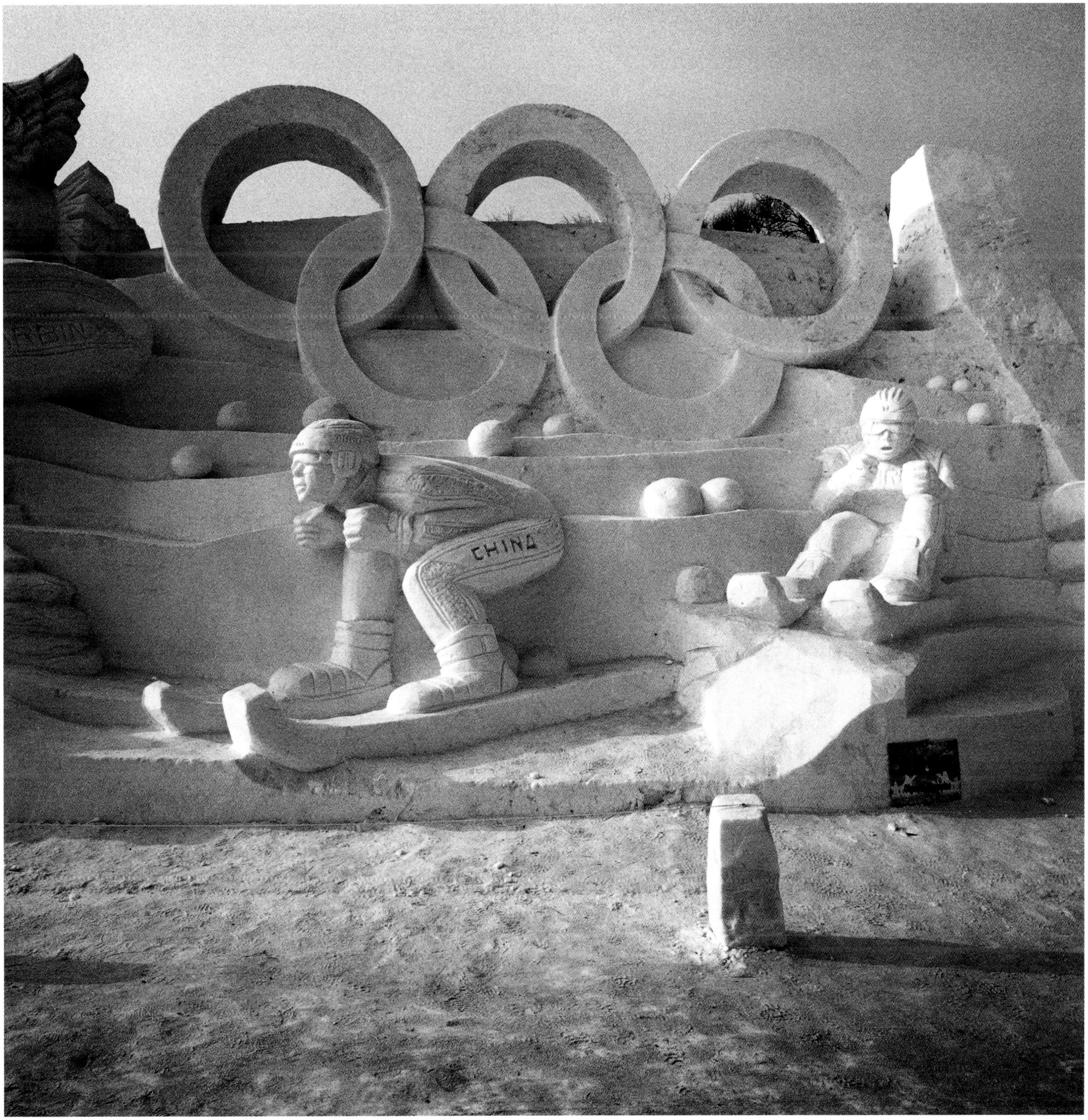

Harbin, Ice & Snow Festival, Heilongjiang - 2008

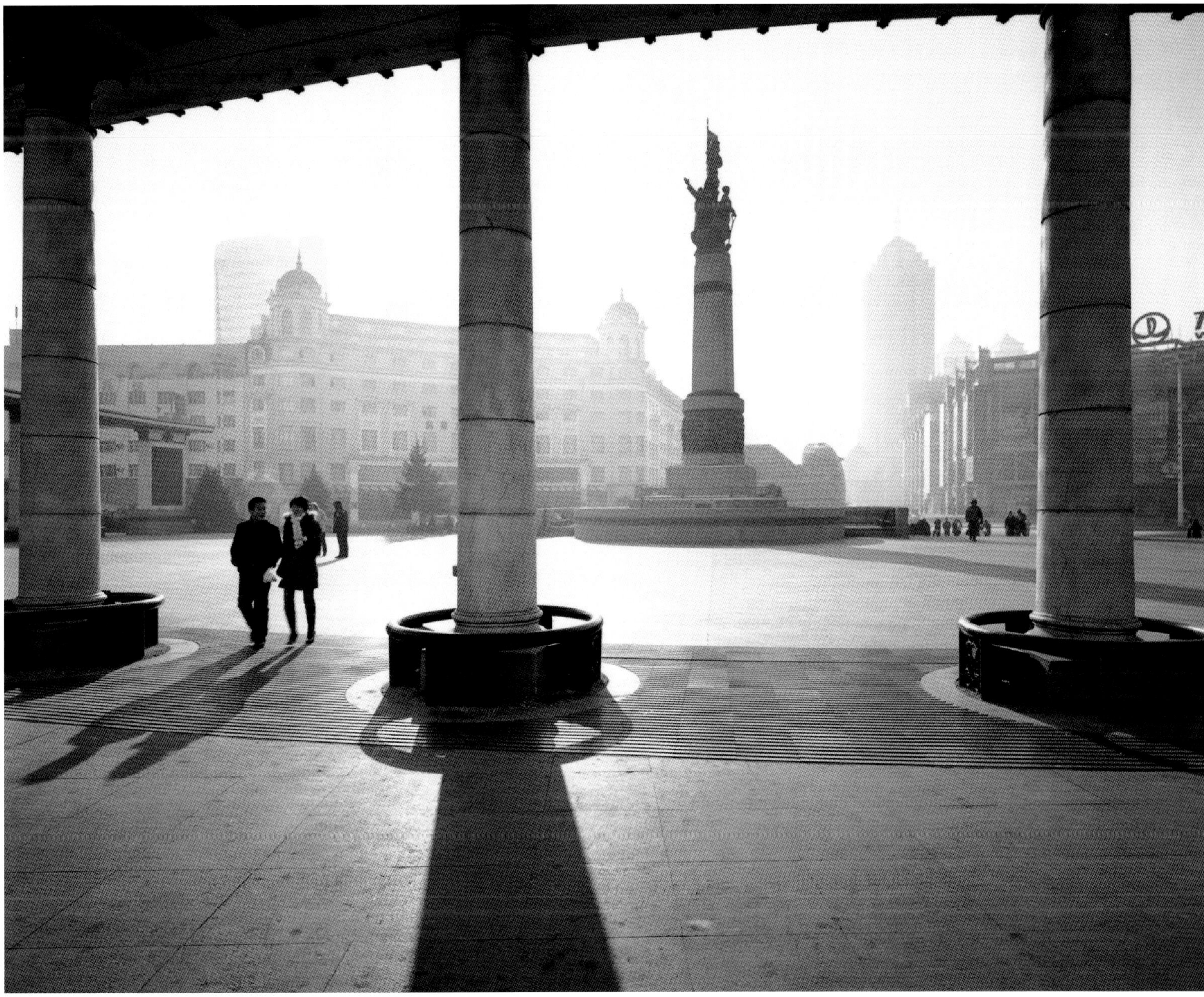

Harbin, Heilongjiang – 2008

54

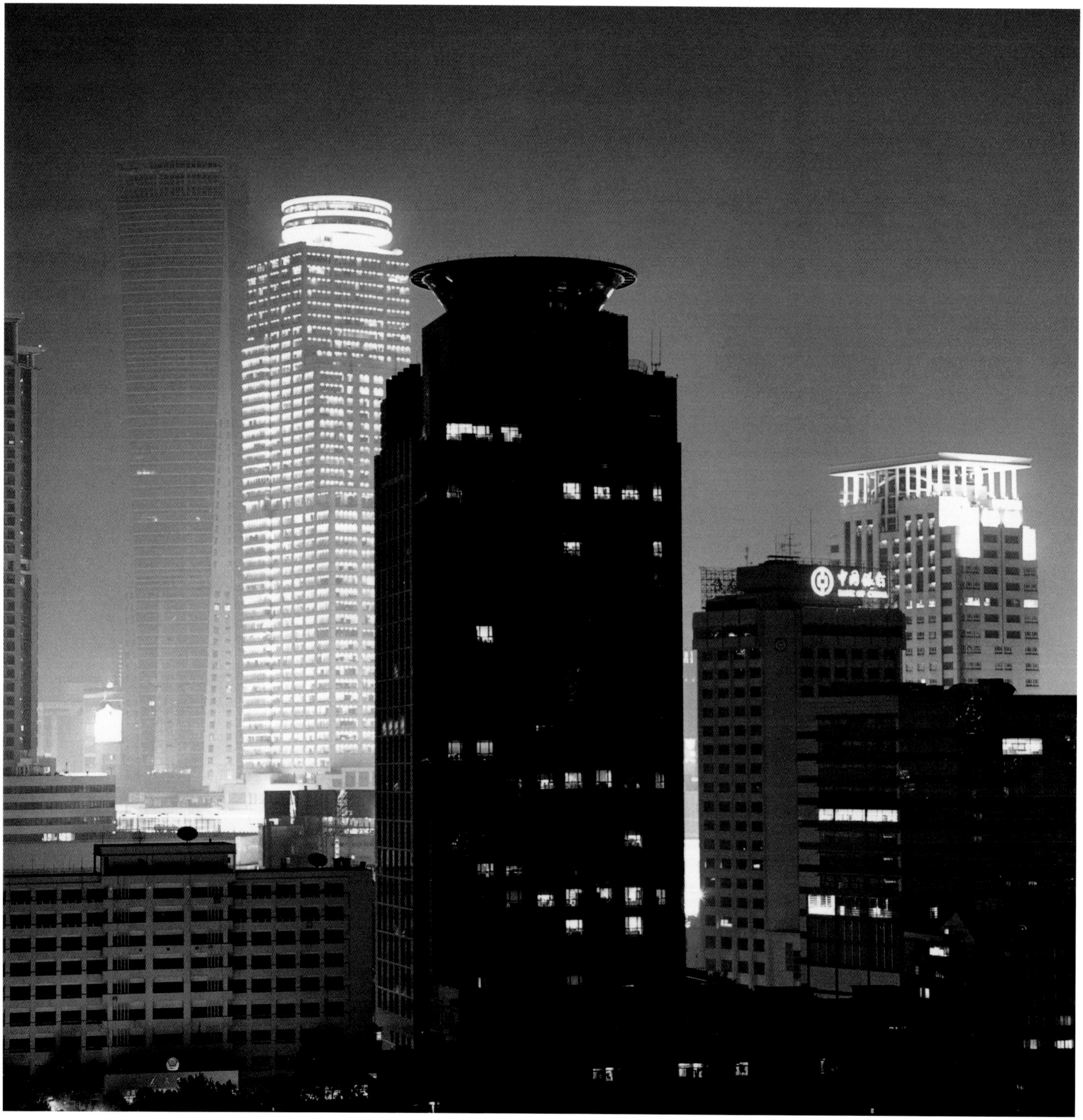

Nanjing, Jiangsu – 2009

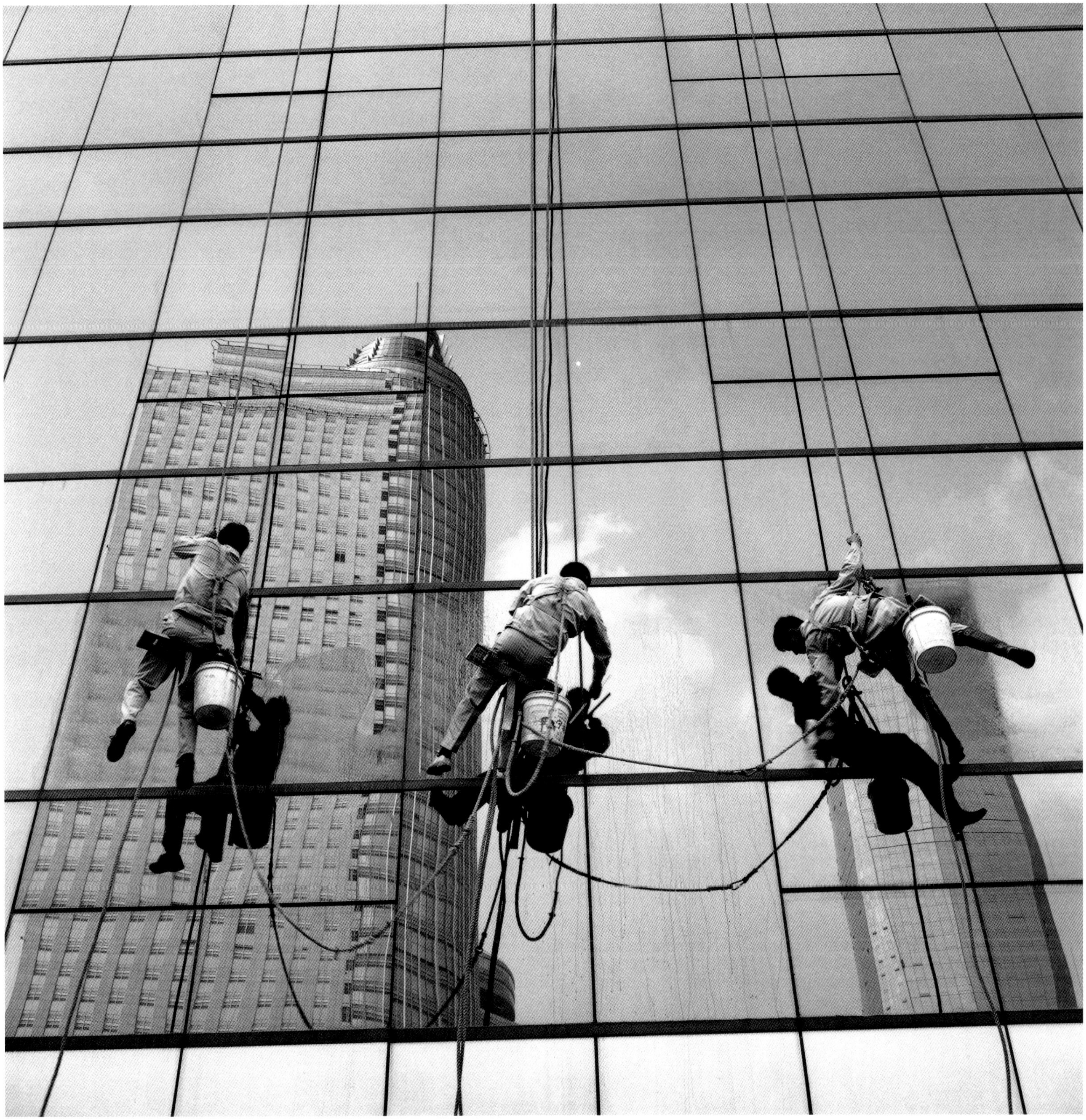

Nanjing, Jiangsu – 2009

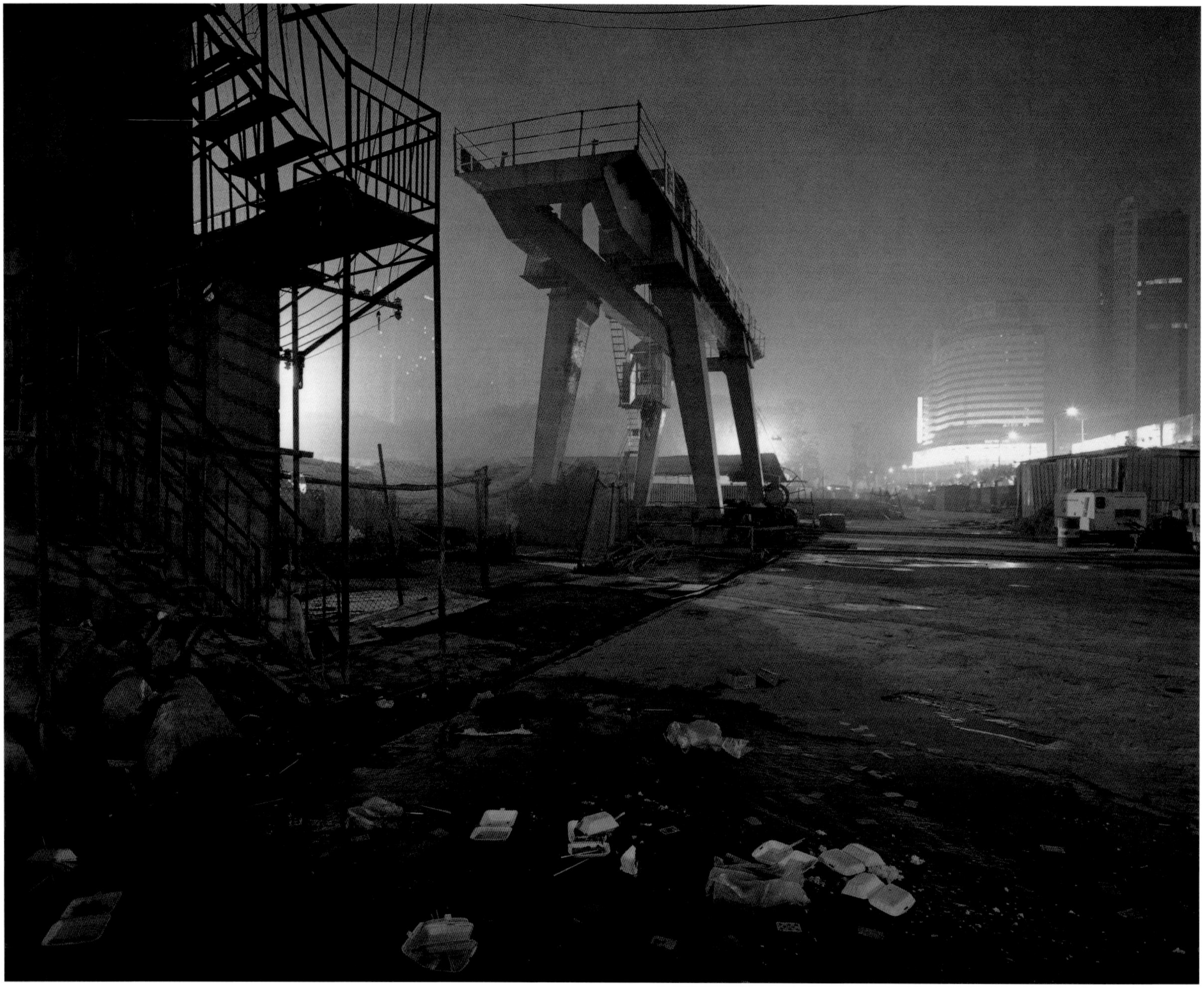

Shanghai, Nanjing Xilu – 1998

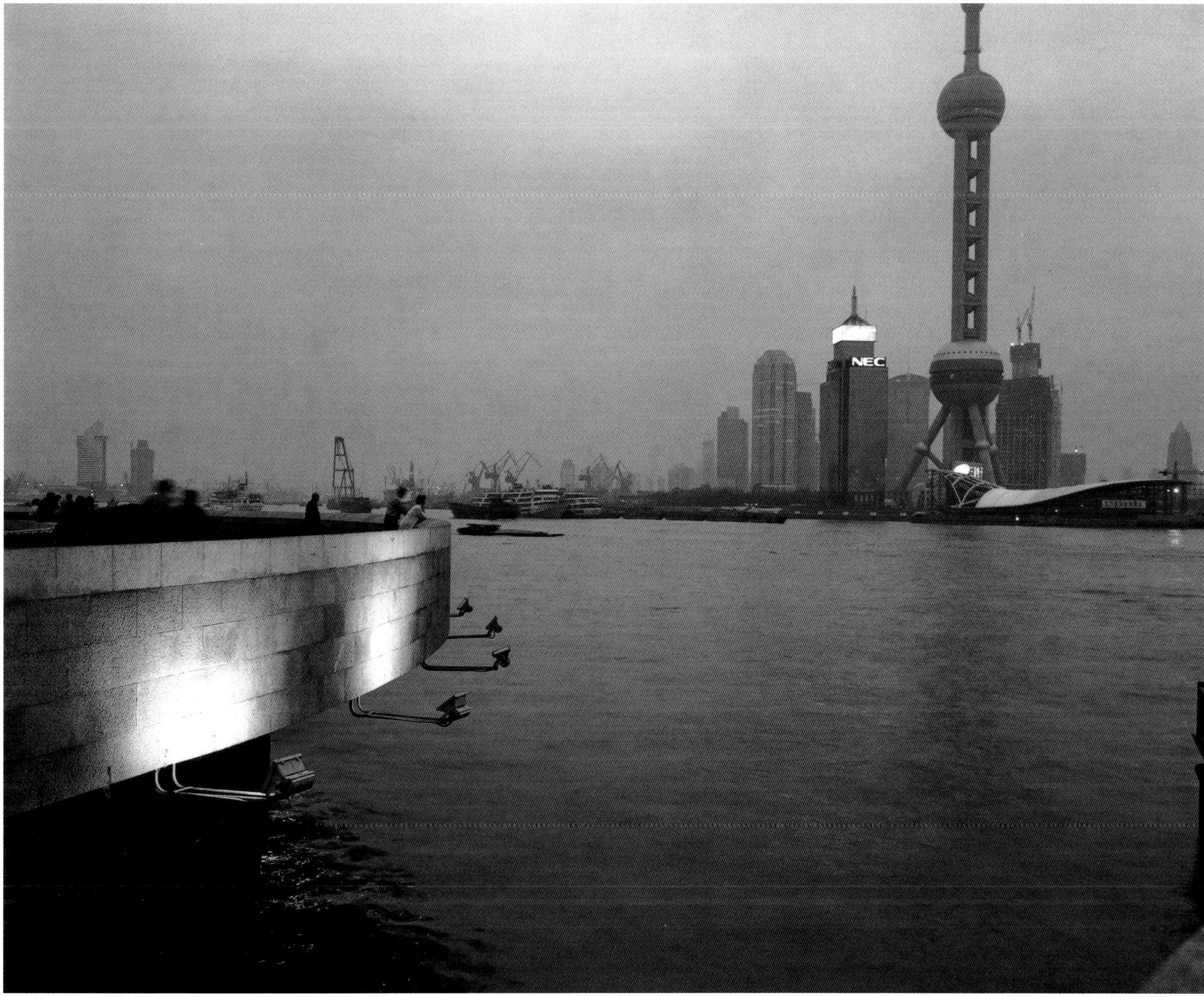

Shanghai, Waitan – 1998

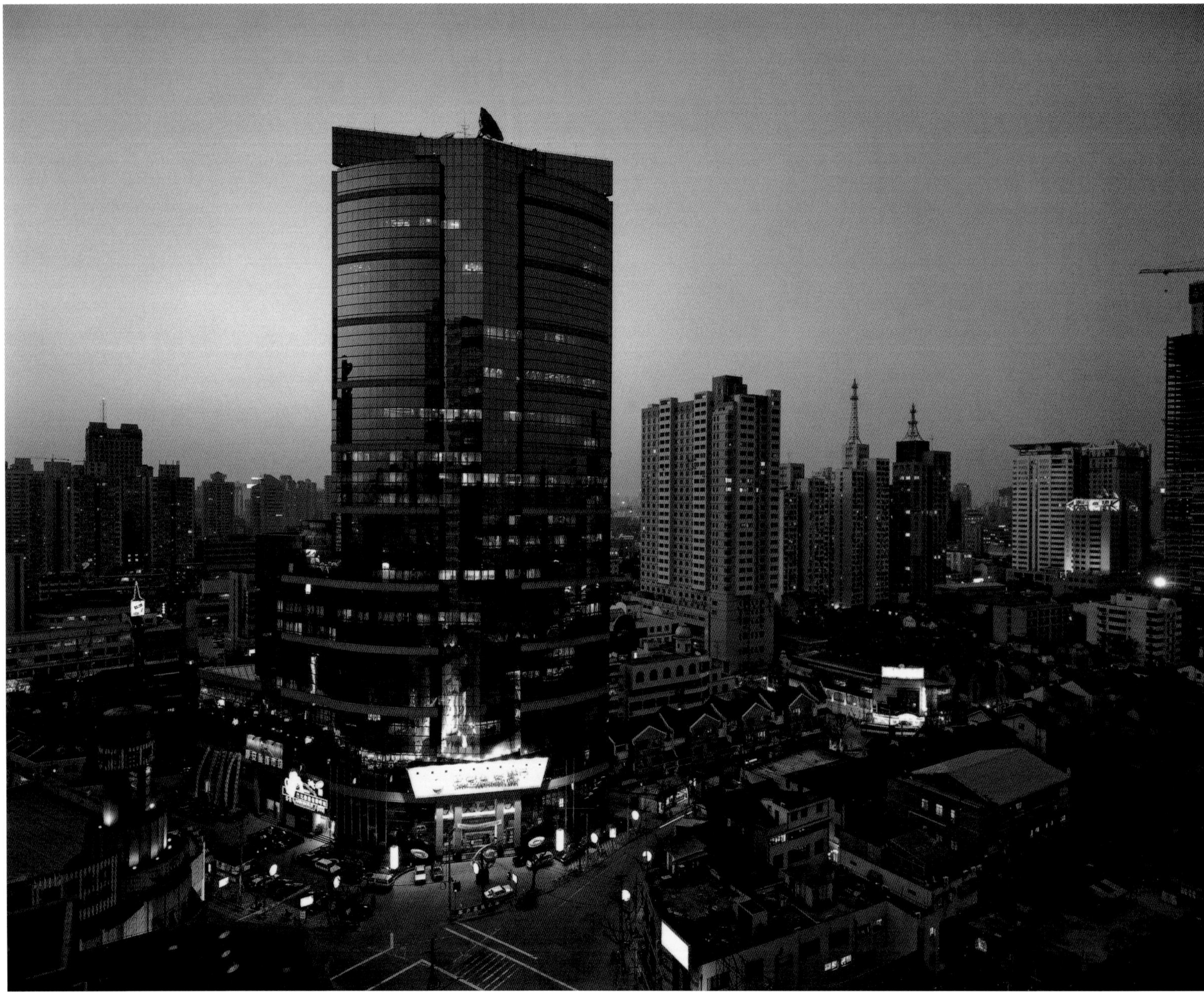

Shanghai, Jing'an – 1998

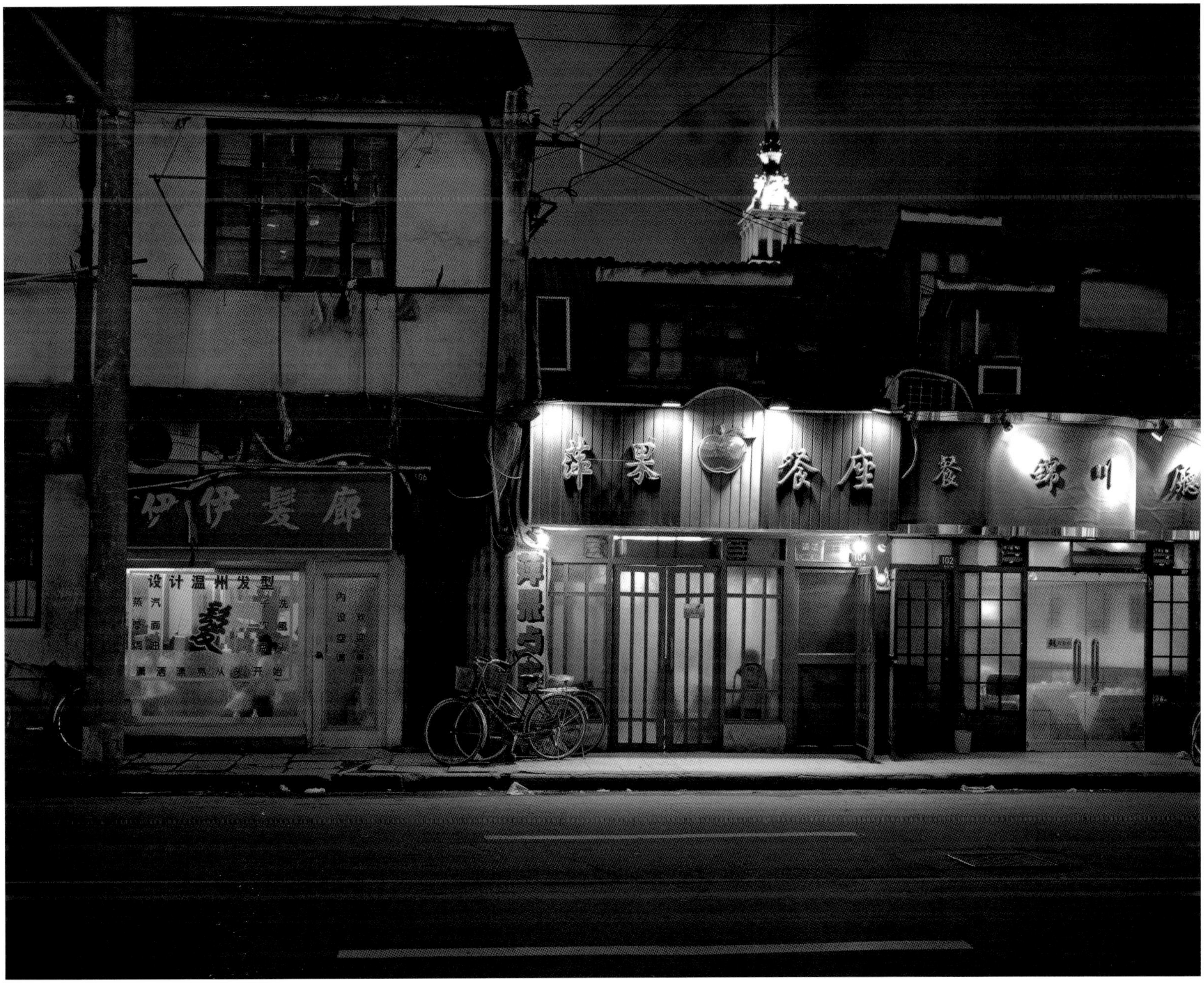

Shanghai, Tongren Lu – 1998

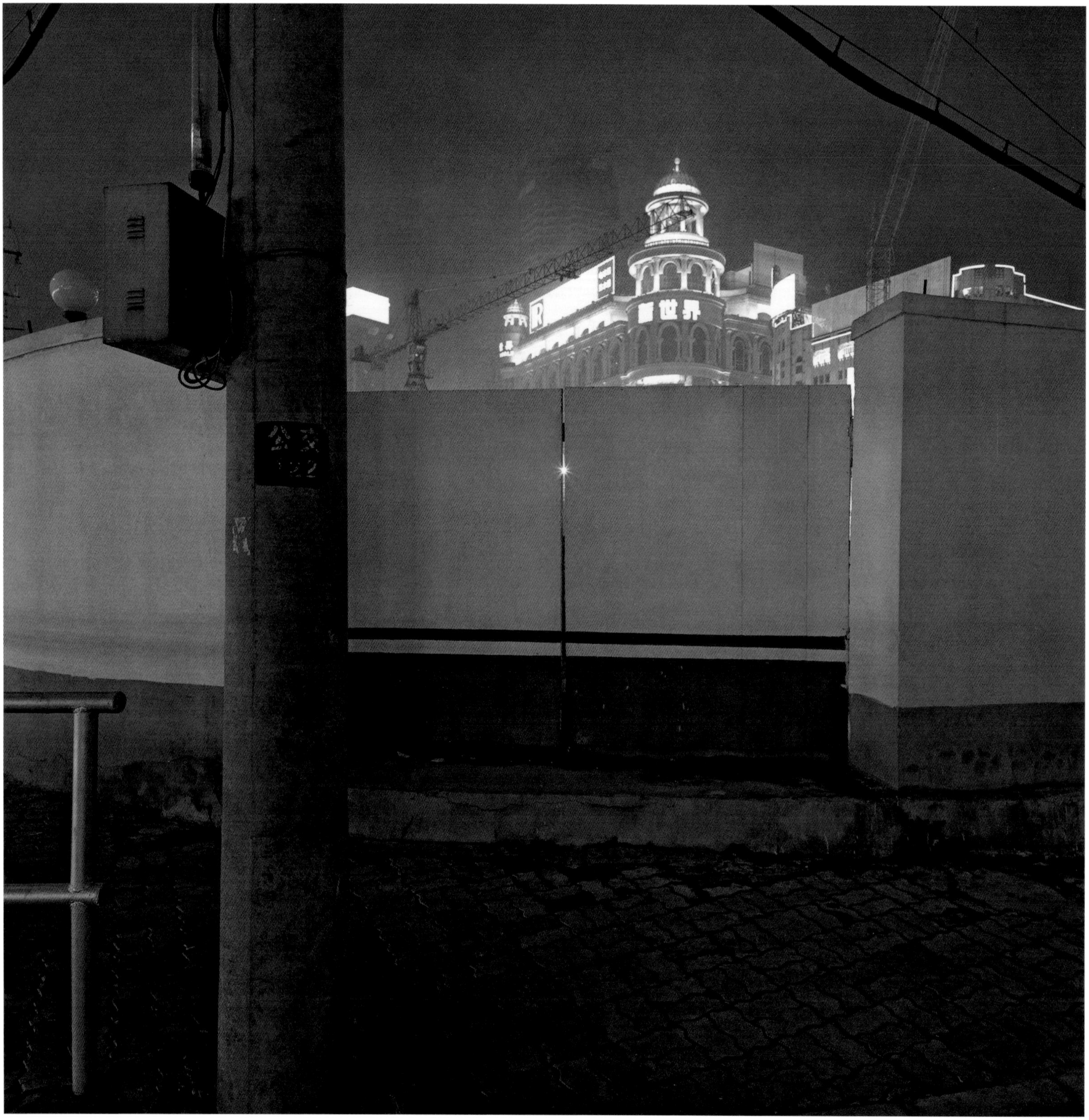

Shanghai, Yunnan Zhonglu – 1998

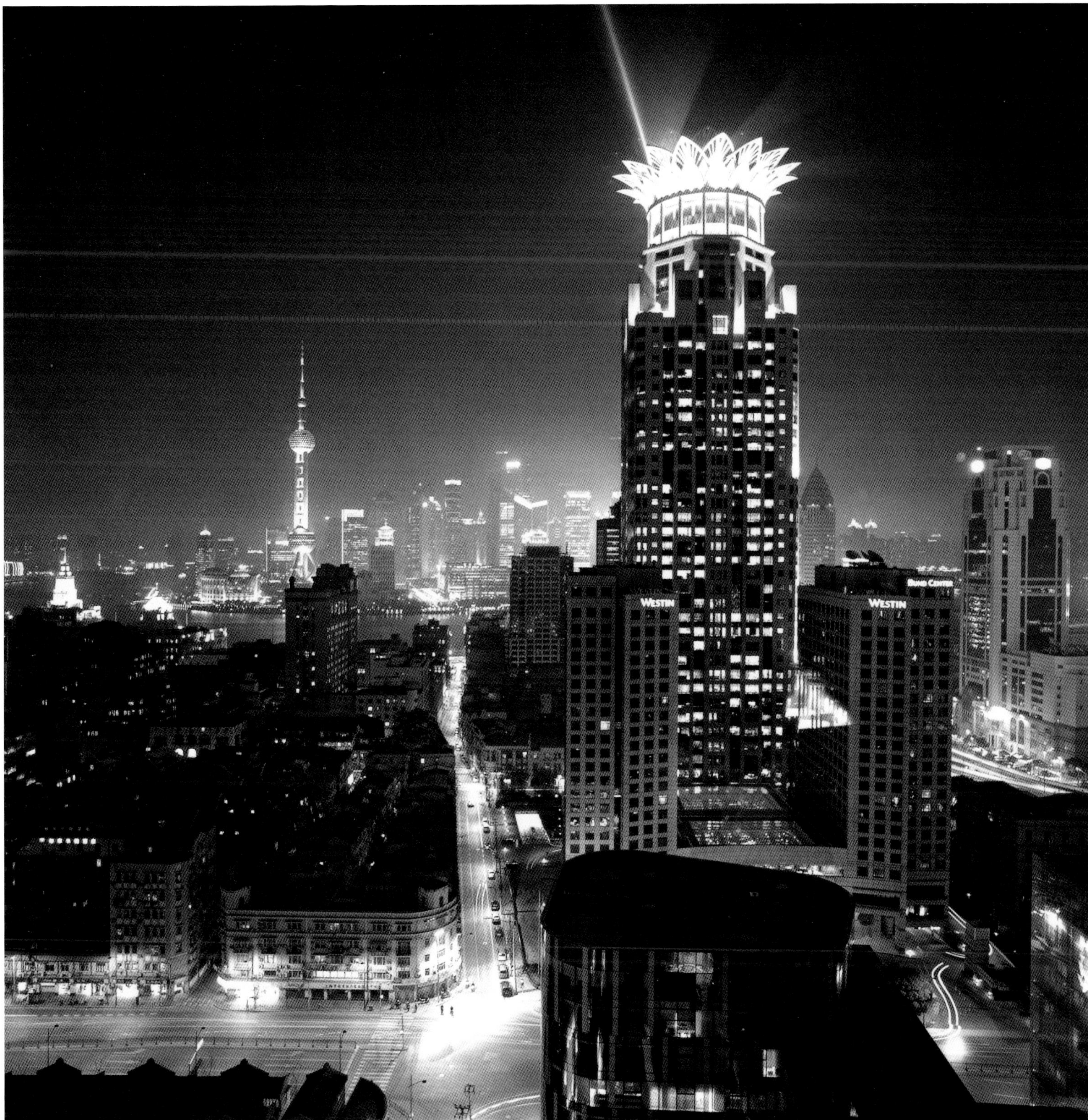

Shanghai, Westin Bund Center – 2010

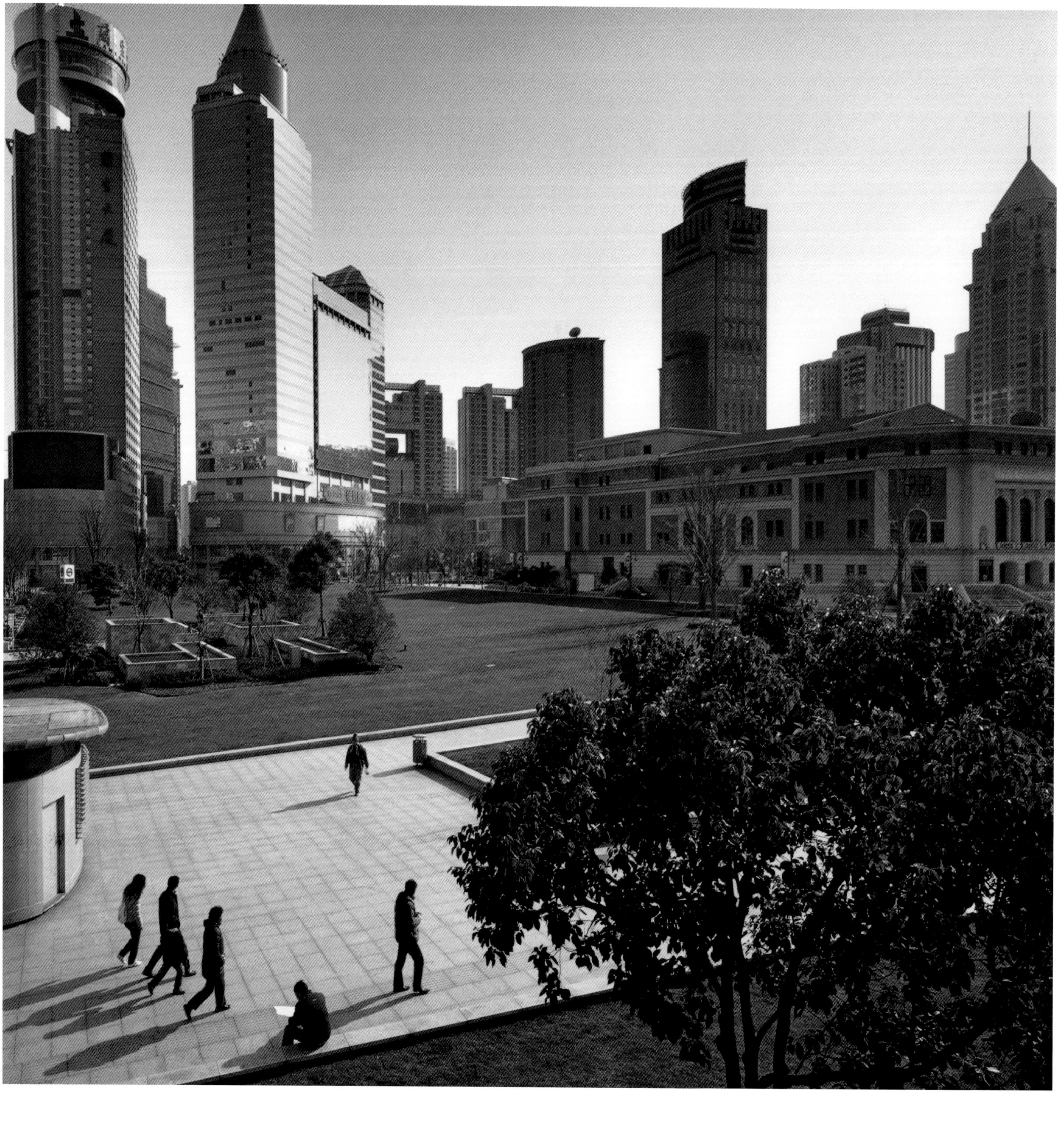

Shanghai, Xizang Lu – 2008

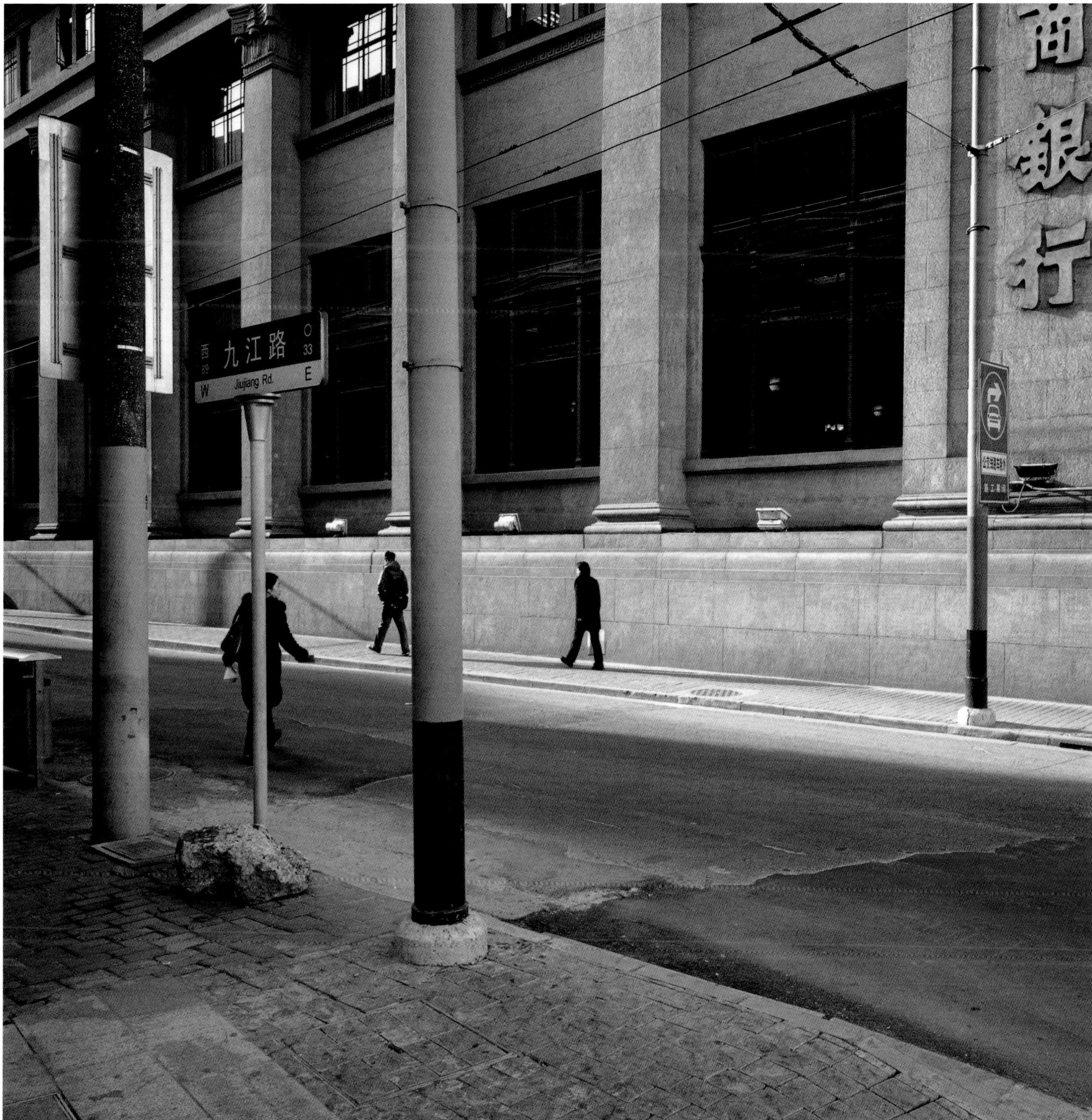

Shanghai, Jiujiang Lu - 2010

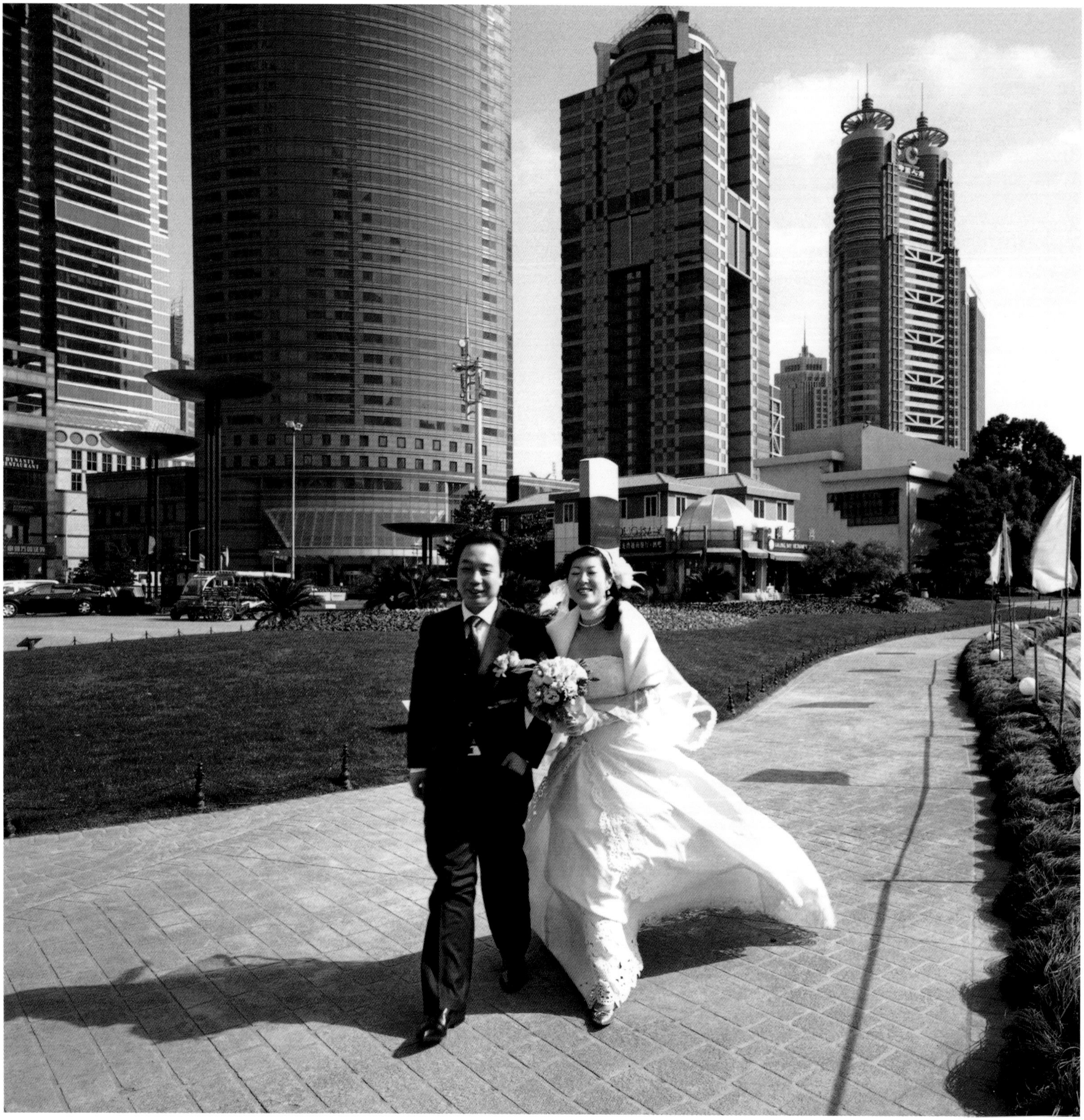

Shanghai, Lujiazui Park – 2008

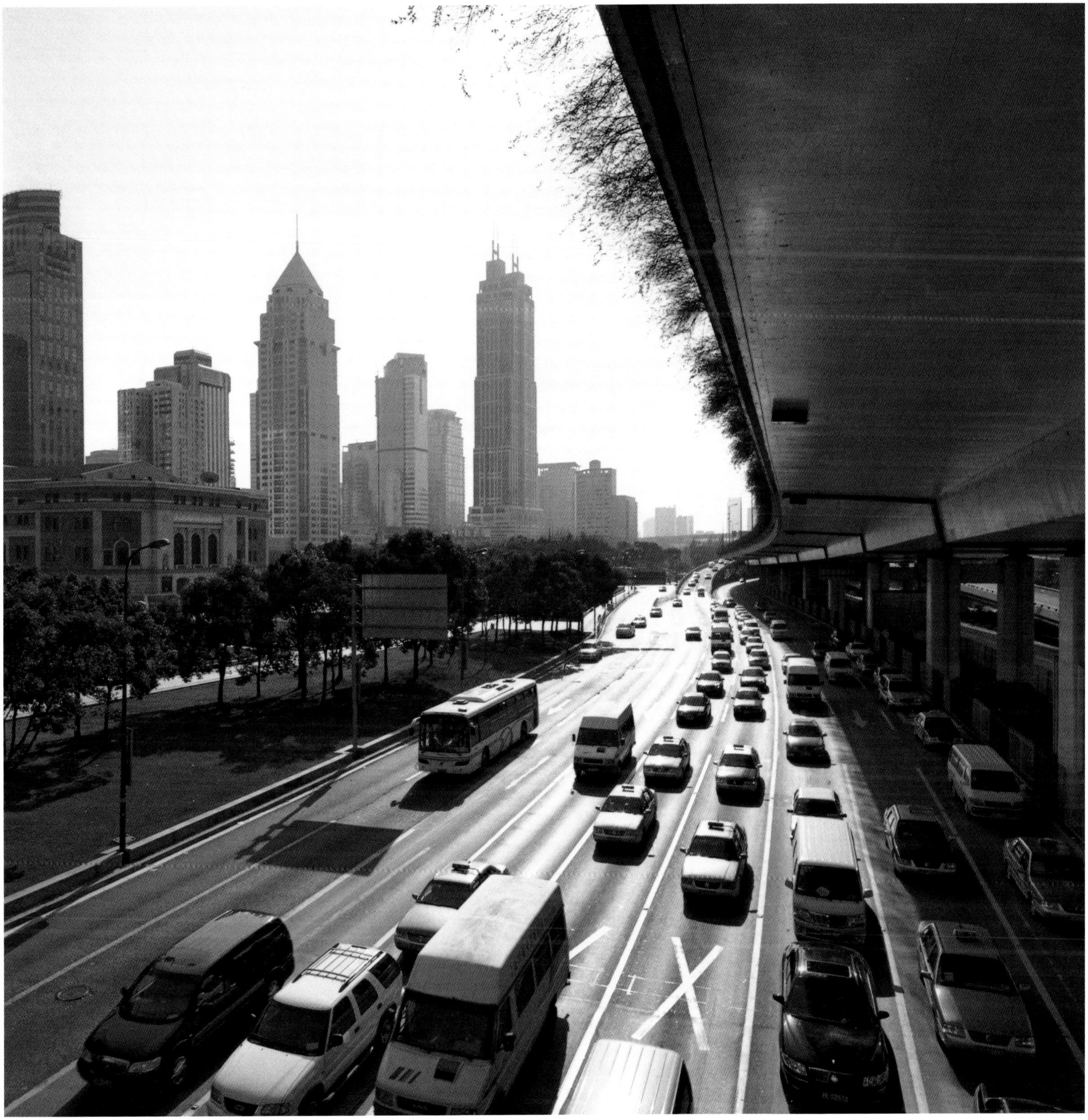

Shanghai, Xizang Lu – 2008

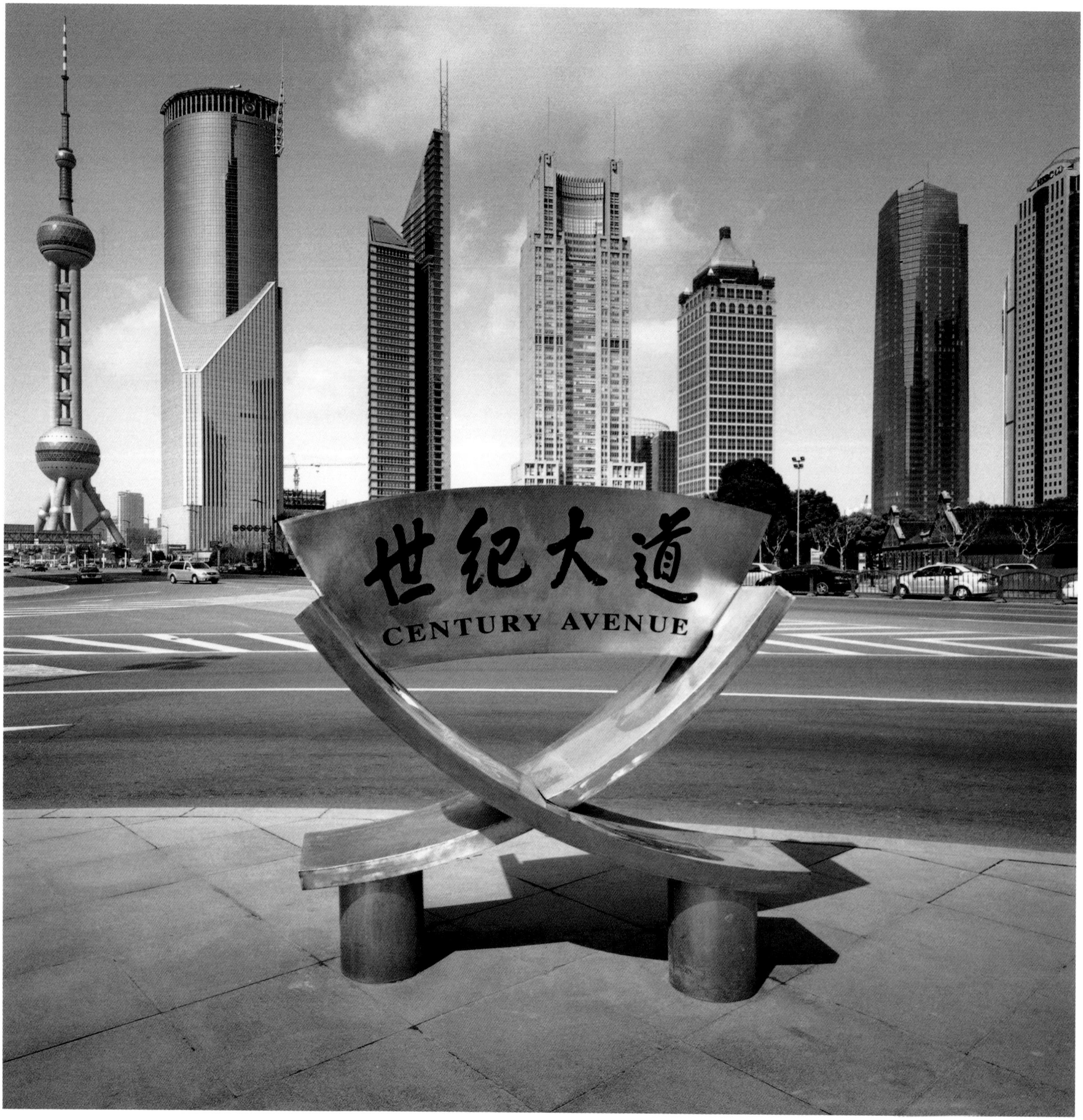

Shanghai, Lujiazui – 2008

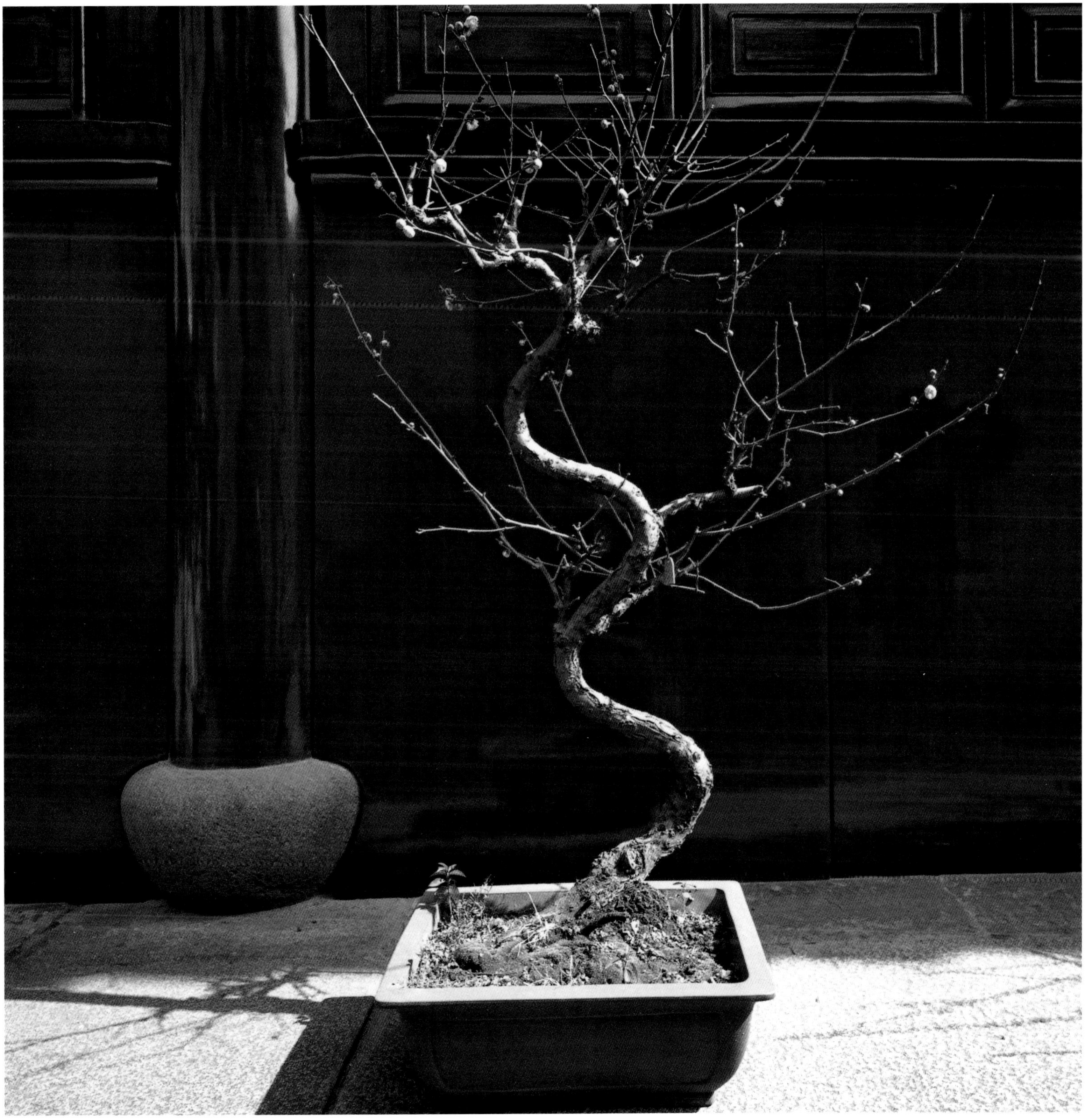

Shanghai, Yuyuan Garden - 2008

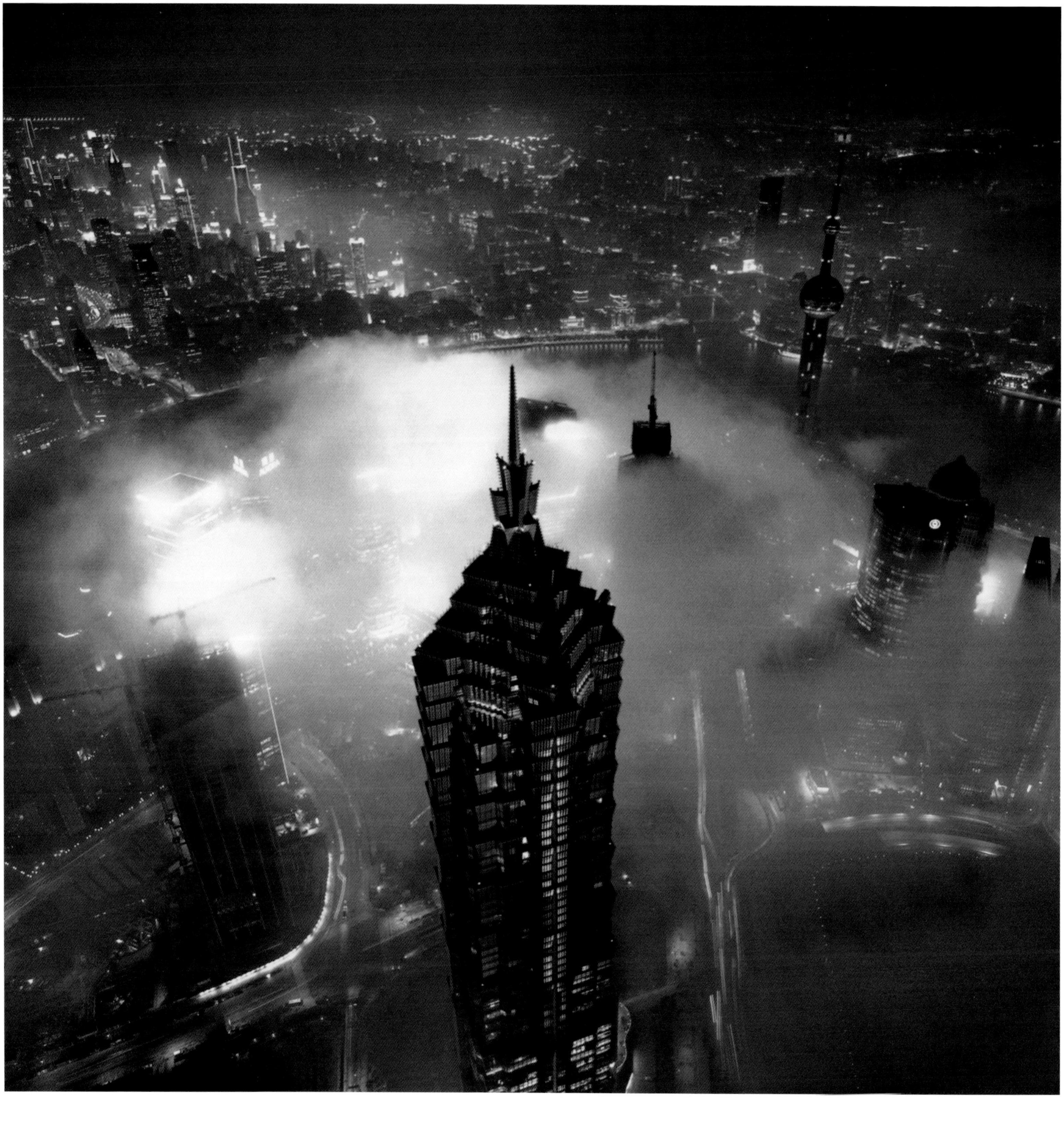

Shanghai, View from Shanghai World Financial Center – 2010

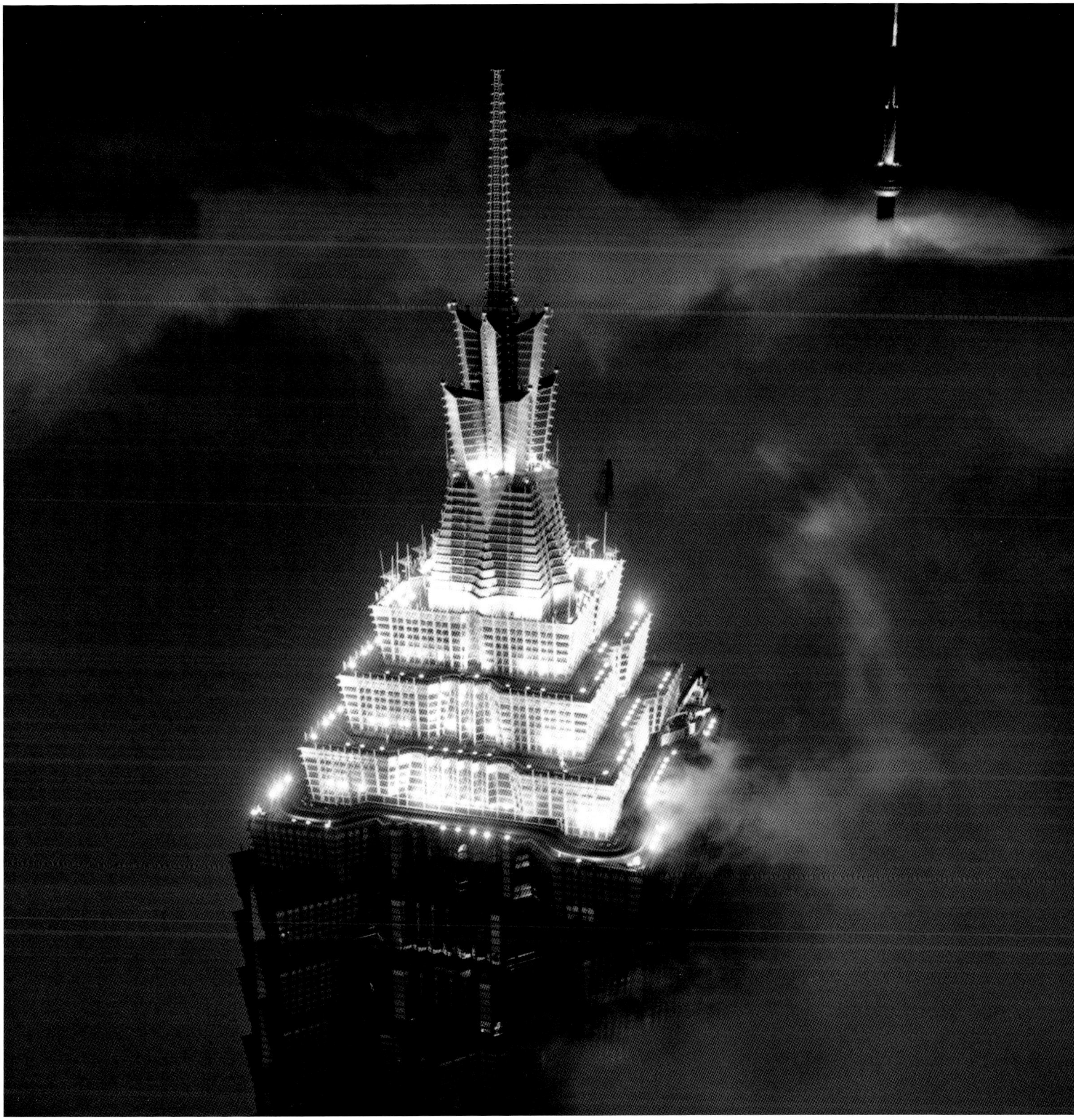

Shanghai, Jin Mao Building from Shanghai World Financial Center – 2010

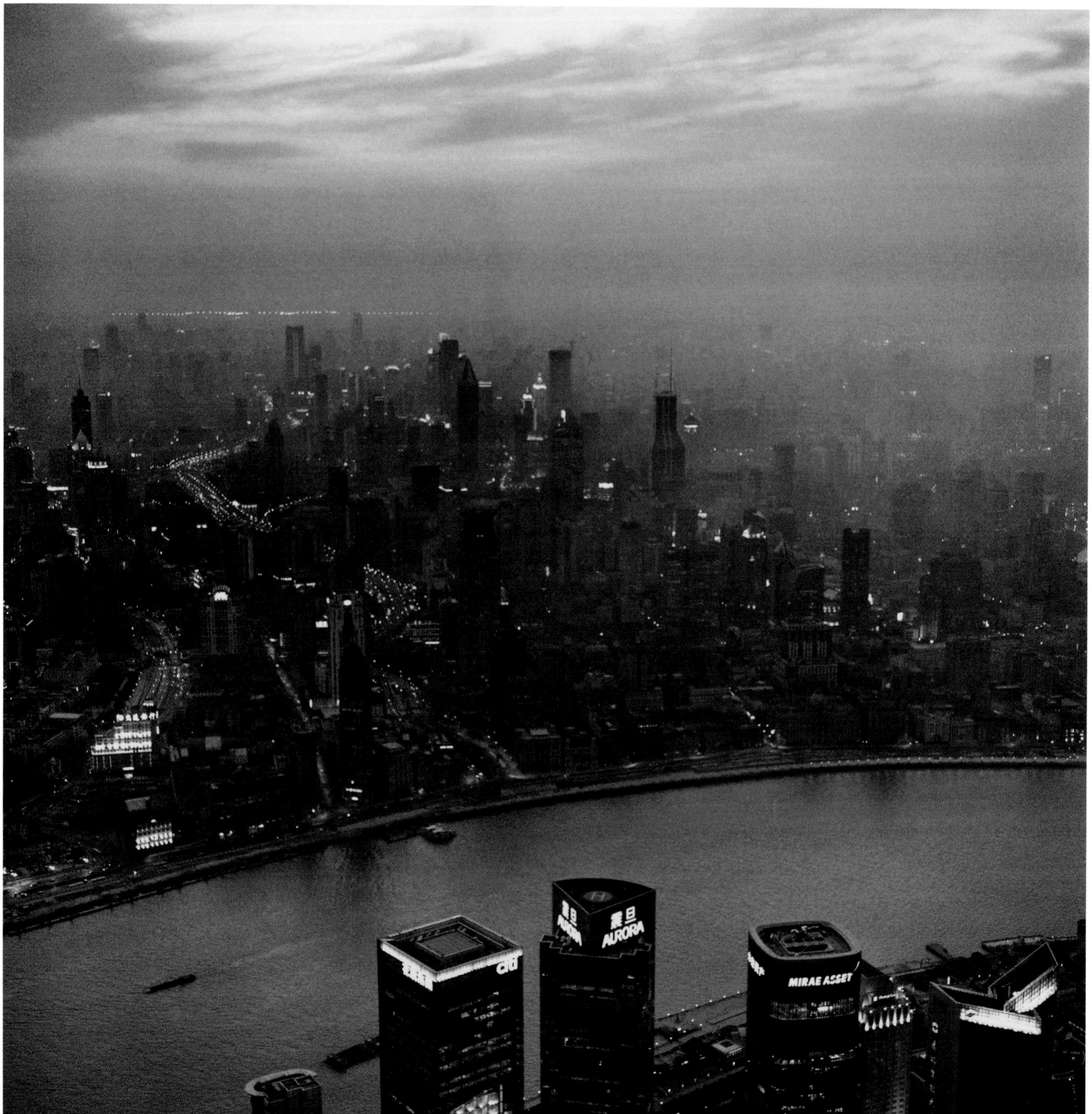

Shanghai, Huangpu River from Shanghai World Financial Center – 2010

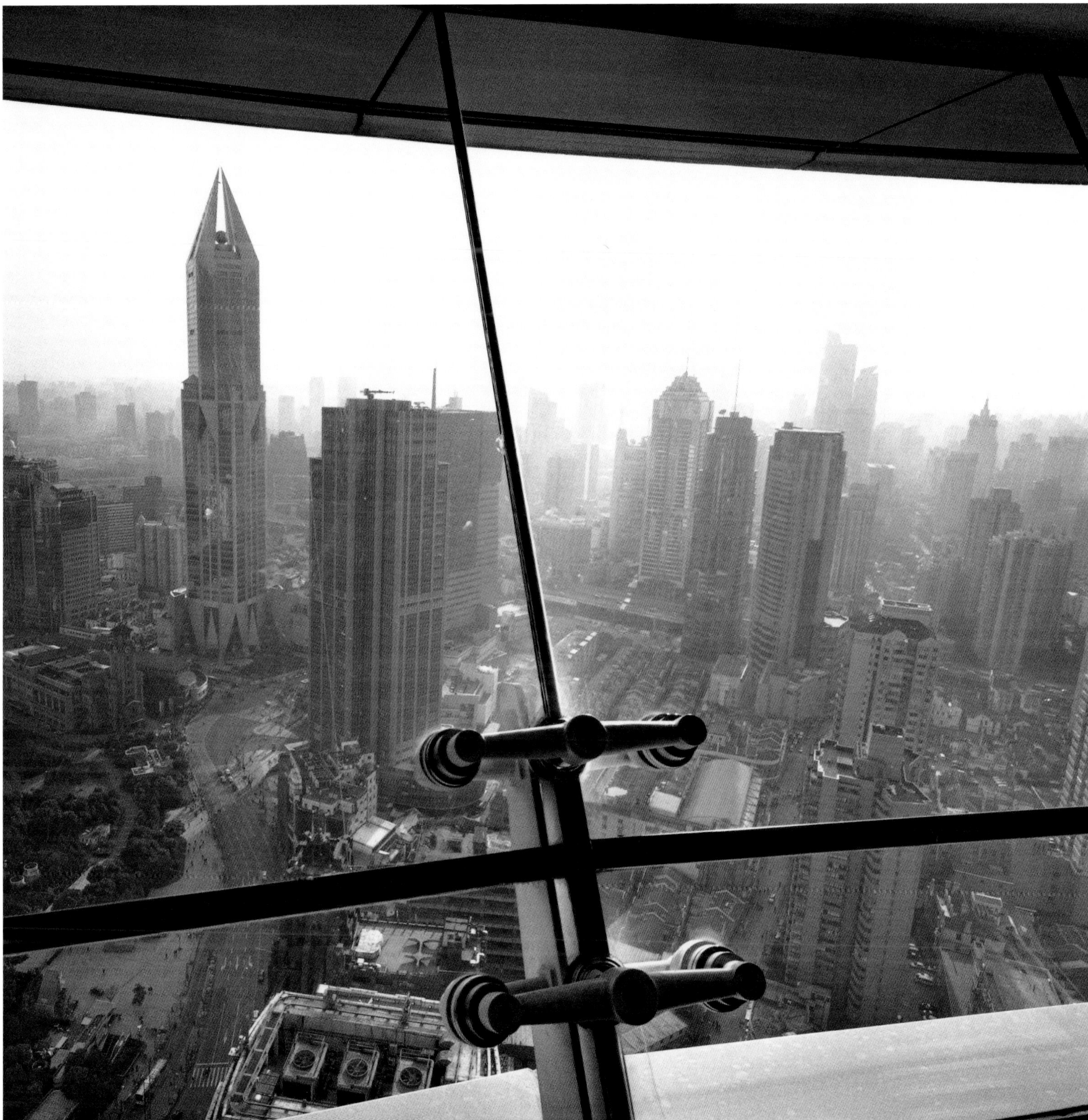

Shanghai, View from Radisson New World Hotel – 2008

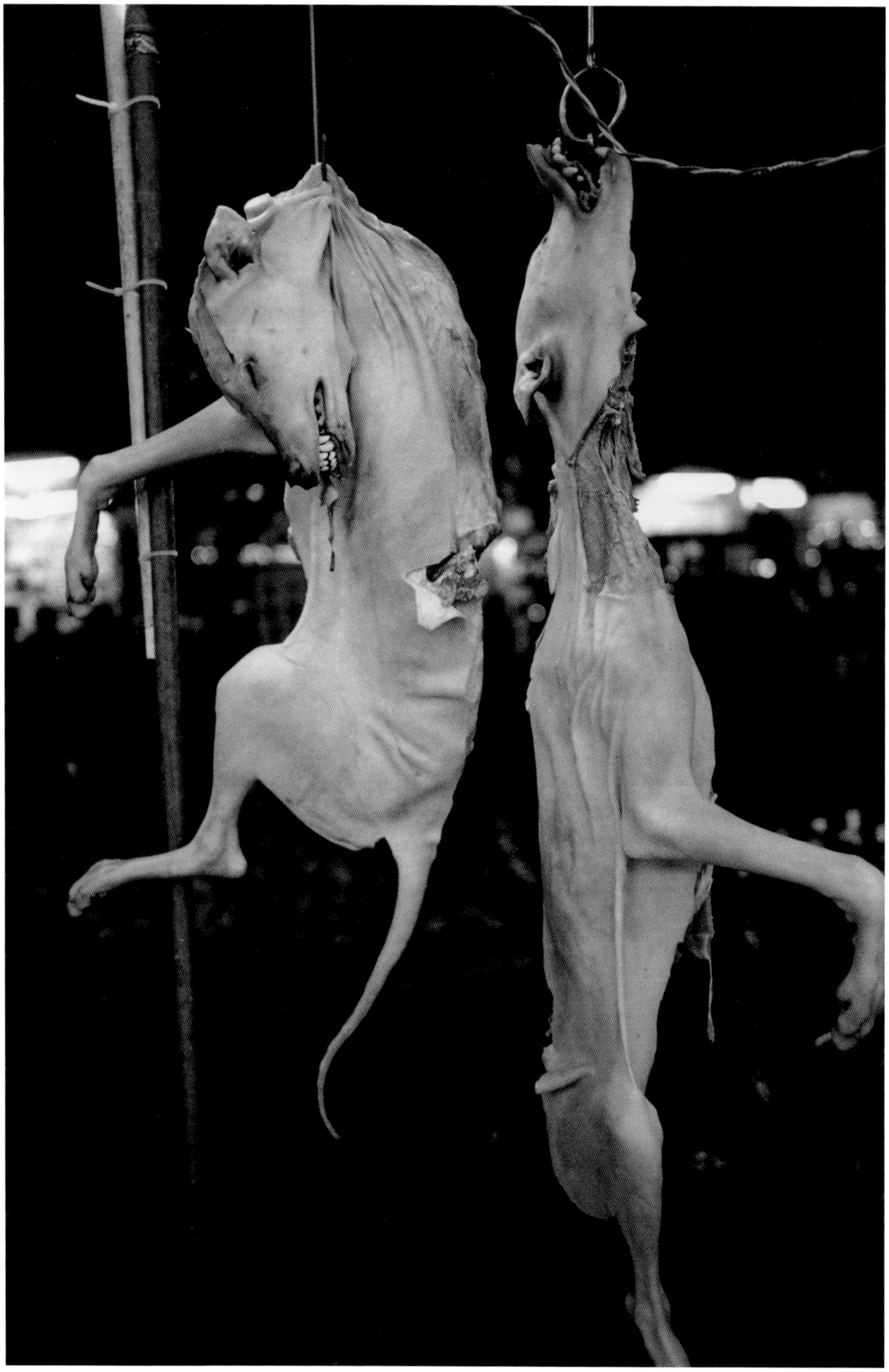

Shenzhen, Guangdong – 2001

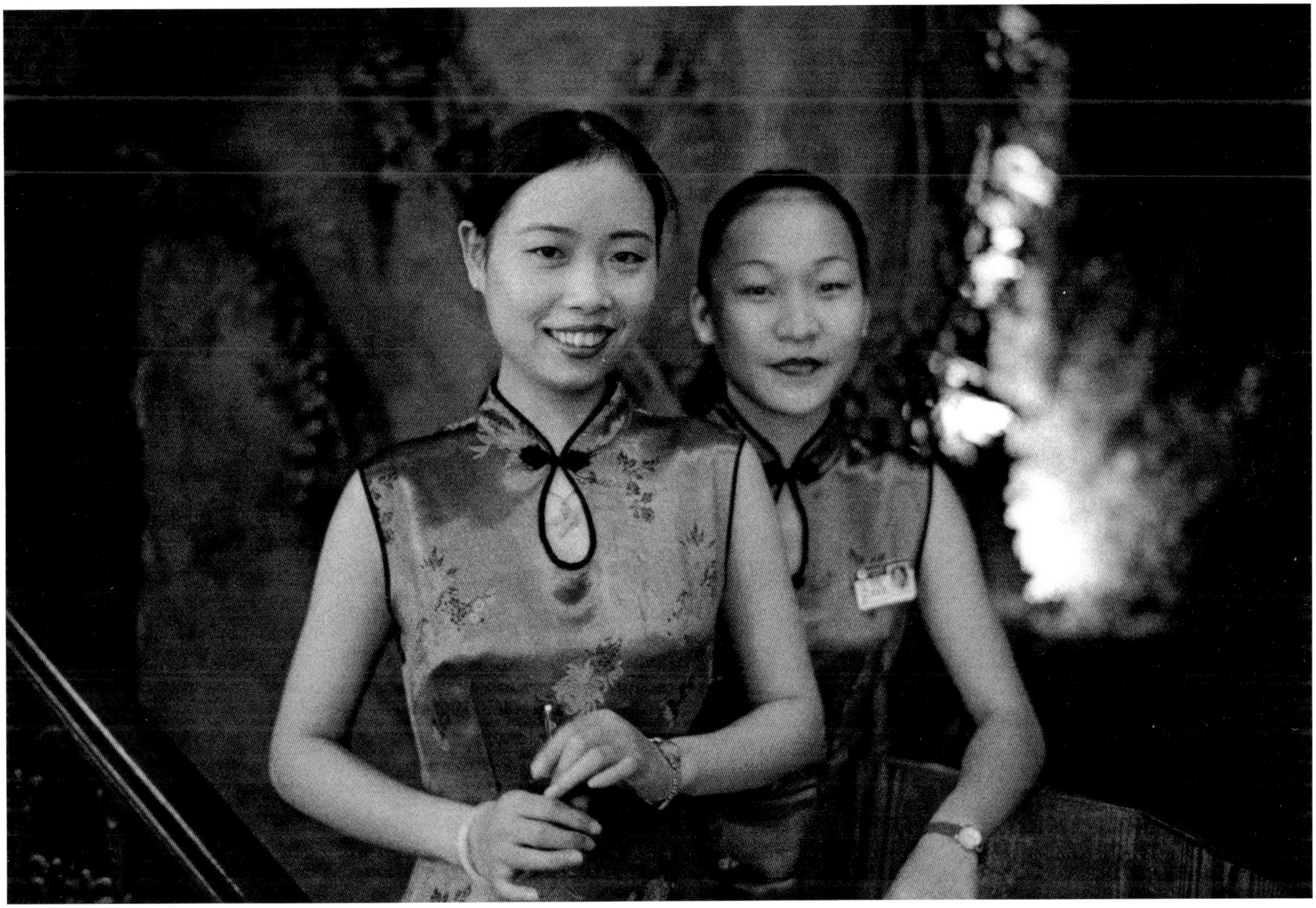

Guilin, Guangxi – 1998

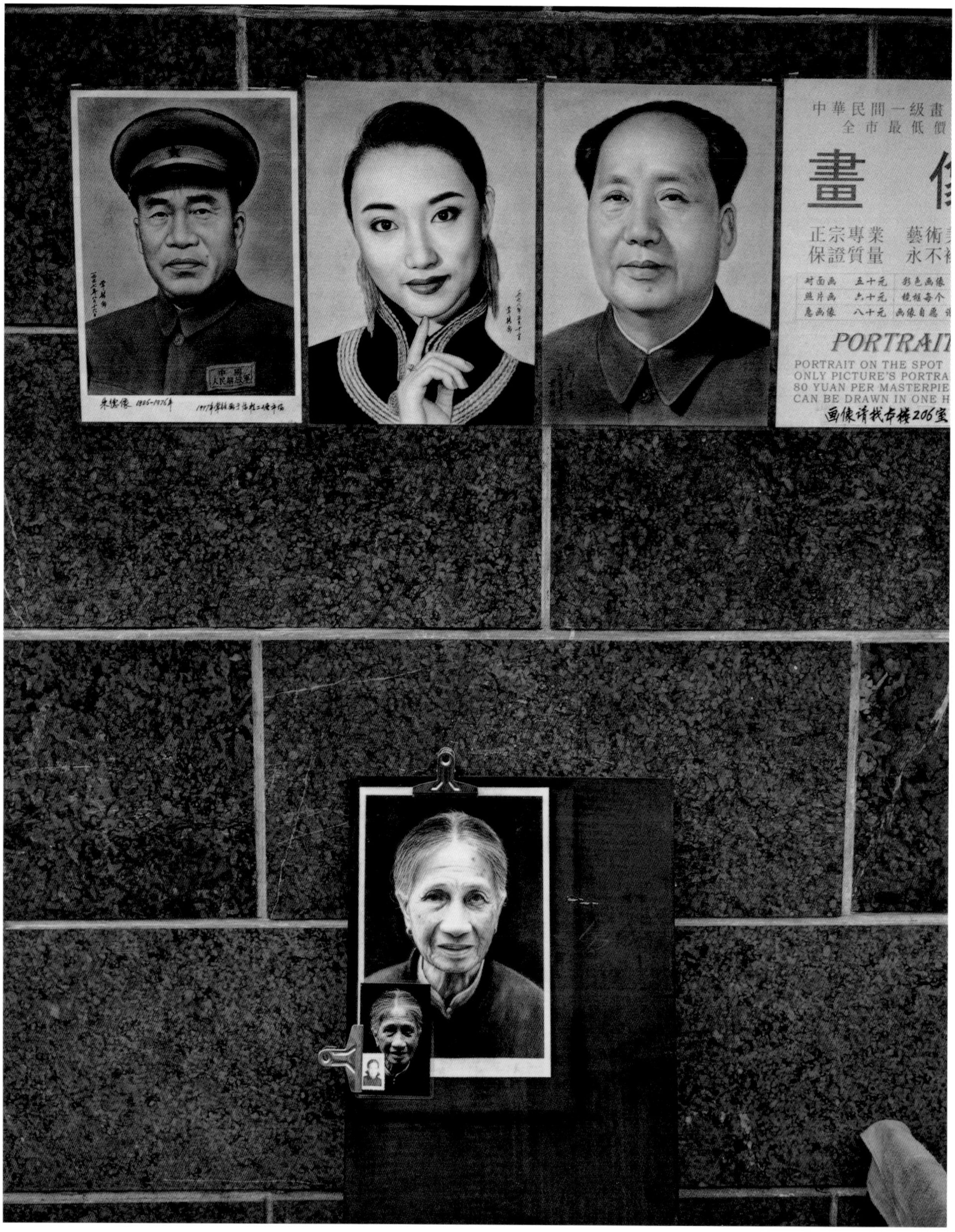

Yangshuo, Guangxi – 1998

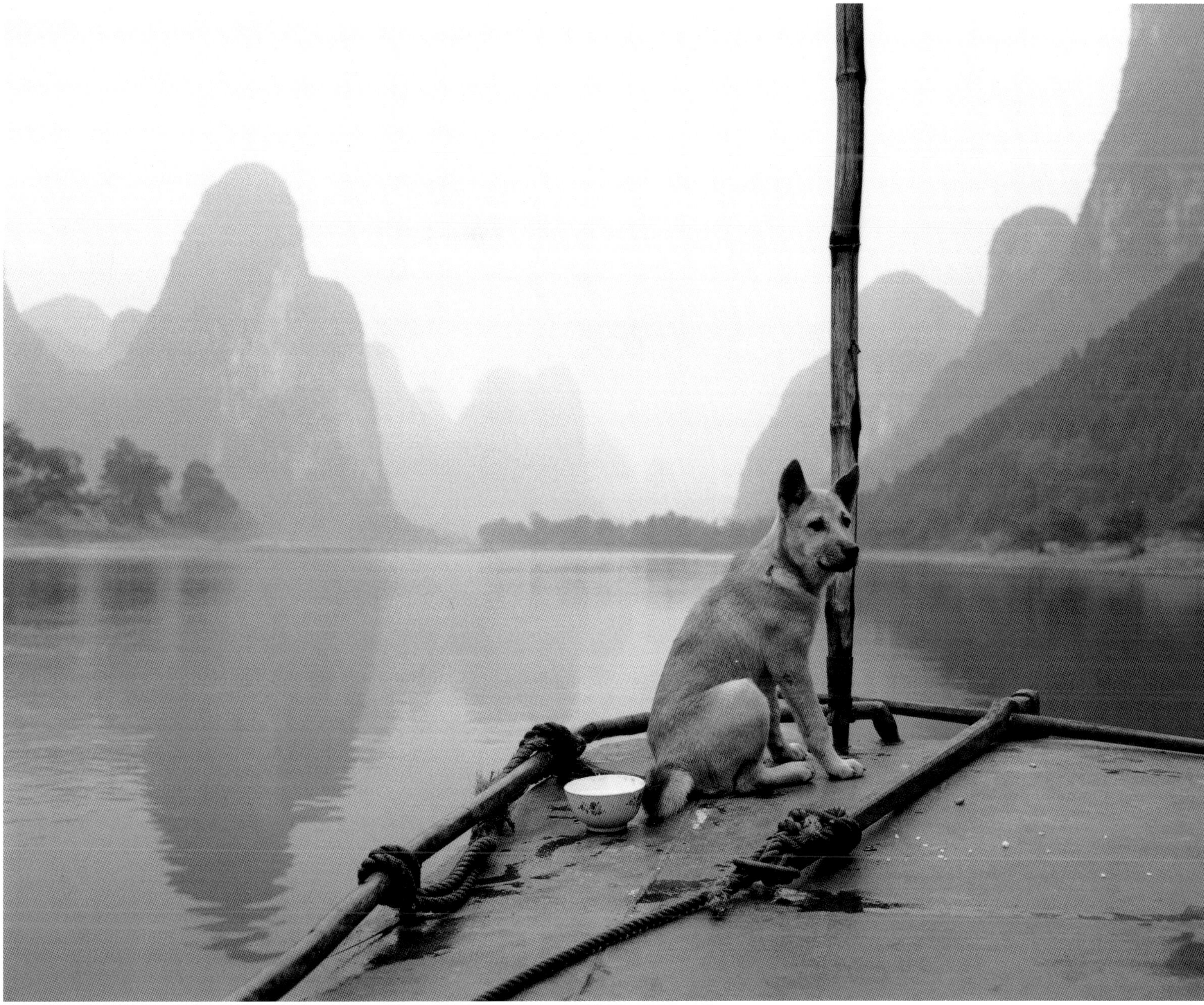

Yangshuo, Guangxi – 1998

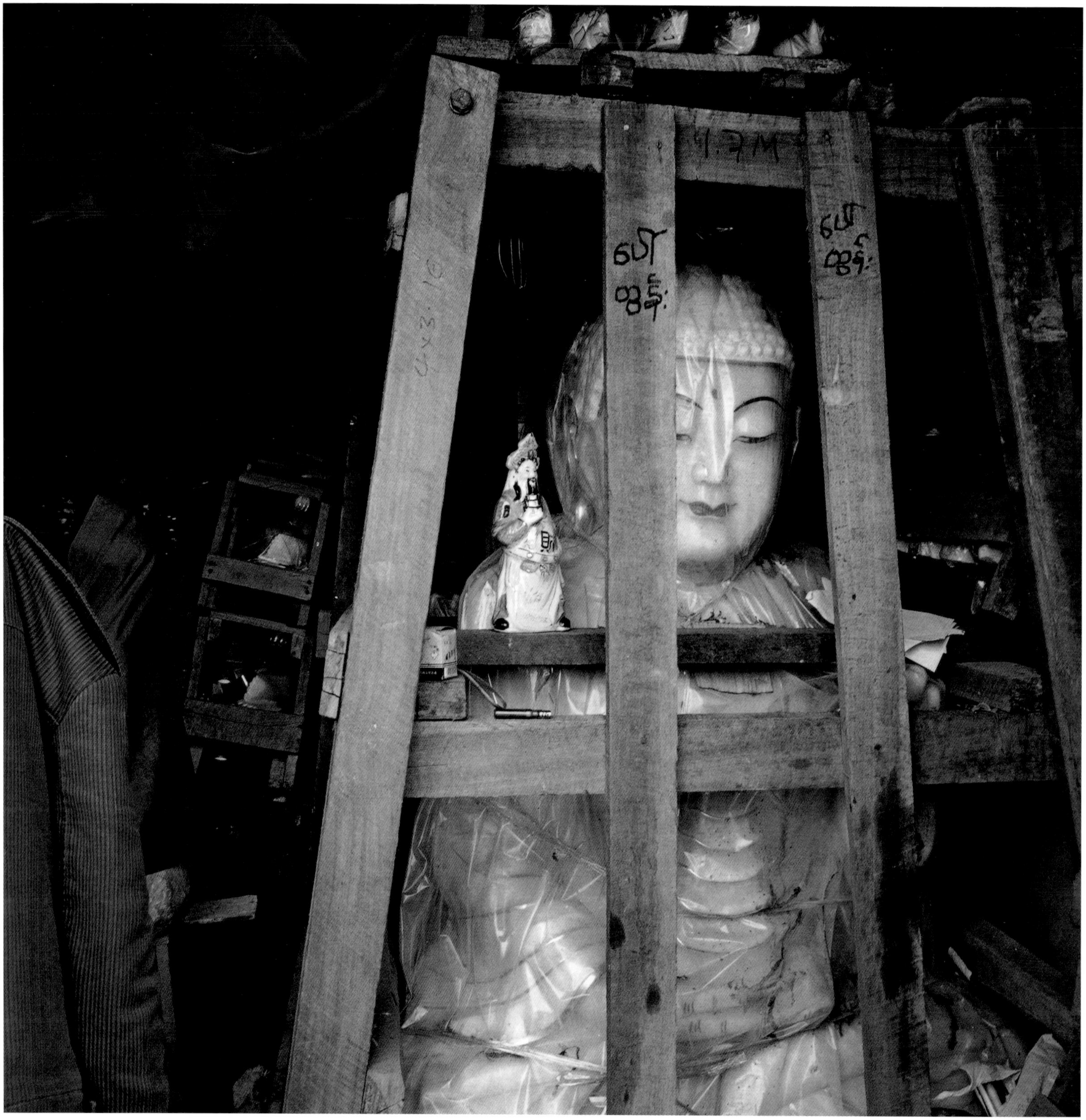

Chengdu, Sichuan – 2007

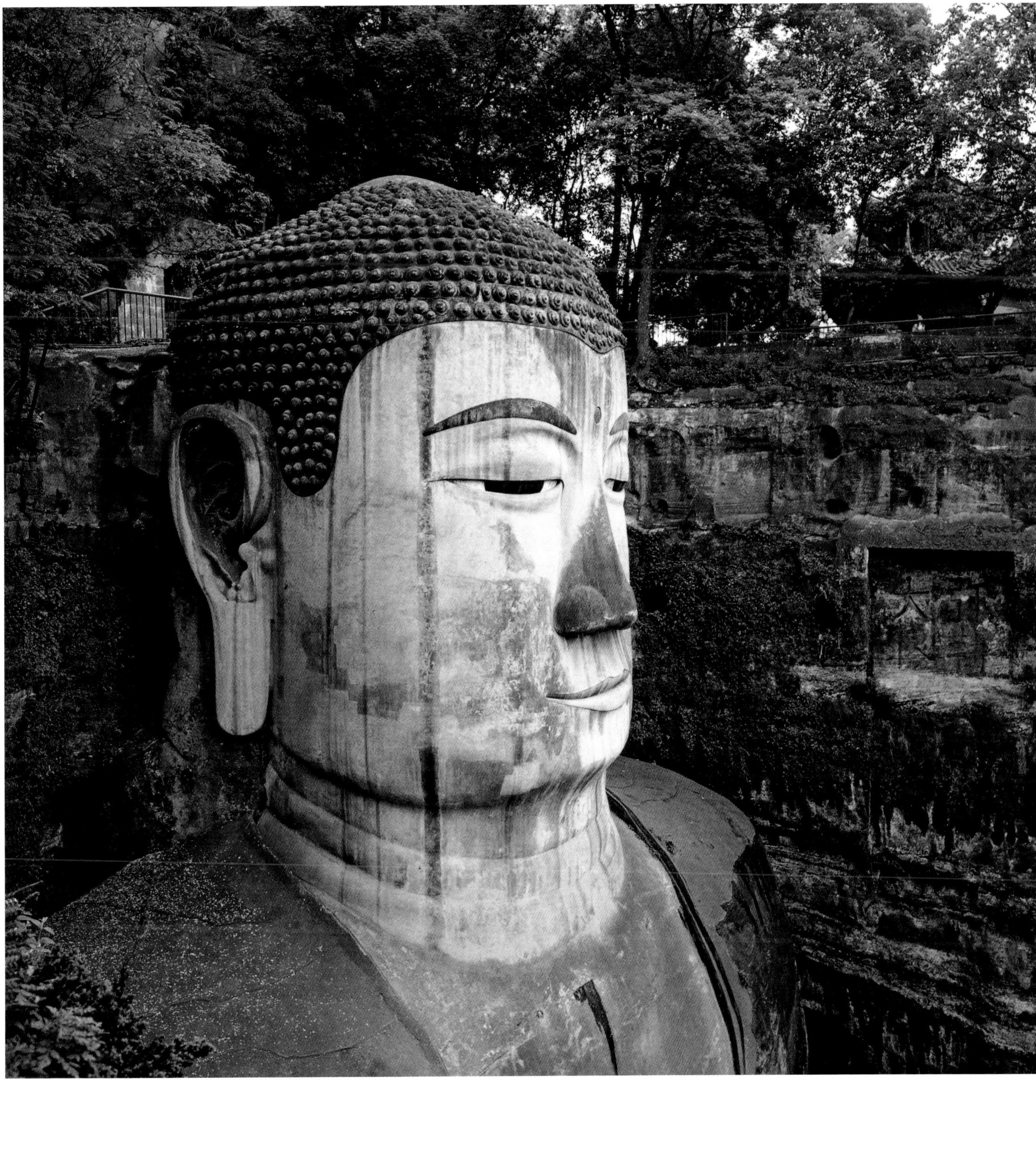

Leshan, Sichuan – 2007

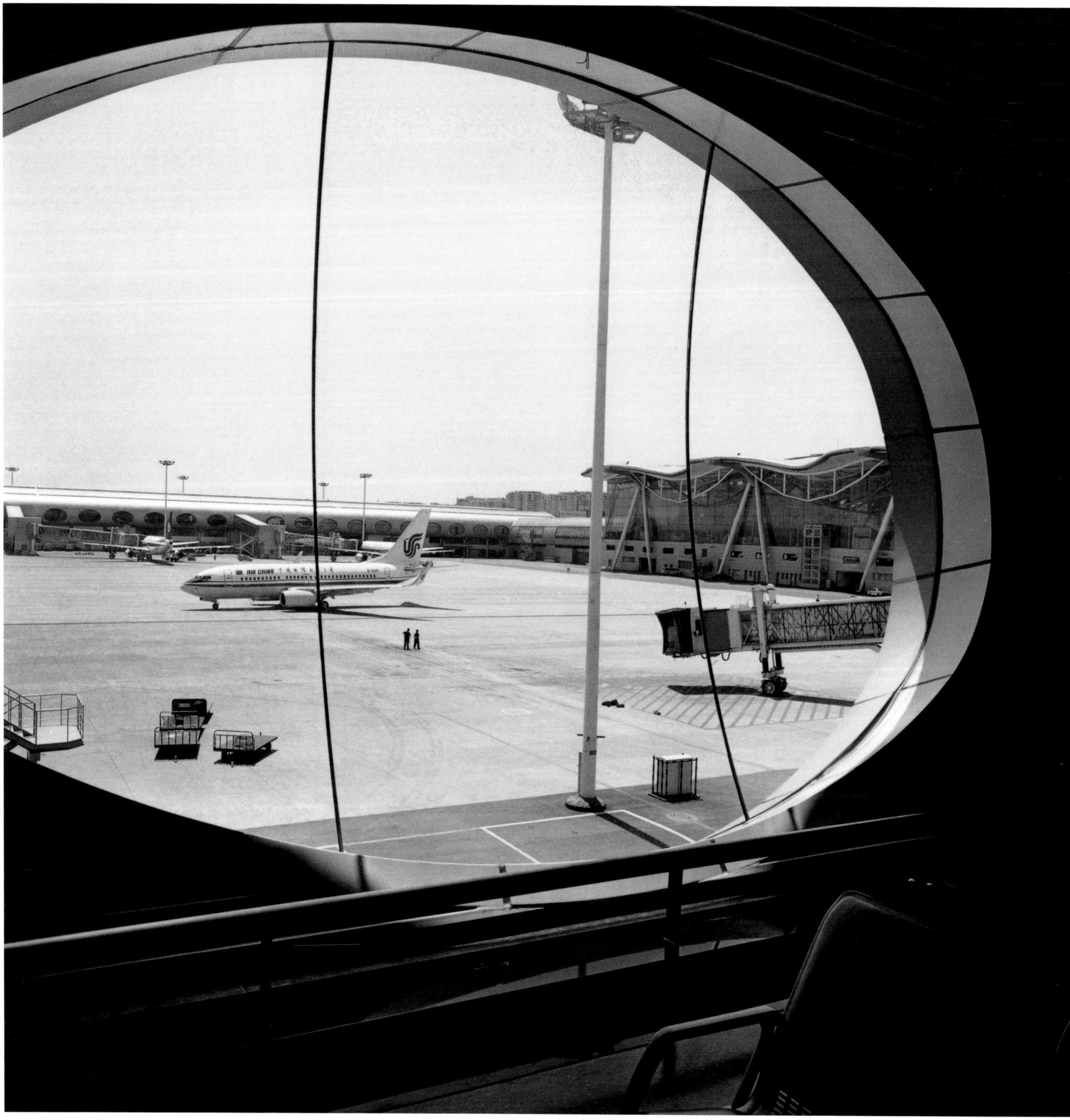

Chongqing – 2007

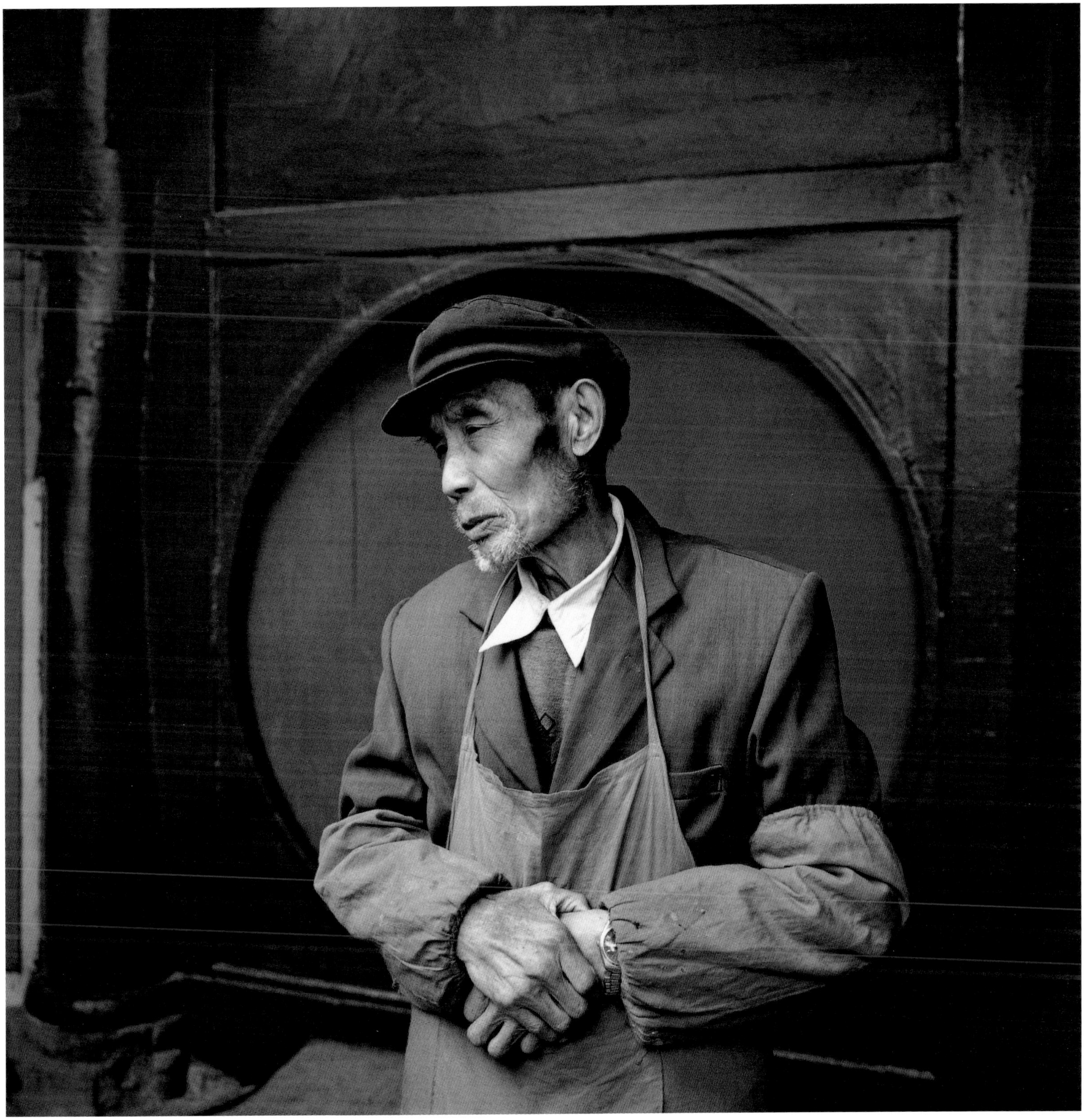

Chengdu, Sichuan – 2007

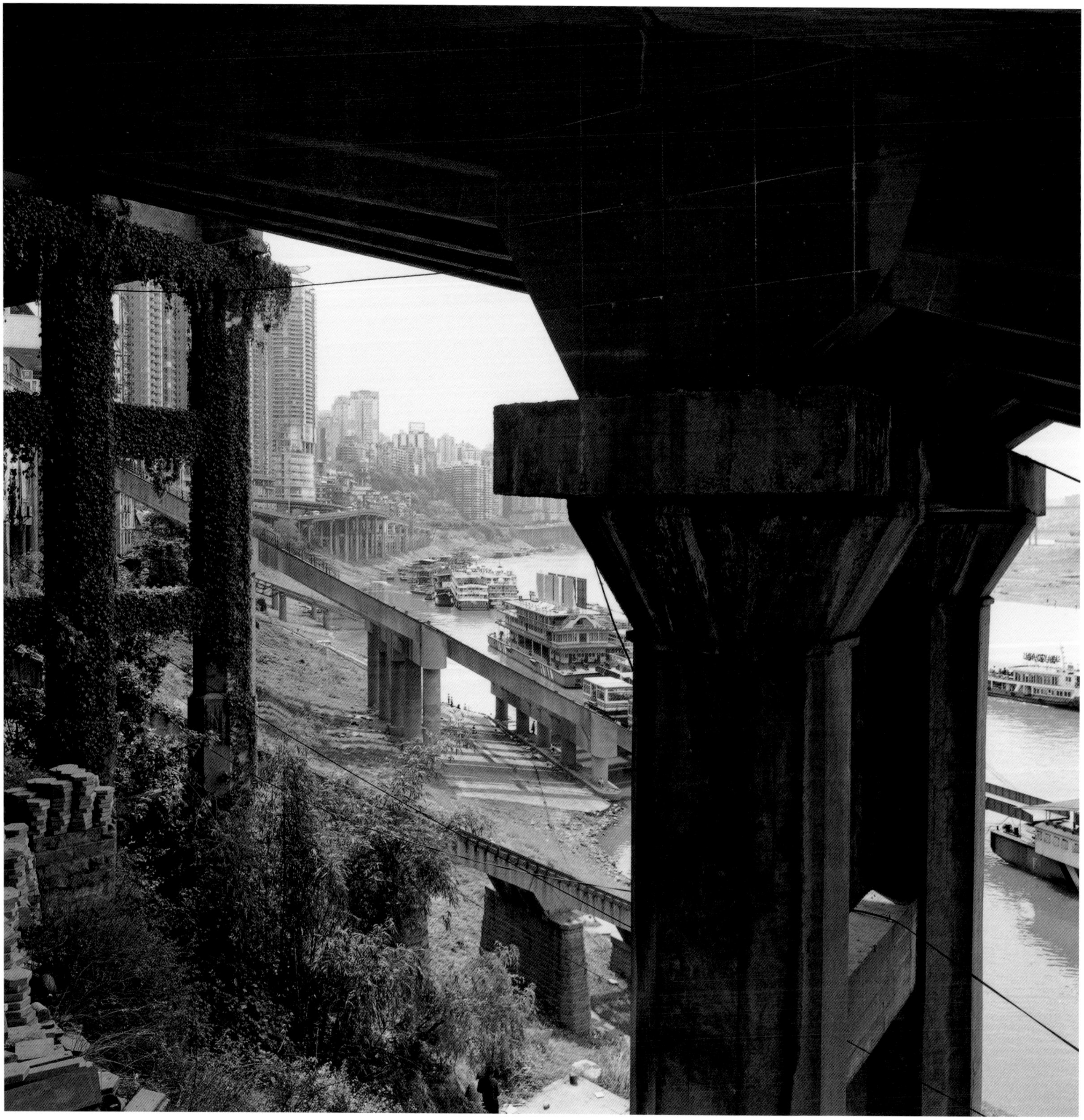

Chongqing – 2007

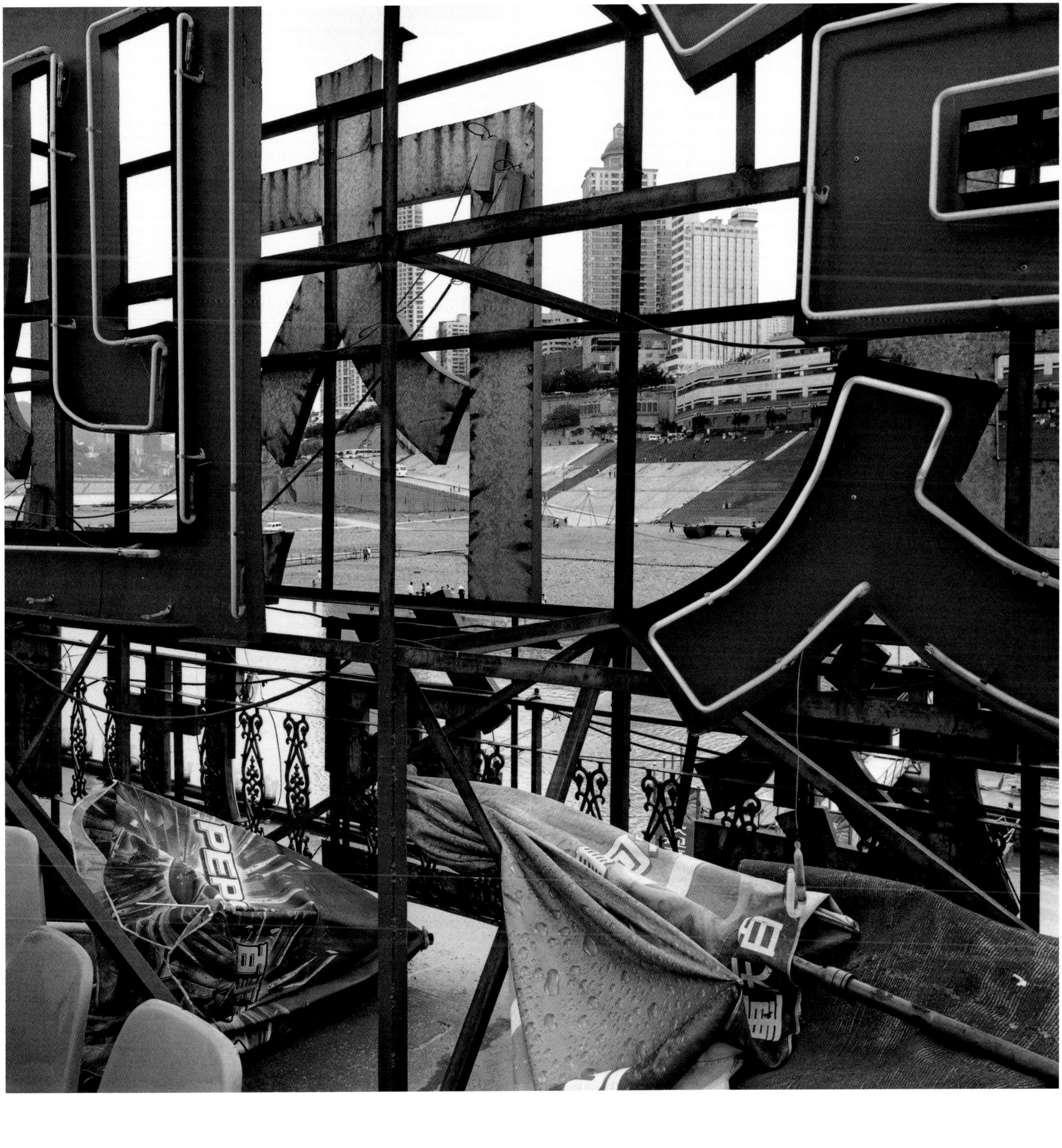

Chongqing – 2007

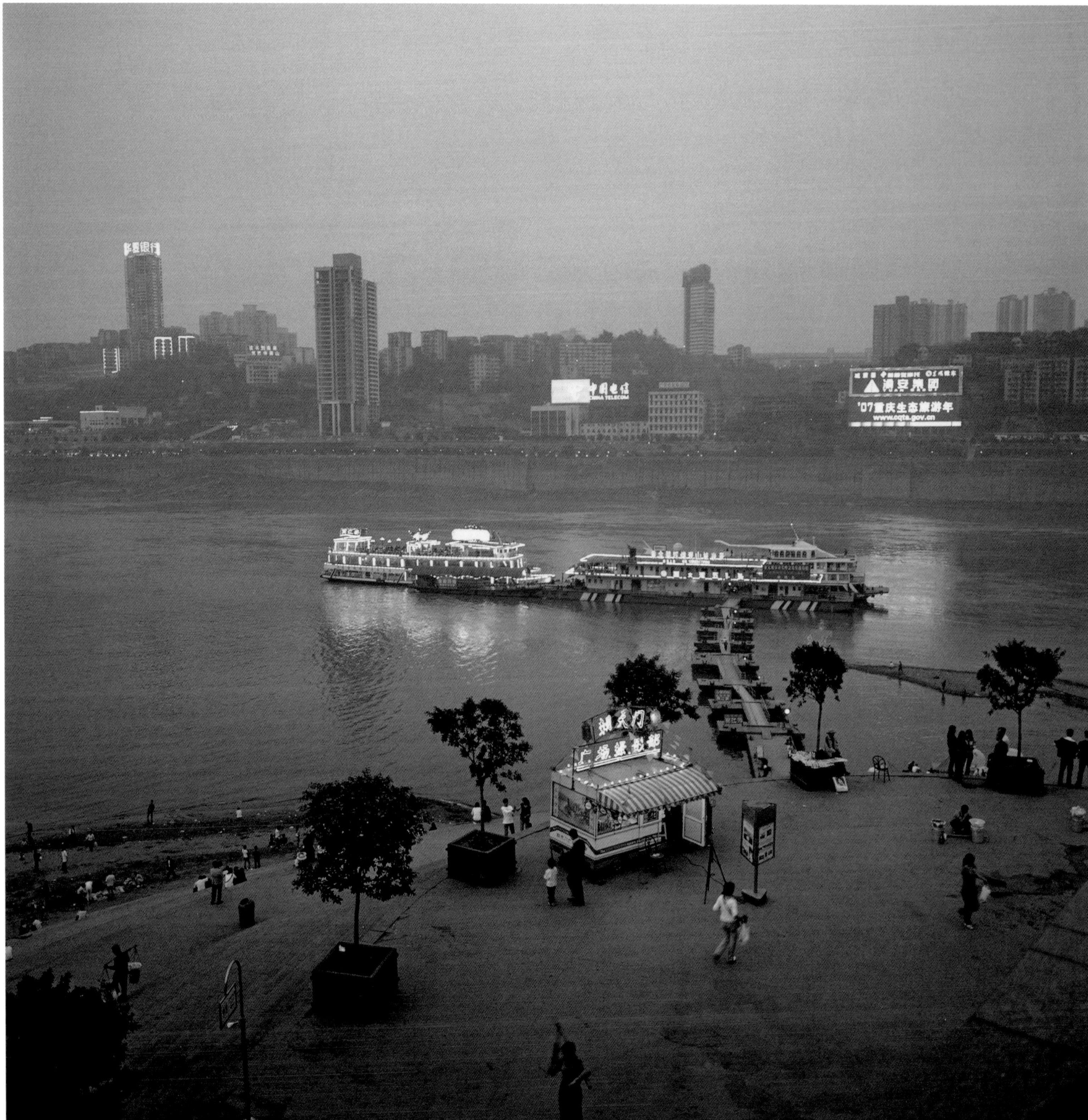

Chongqing – 2007

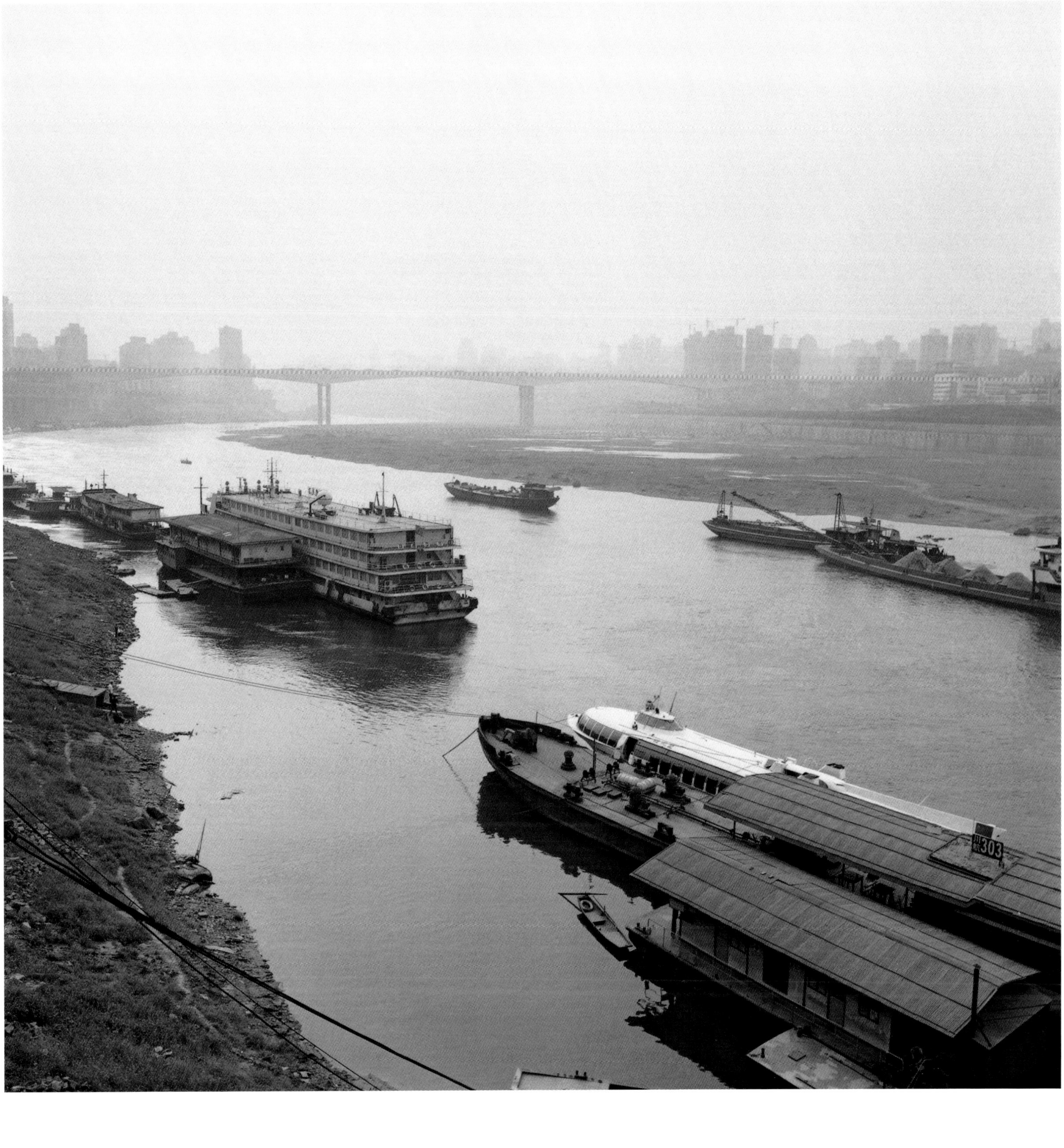

Chongqing – 2007

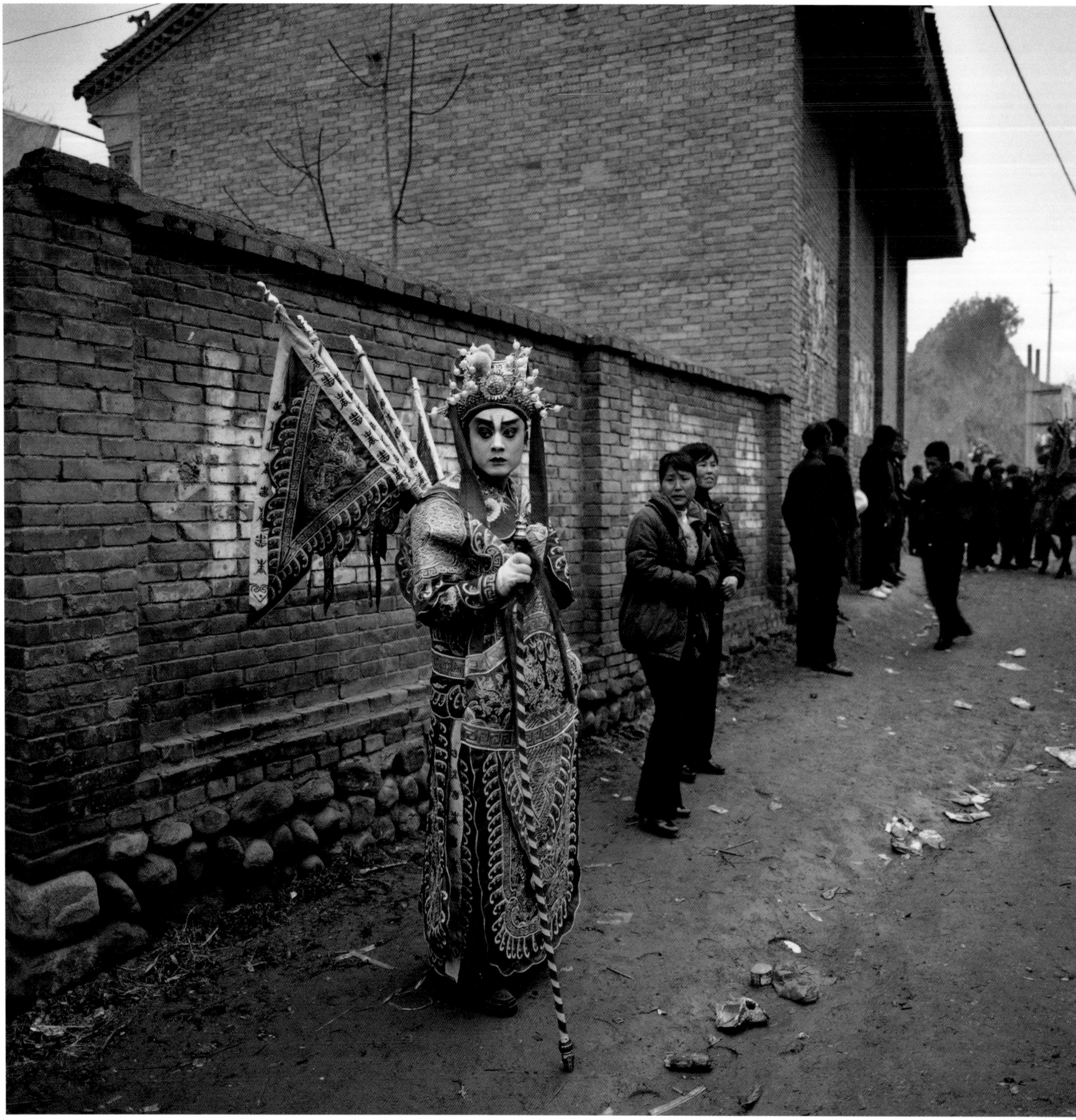

Huanghuayu, Spring Festival, Shaanxi – 2010

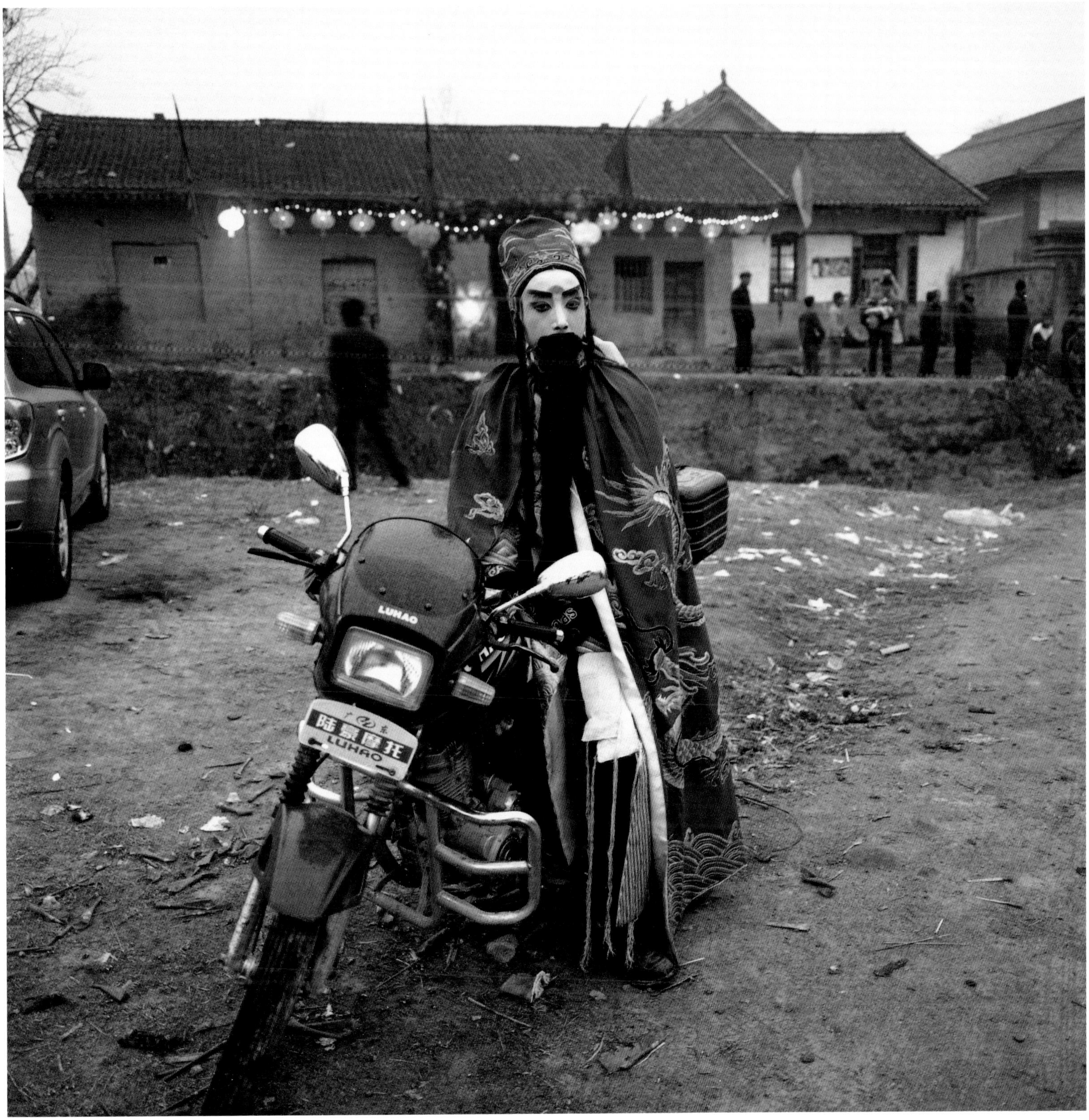

Huanghuayu, Spring Festival, Shaanxi – 2010

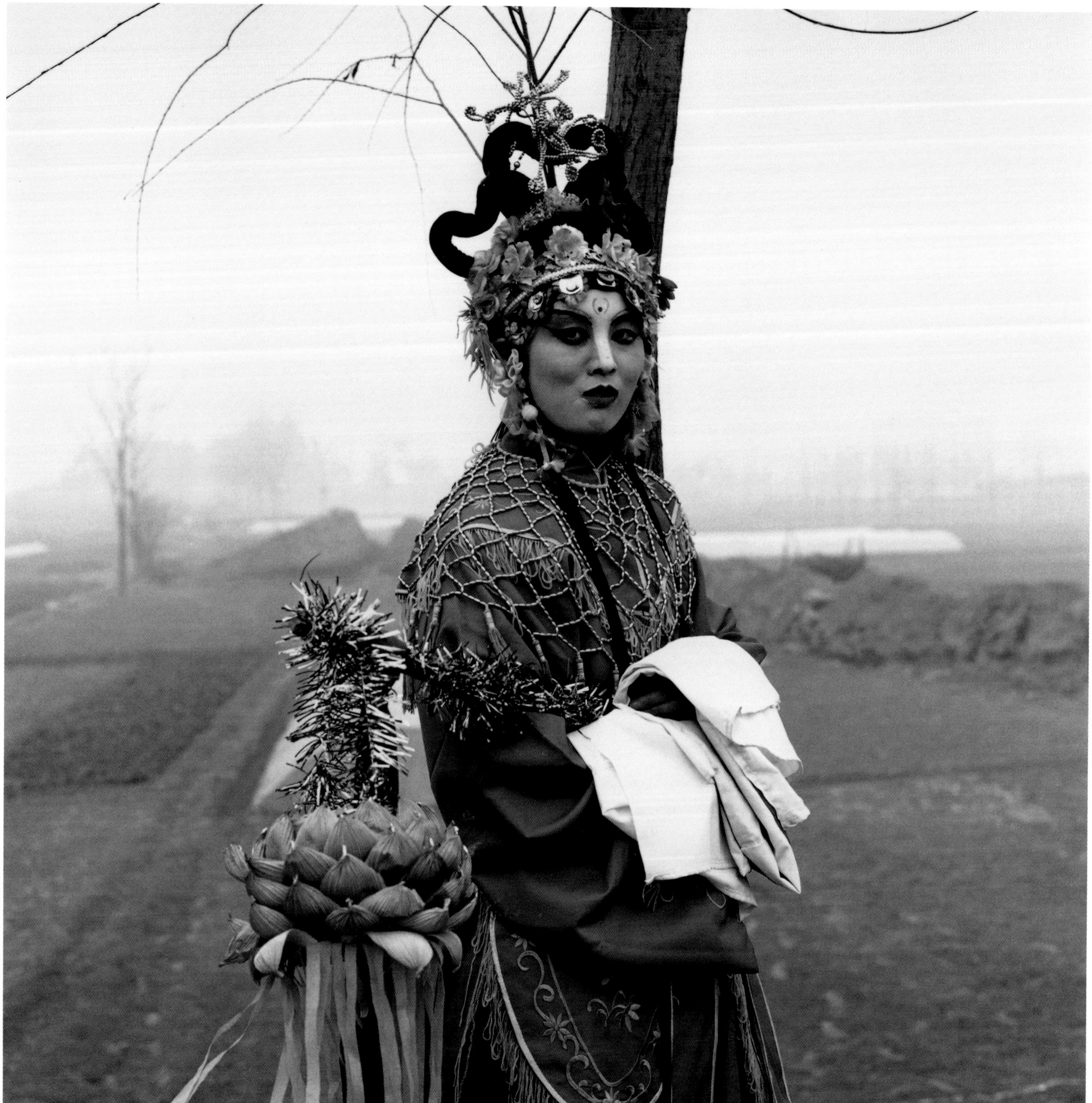

Longxian, Spring Festival, Shaanxi – 2010

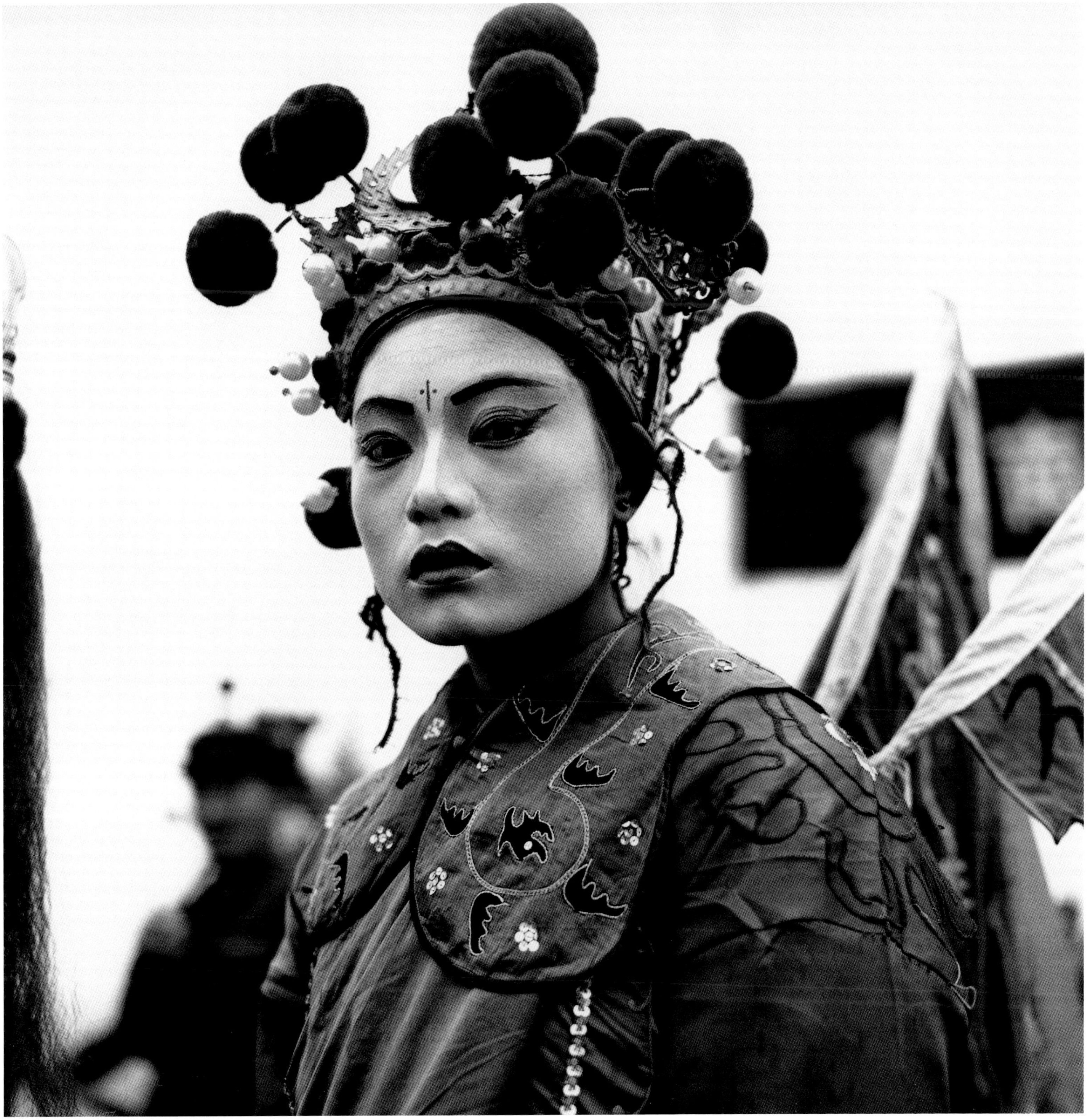

Longxian, Spring Festival, Shaanxi – 2010

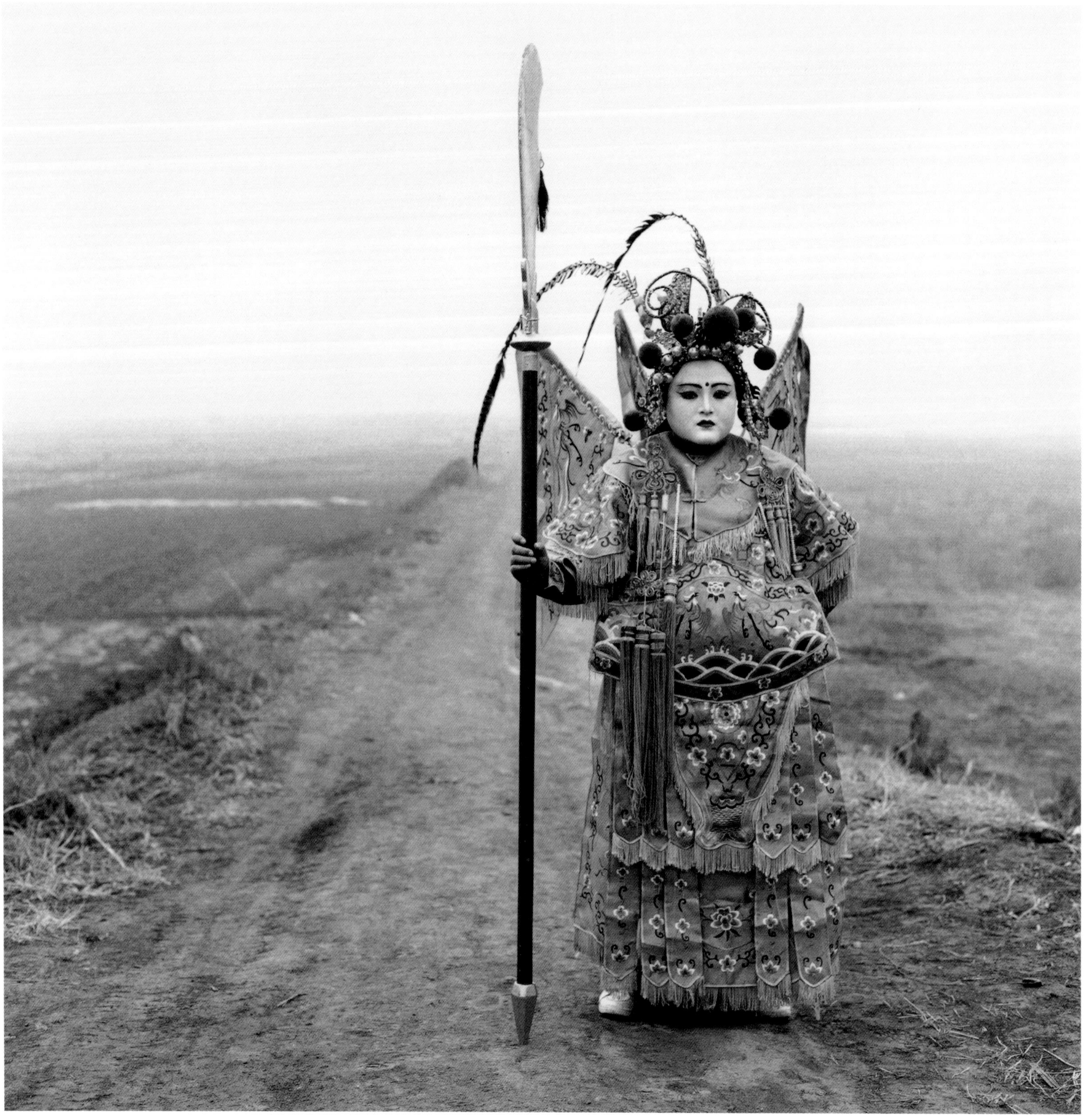

Longxian, Spring Festival, Shaanxi – 2010

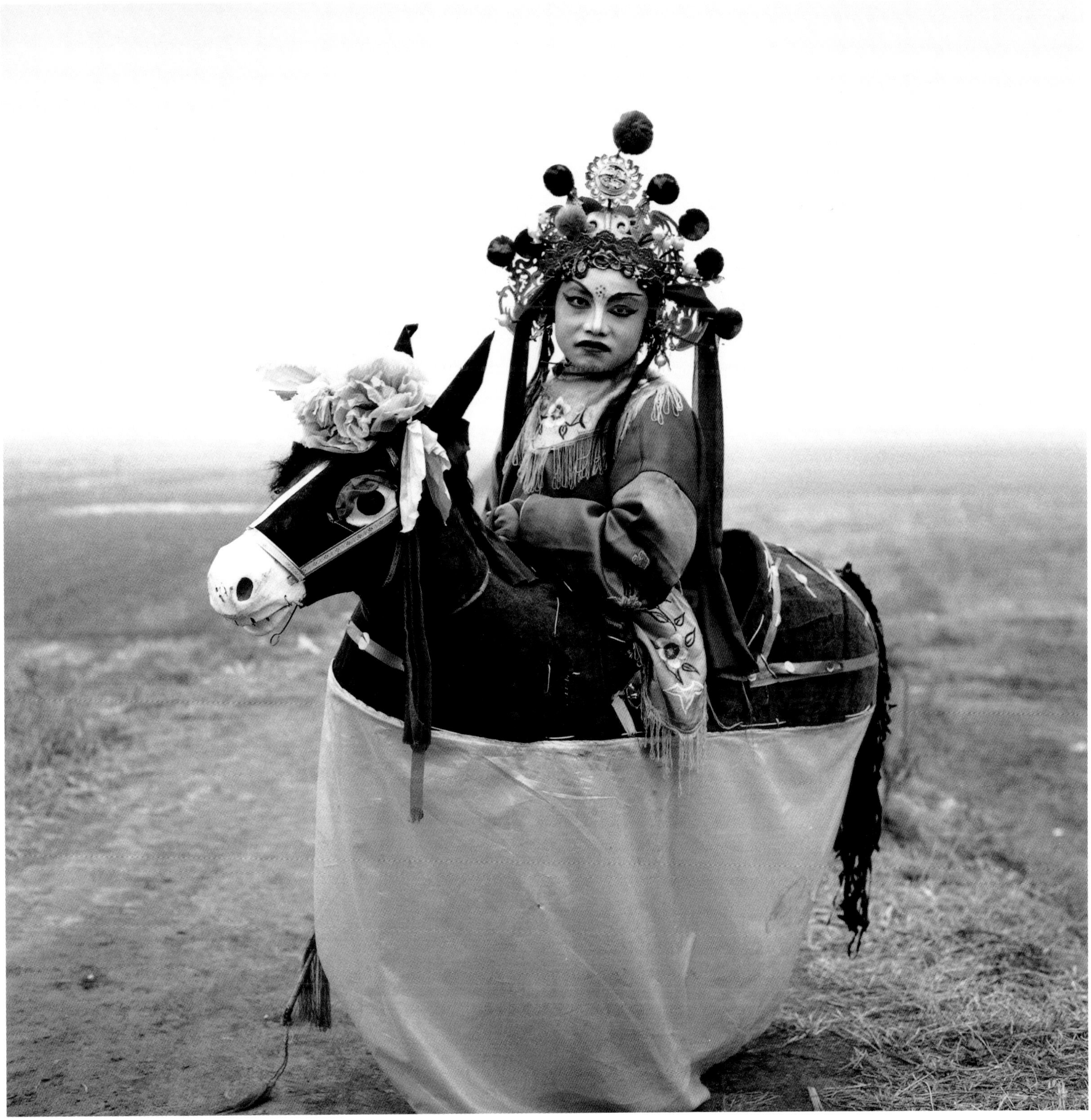

Longxian, Spring Festival, Shaanxi – 2010

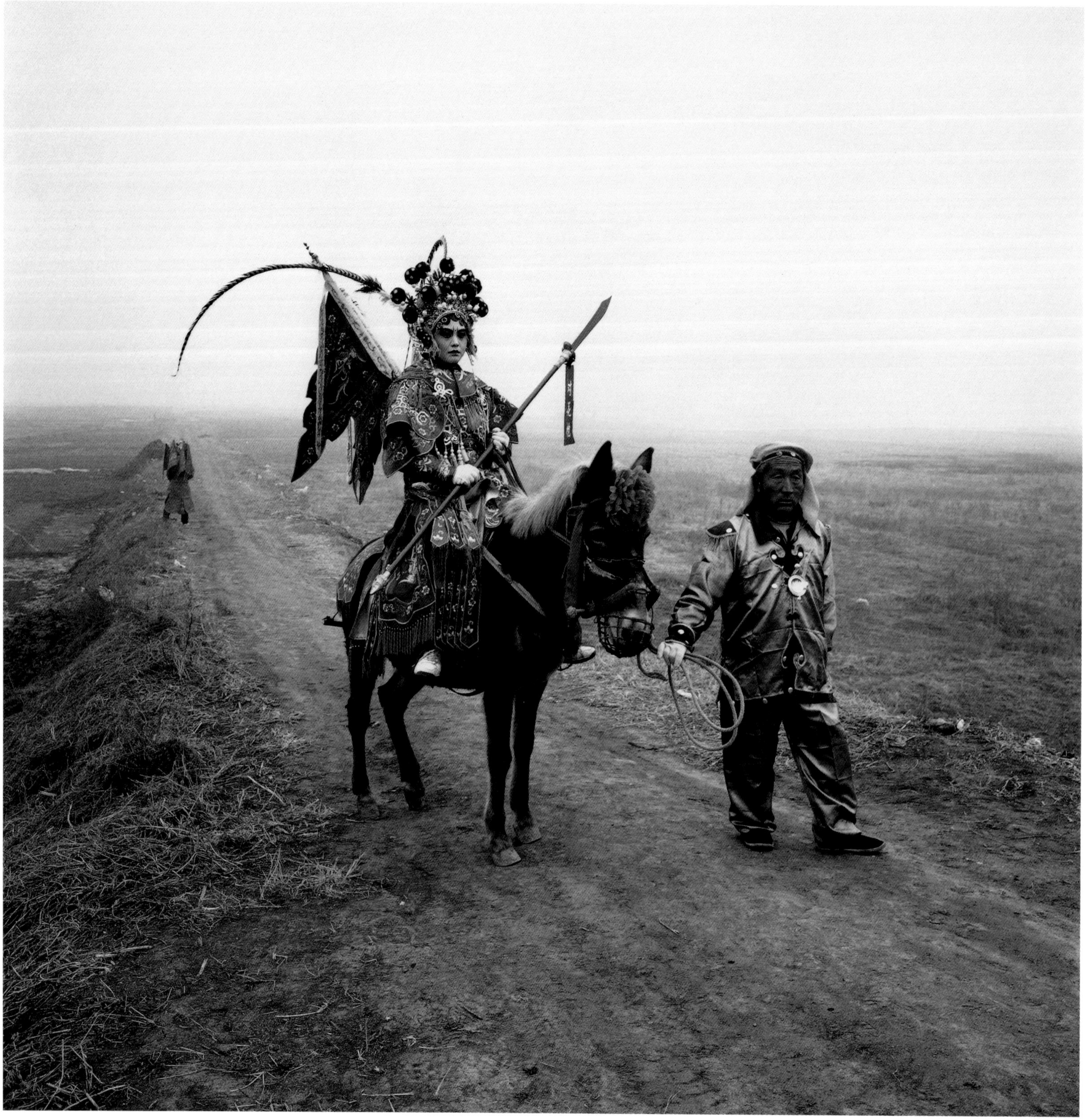

Longxian, Spring Festival, Shaanxi – 2010

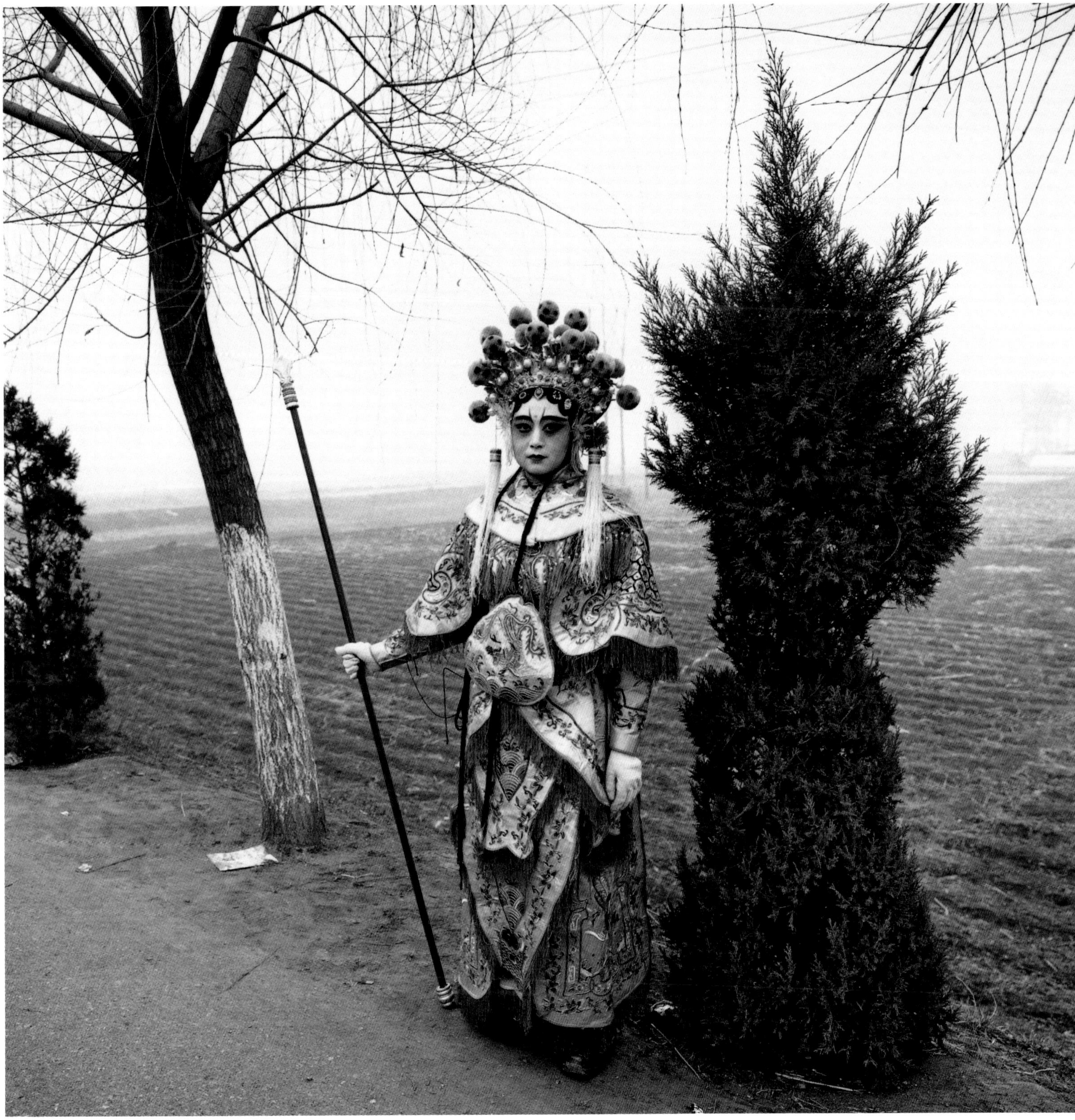

Longxian, Spring Festival, Shaanxi – 2010

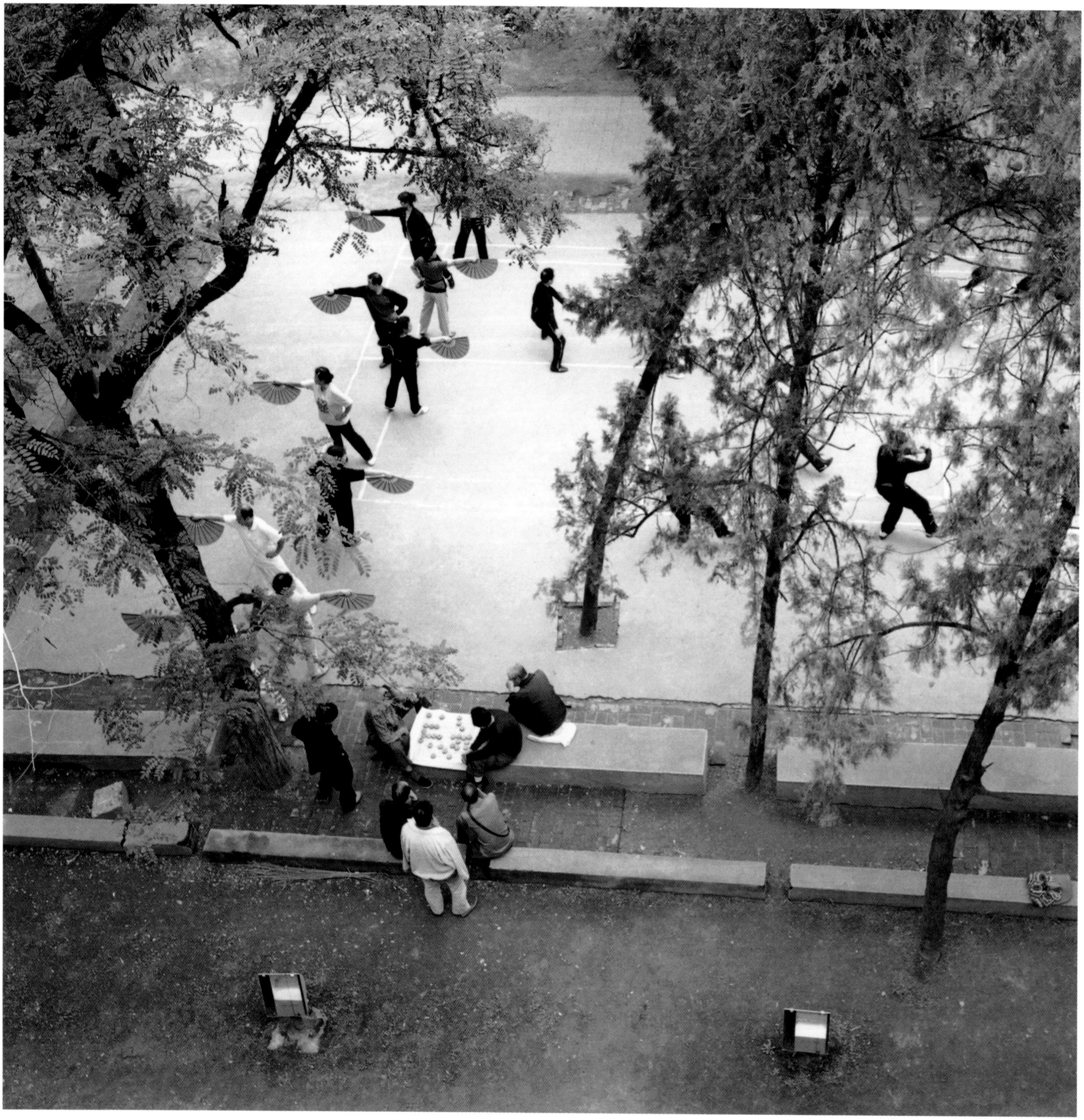

Xi'an, Shaanxi – 2009

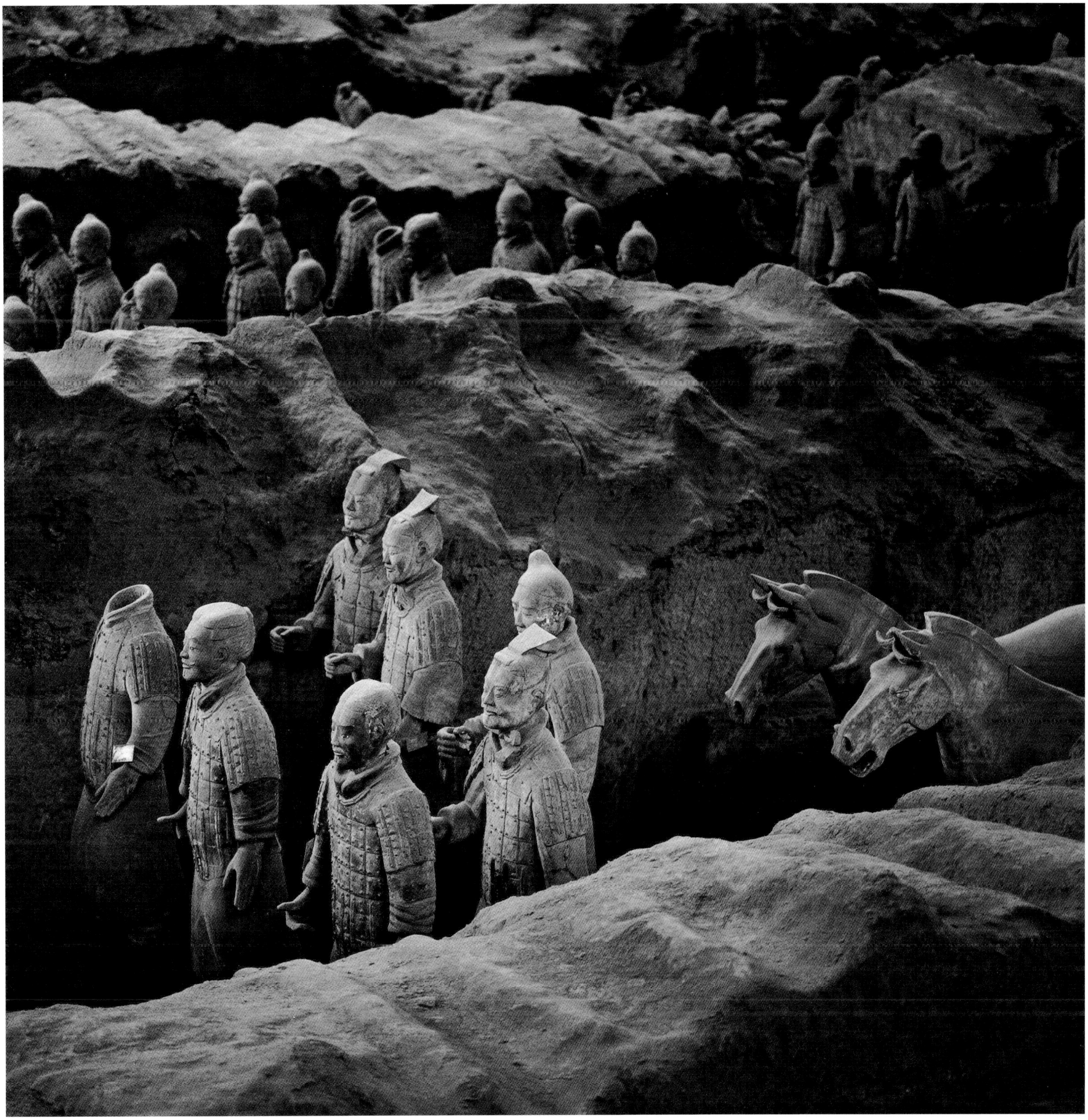

Xi'an, Terracotta Army, Shaanxi · 2009

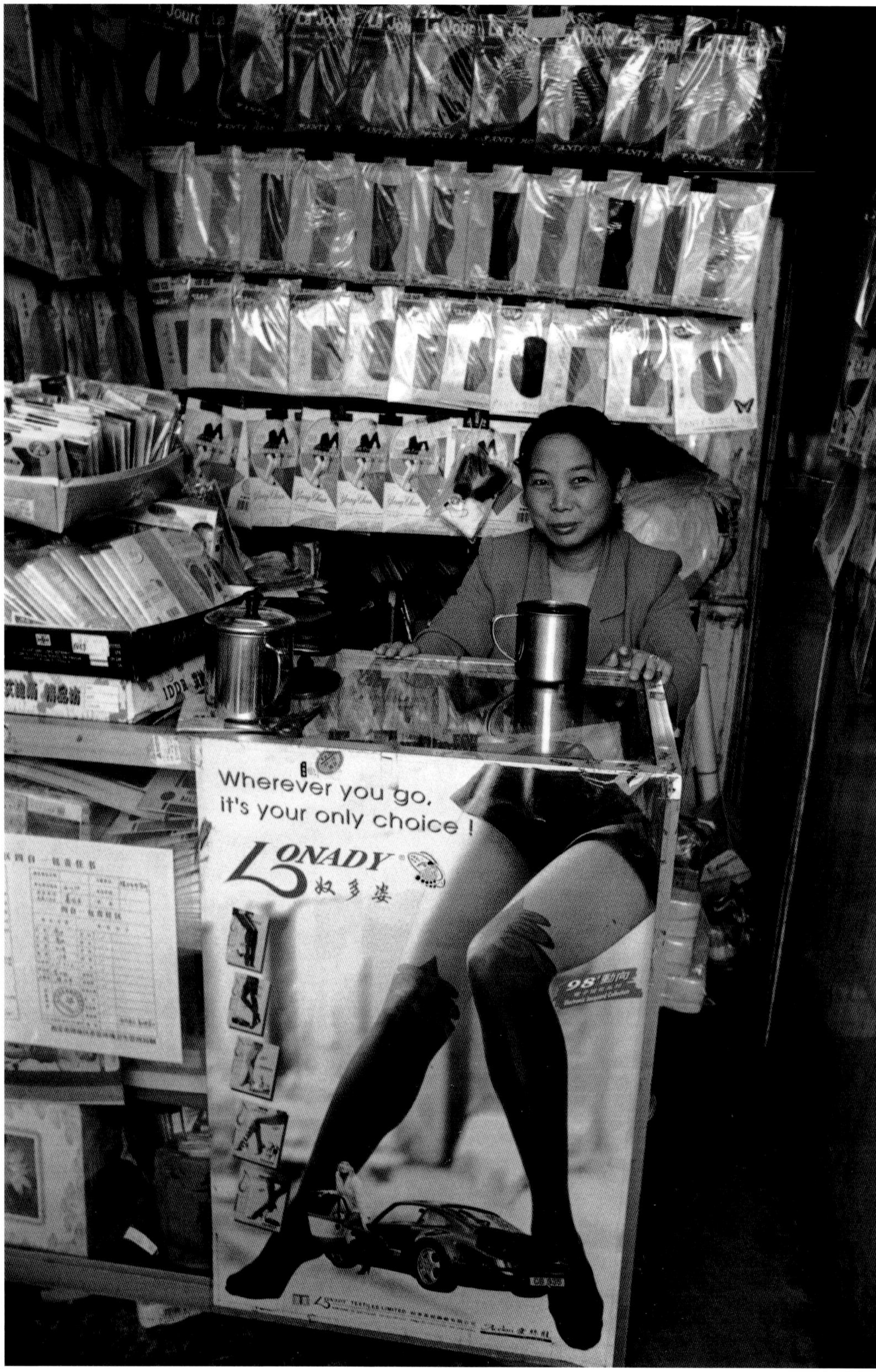

Xi'an, Shaanxi – 1999

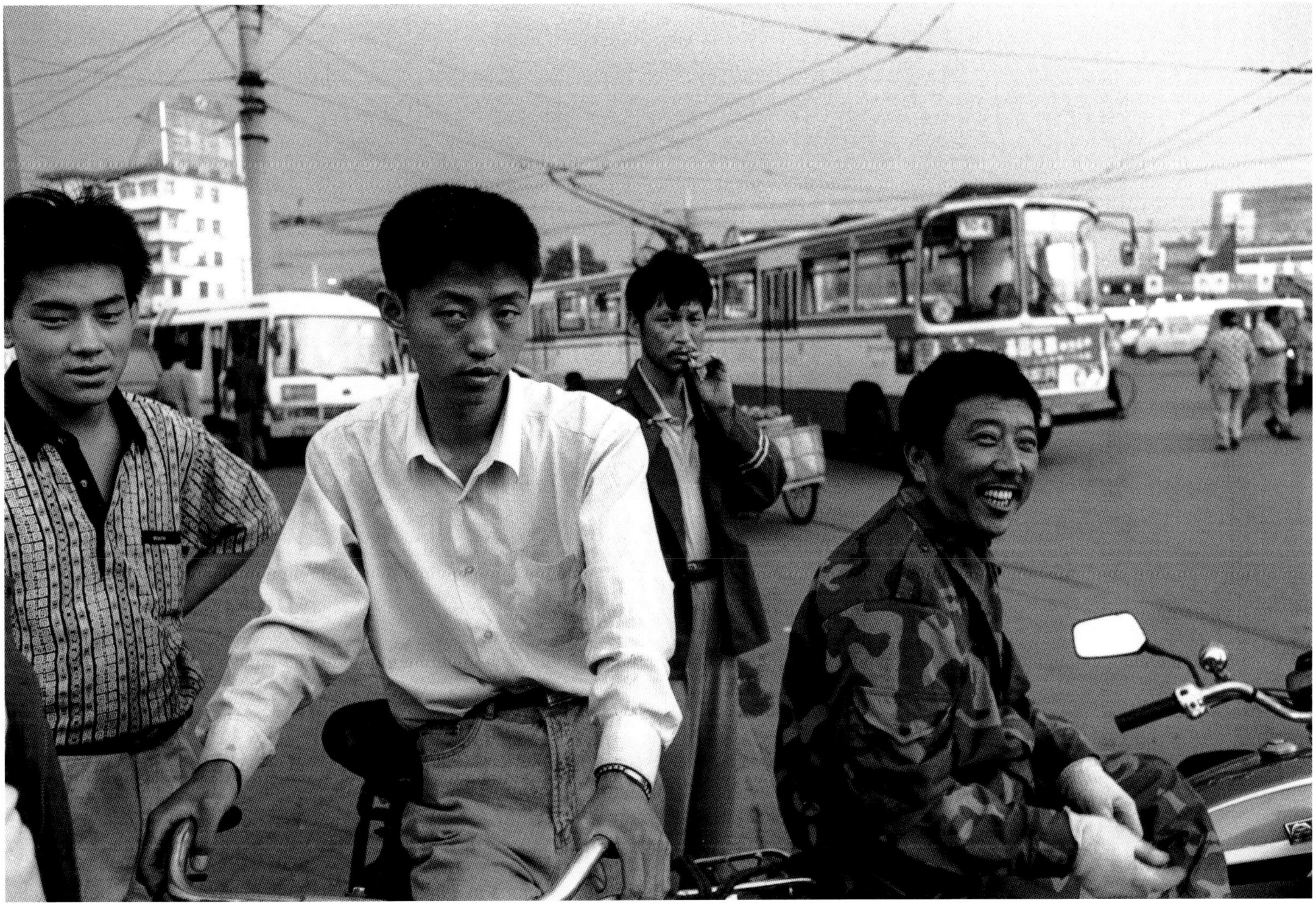

Taiyuan, Shanxi – 1999

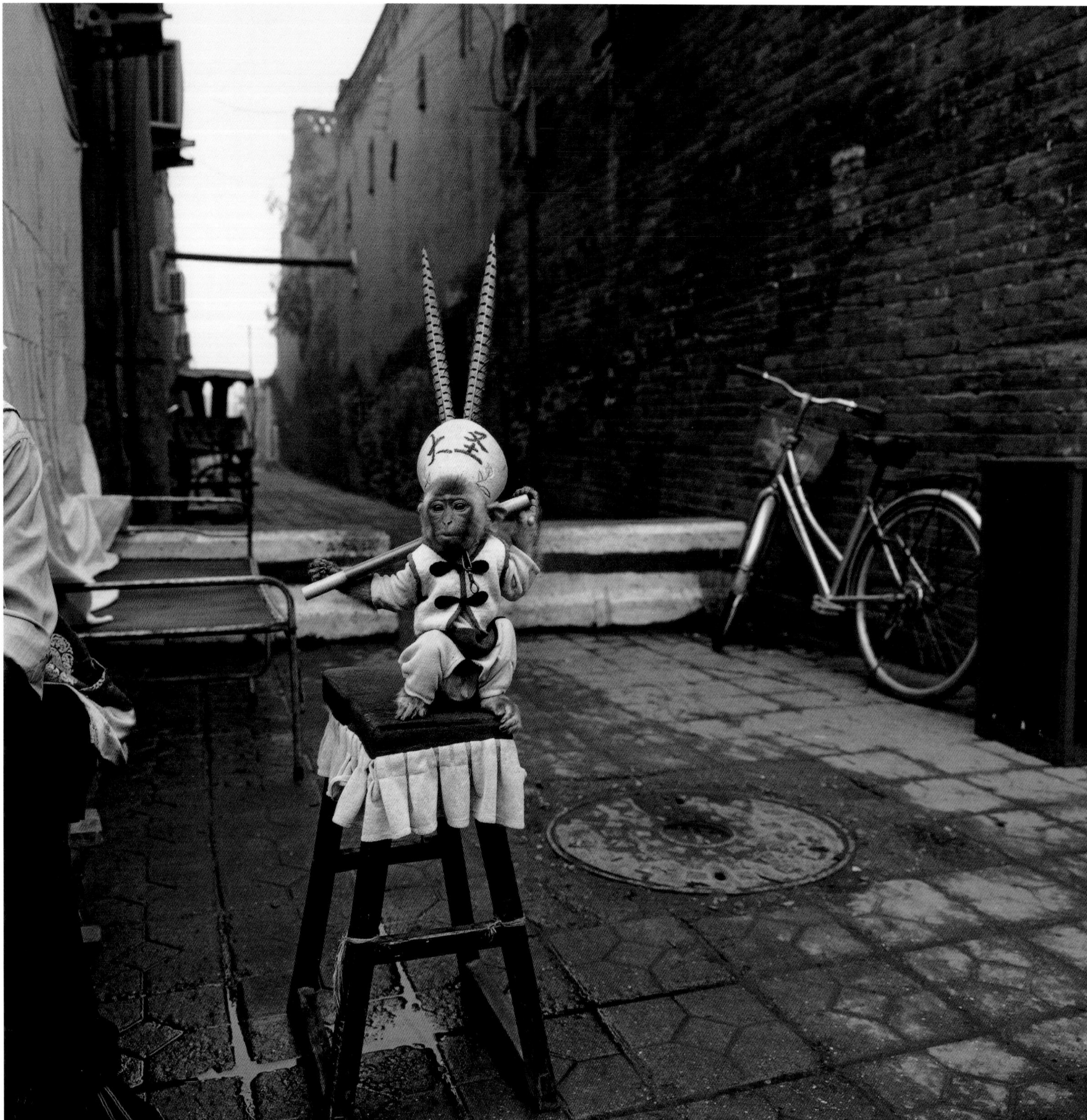

Pingyao, Shanxi – 2005

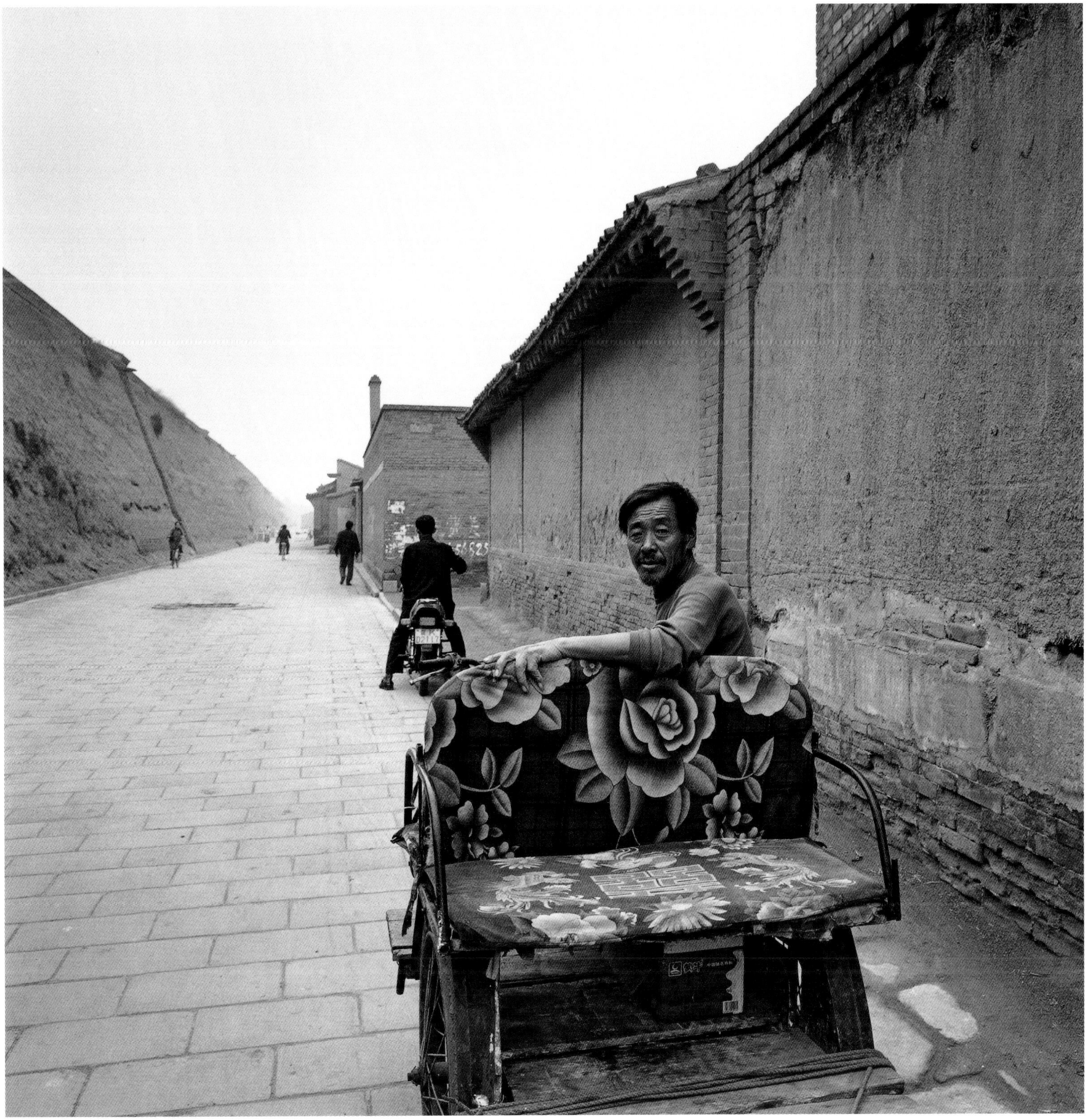

Pingyao, Shanxi – 2005

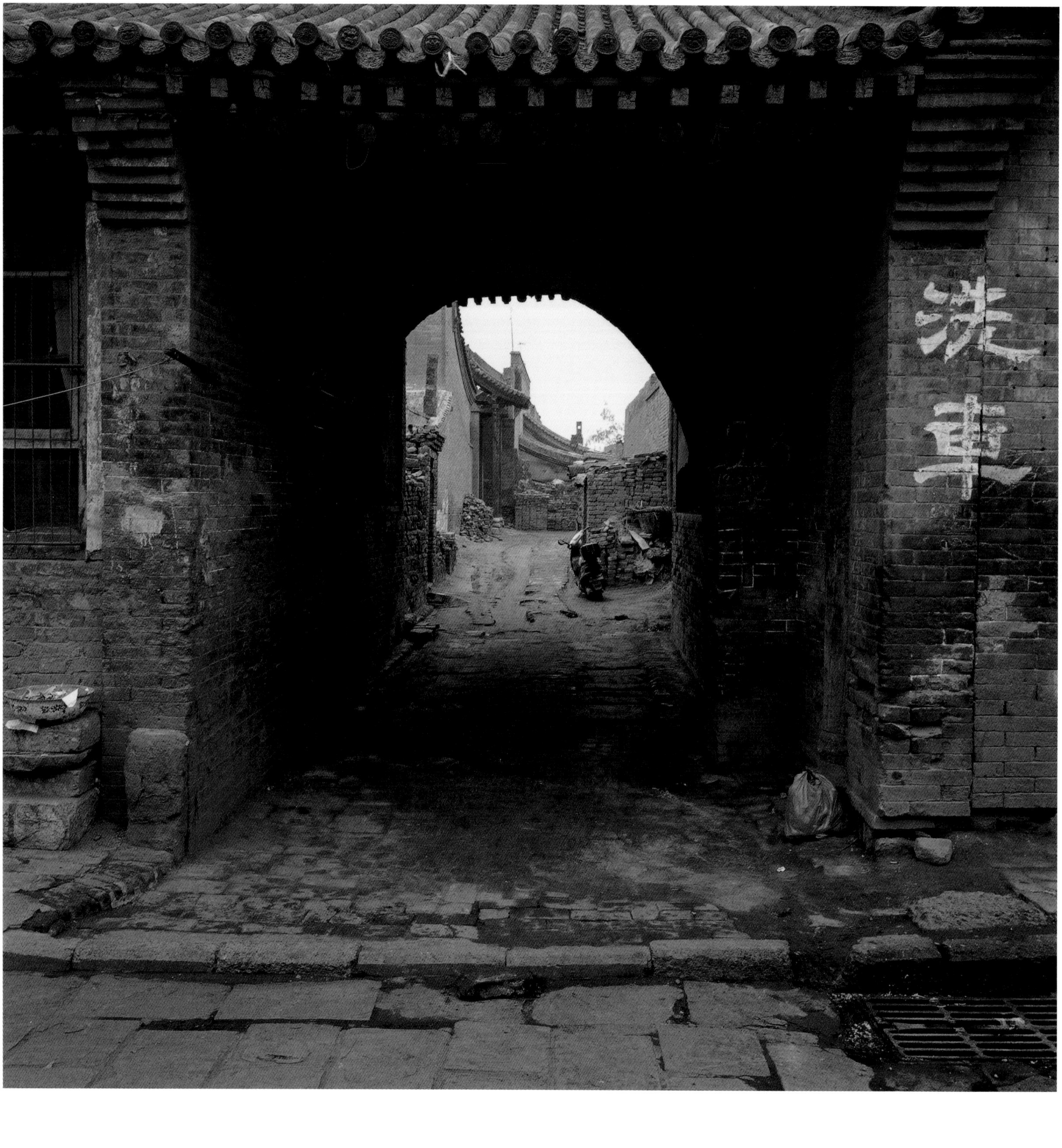

Pingyao, Shanxi – 2005

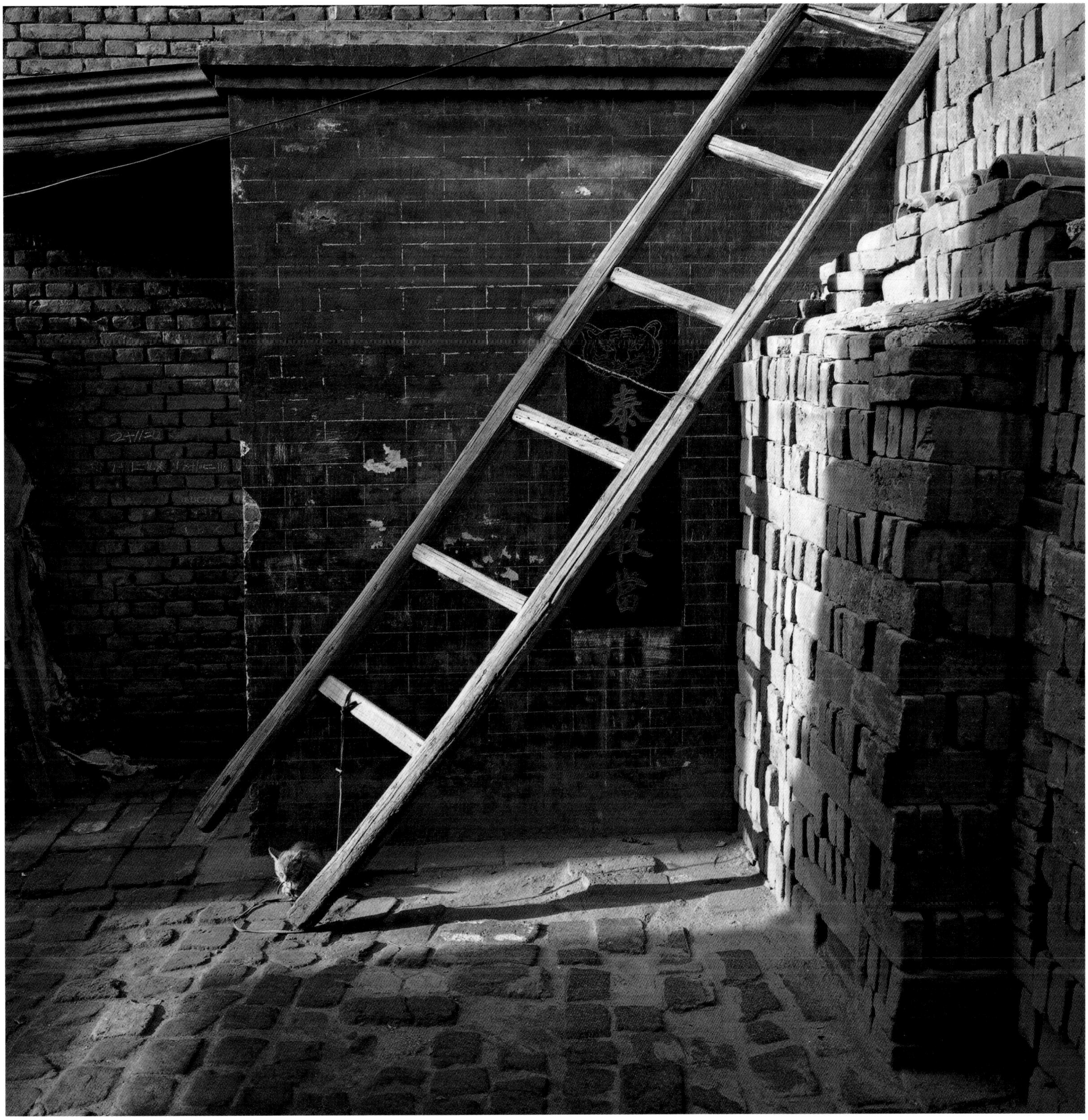

Pingyao, Shanxi – 2005

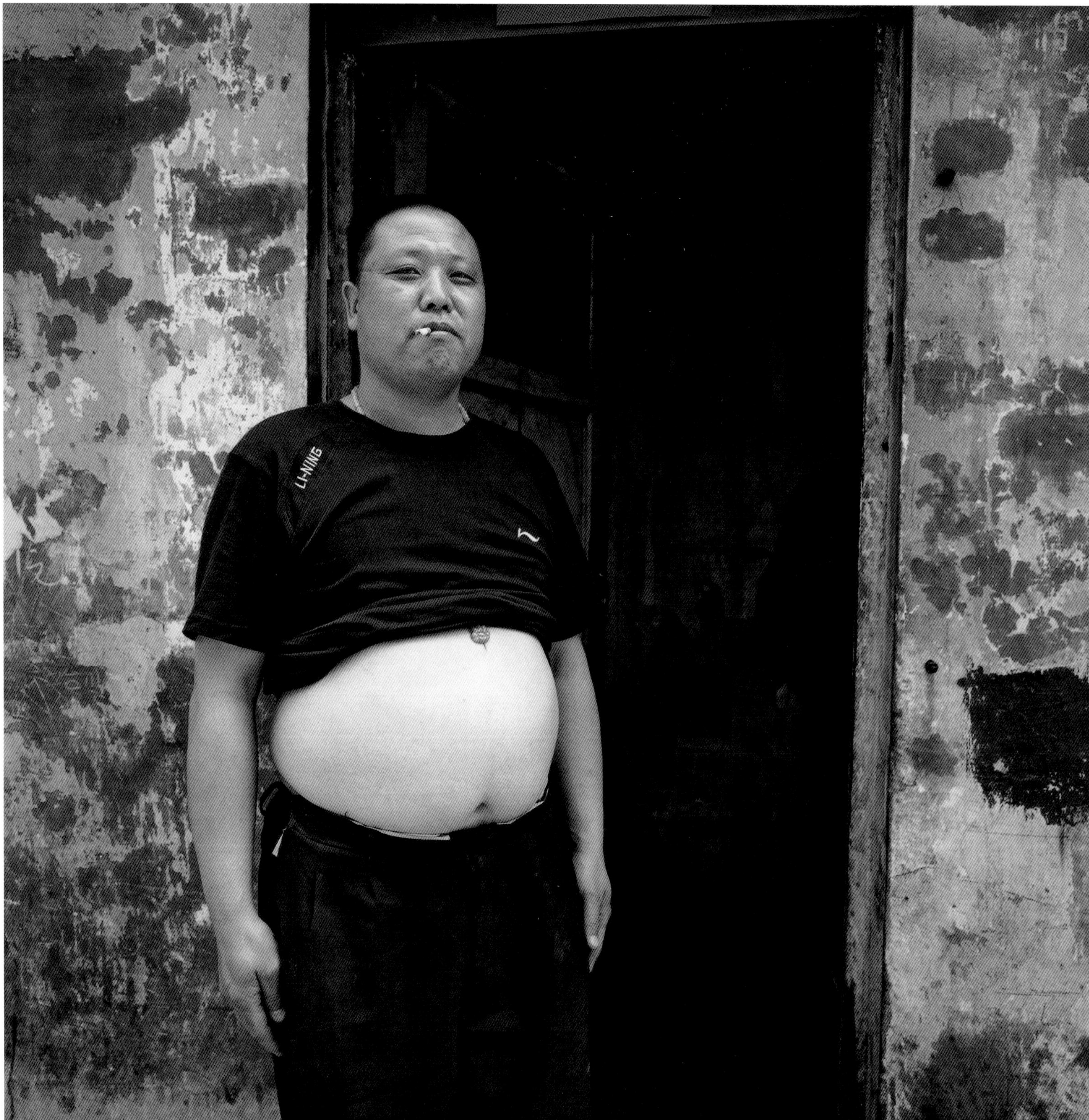

Taiyuan, Shanxi – 2010

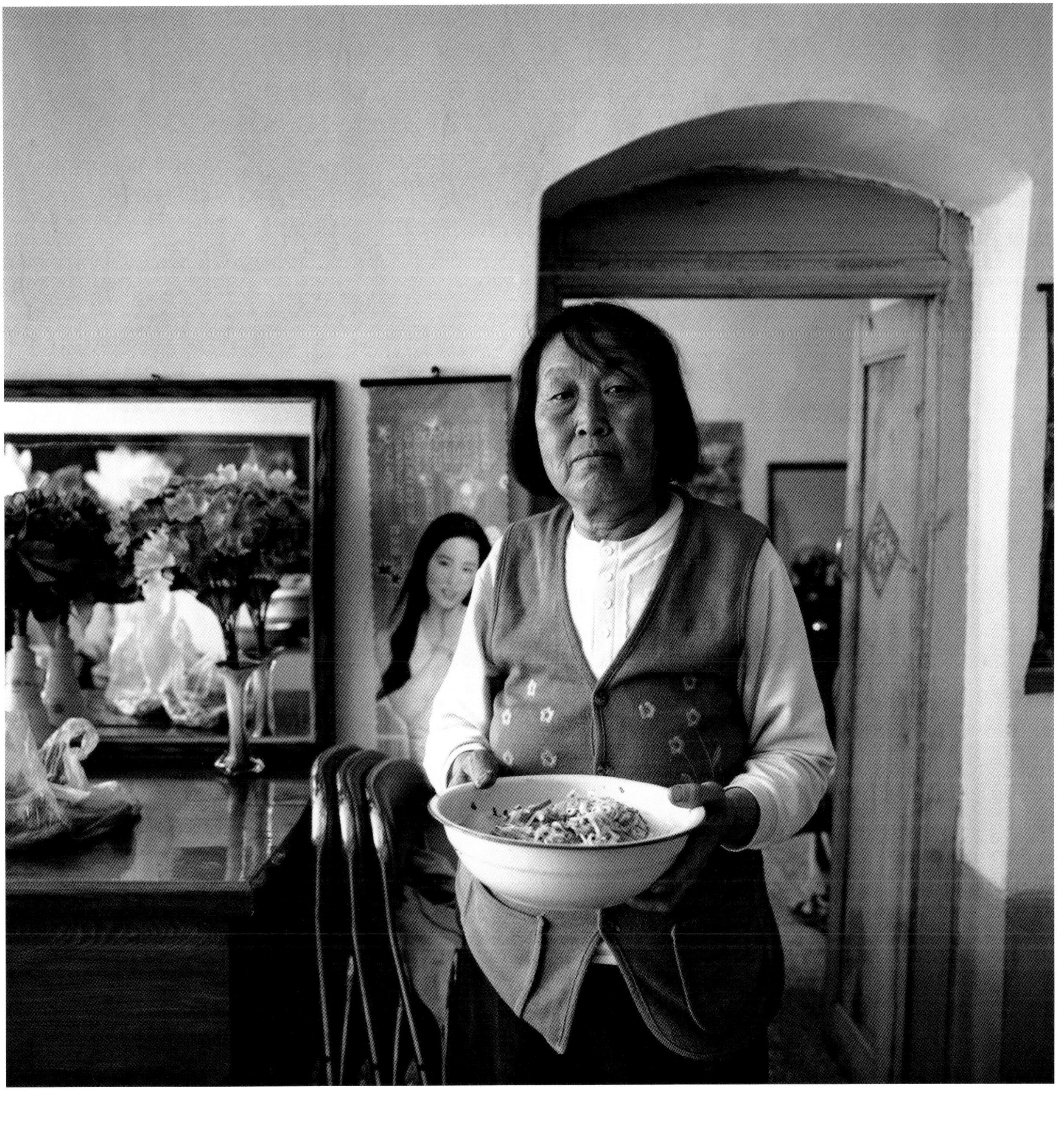

Baitang, Shanxi – 2010

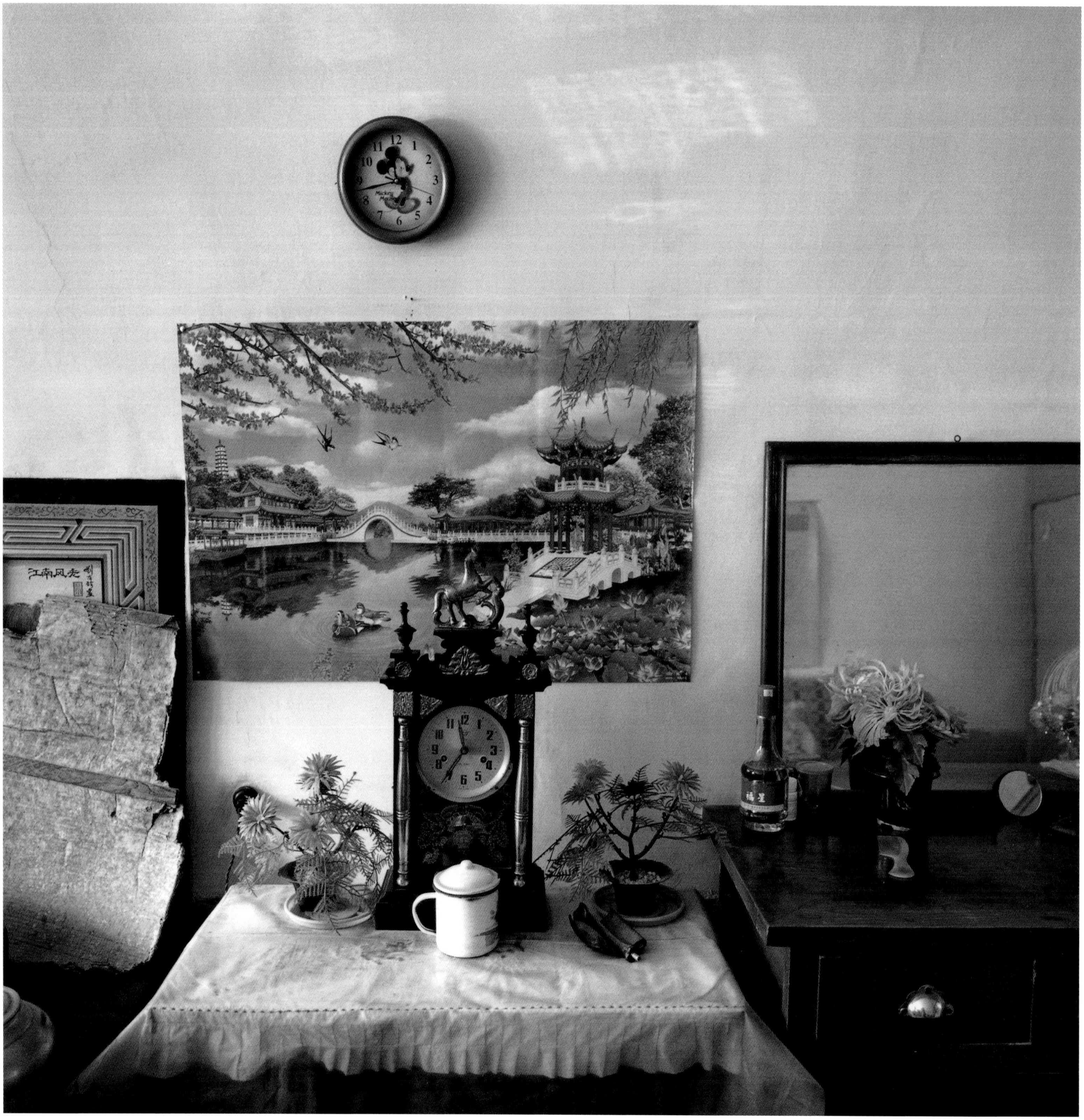

Baitang, Shanxi – 2010

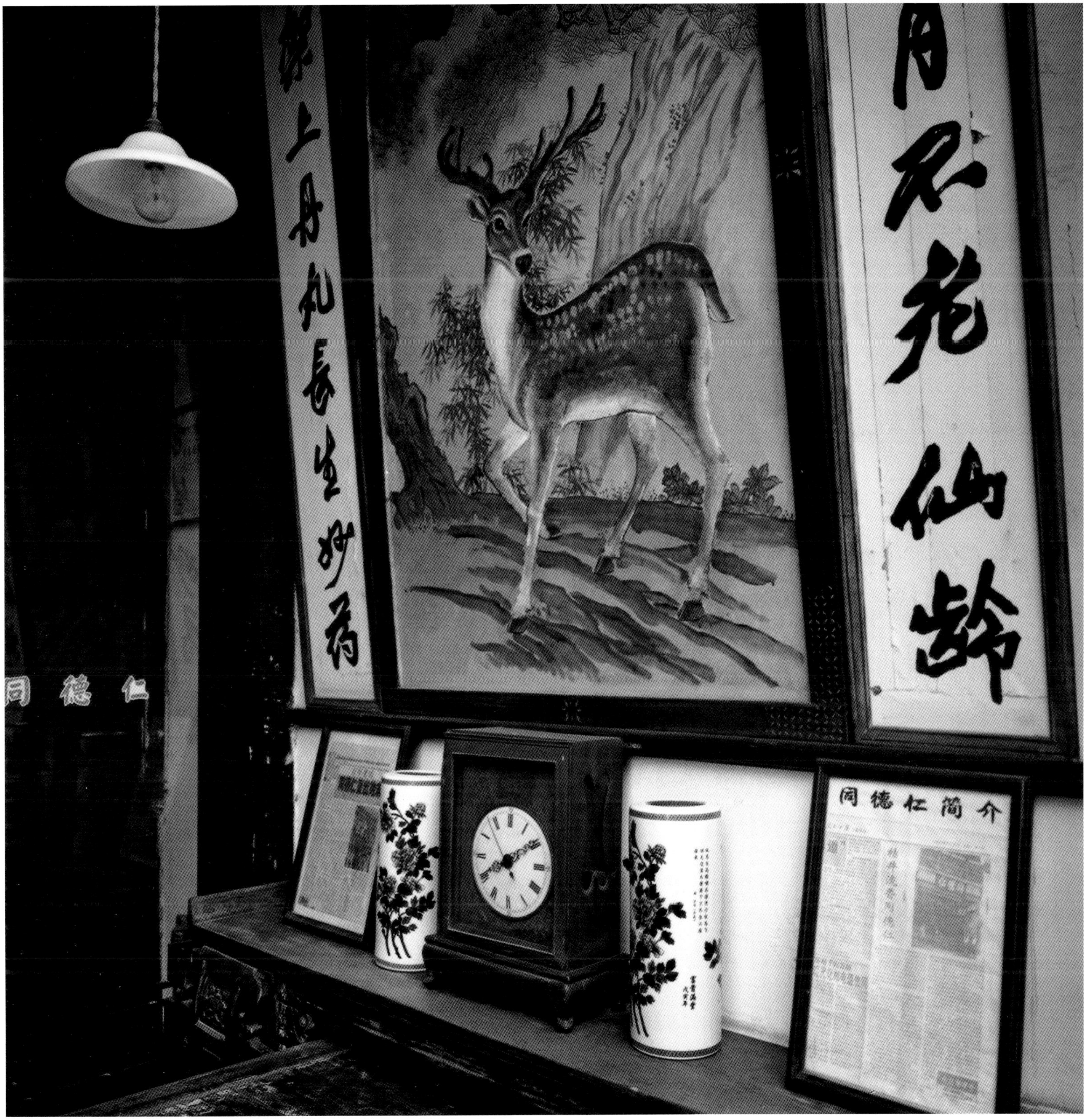

Tunxi, Anhui – 2009

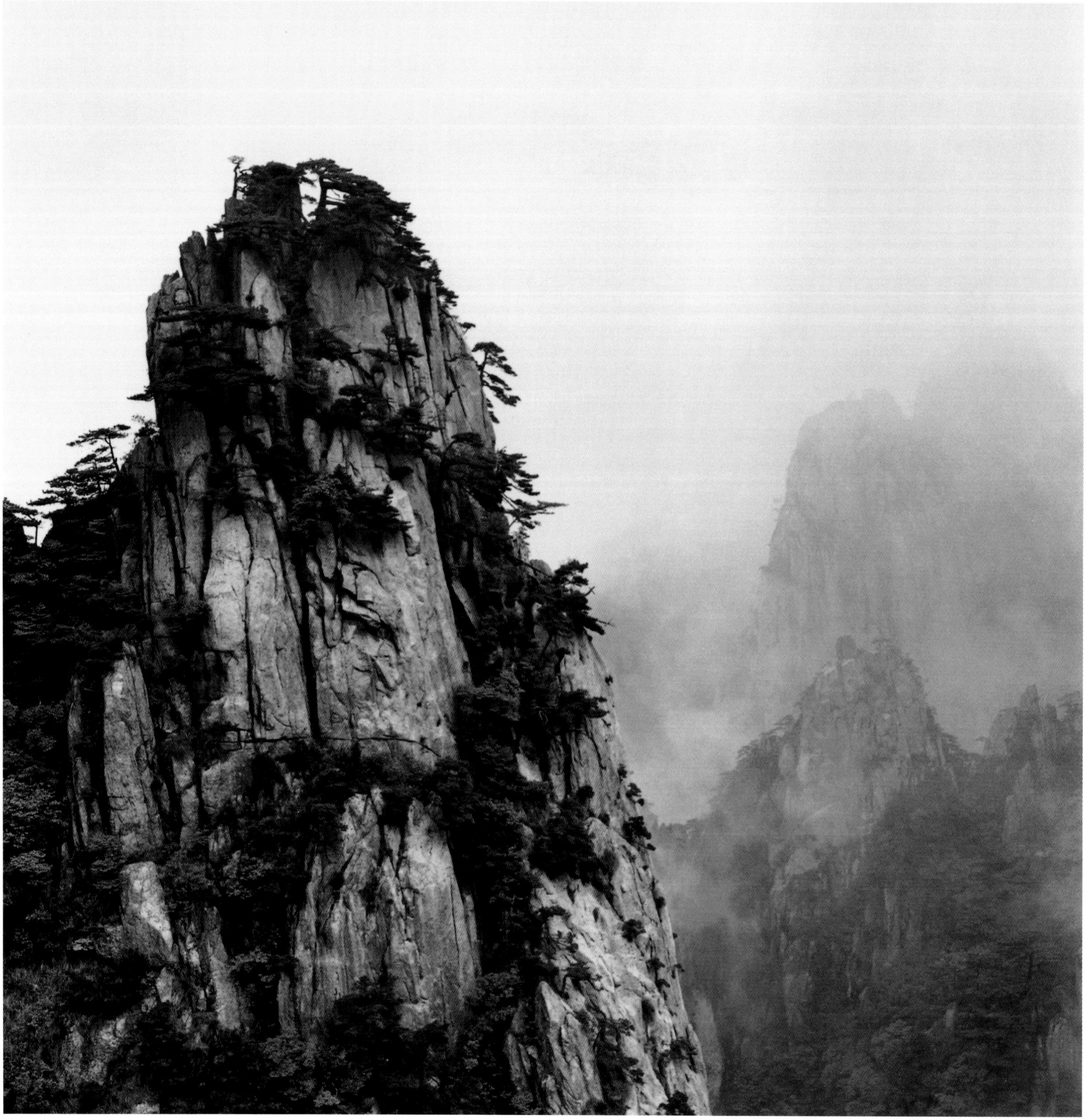

Huangshan, Anhui – 2009

105

Huangshan, Anhui – 2009

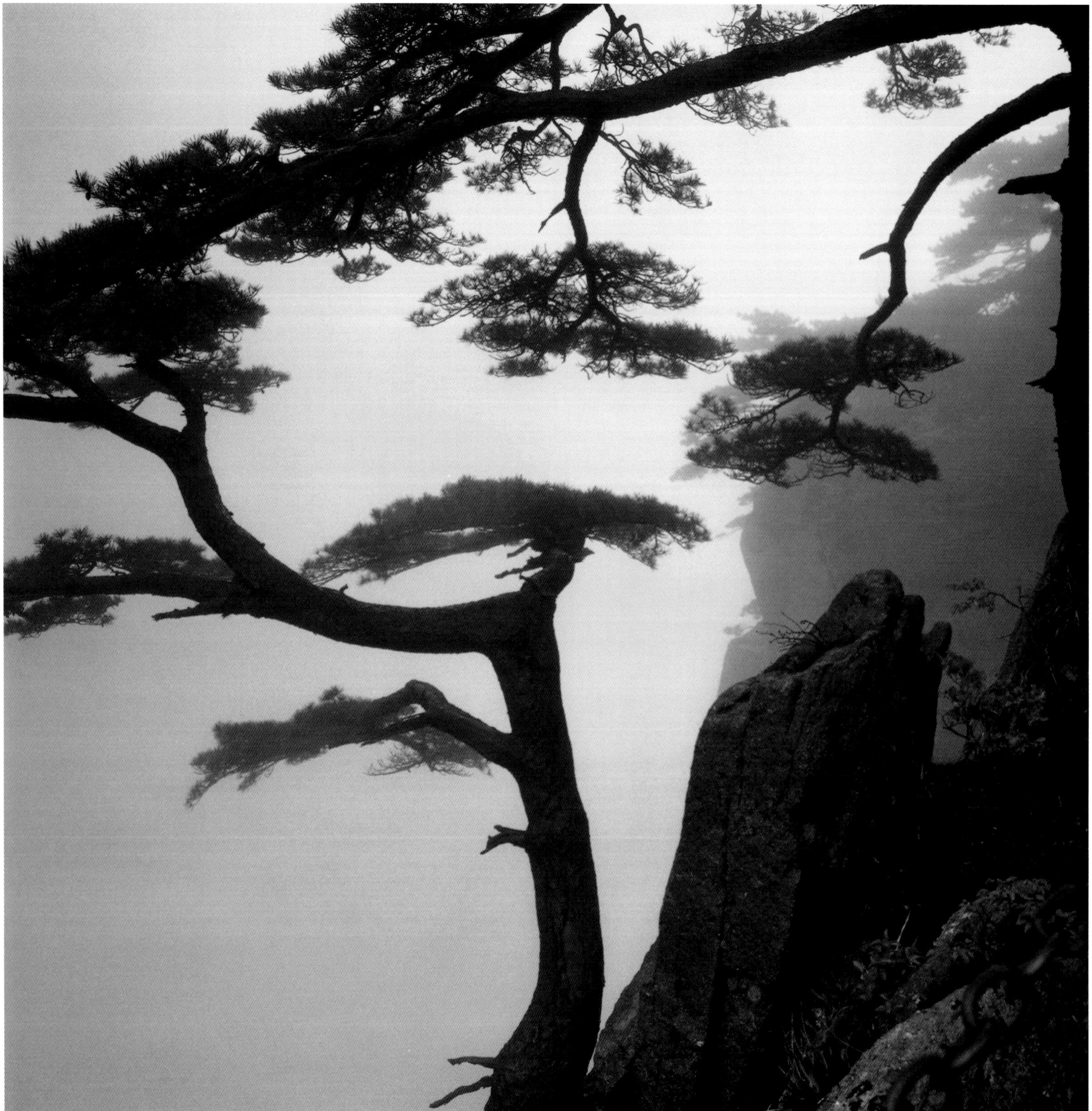

Huangshan, Anhui – 2009

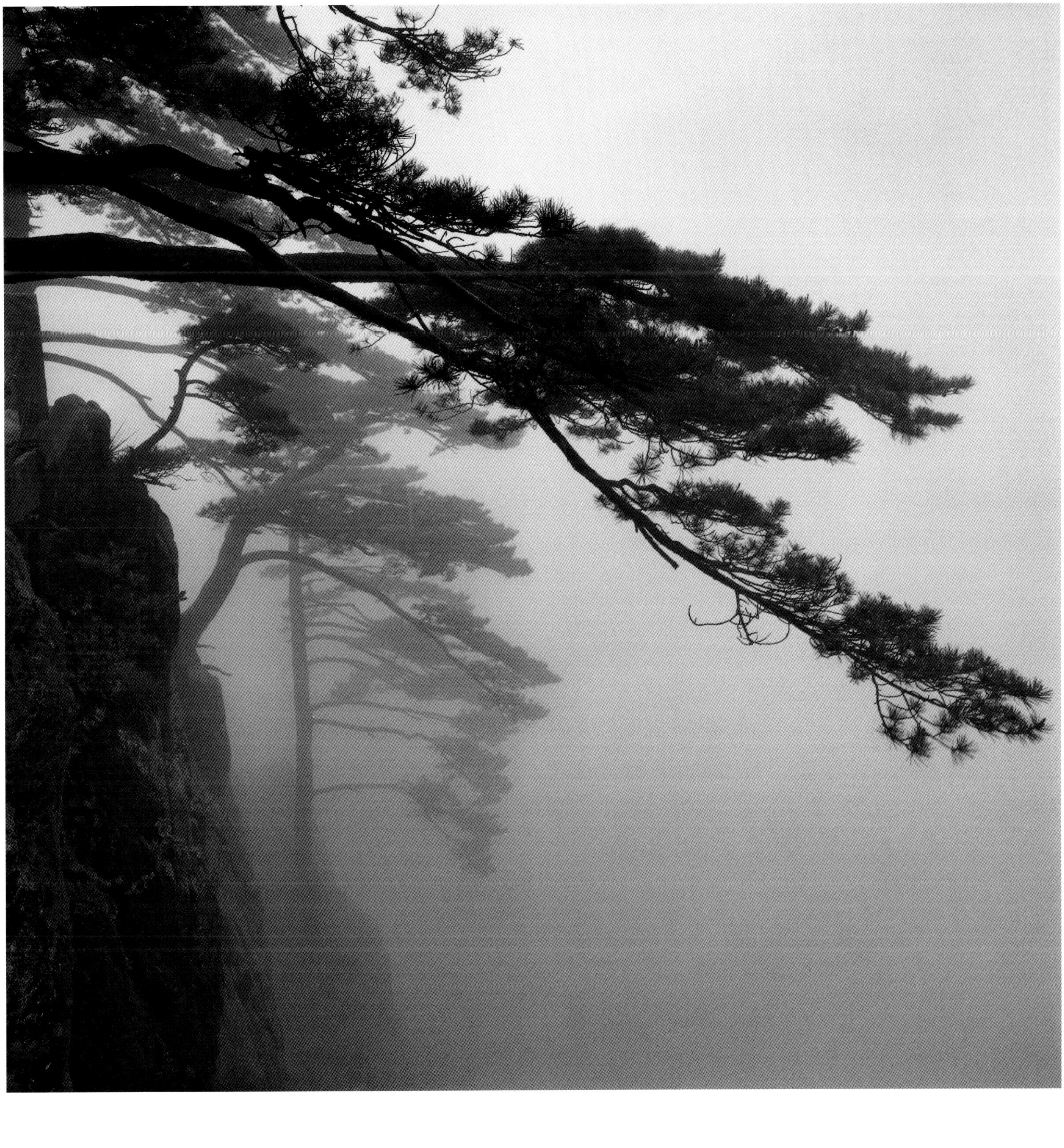

Huangshan, Anhui – 2009

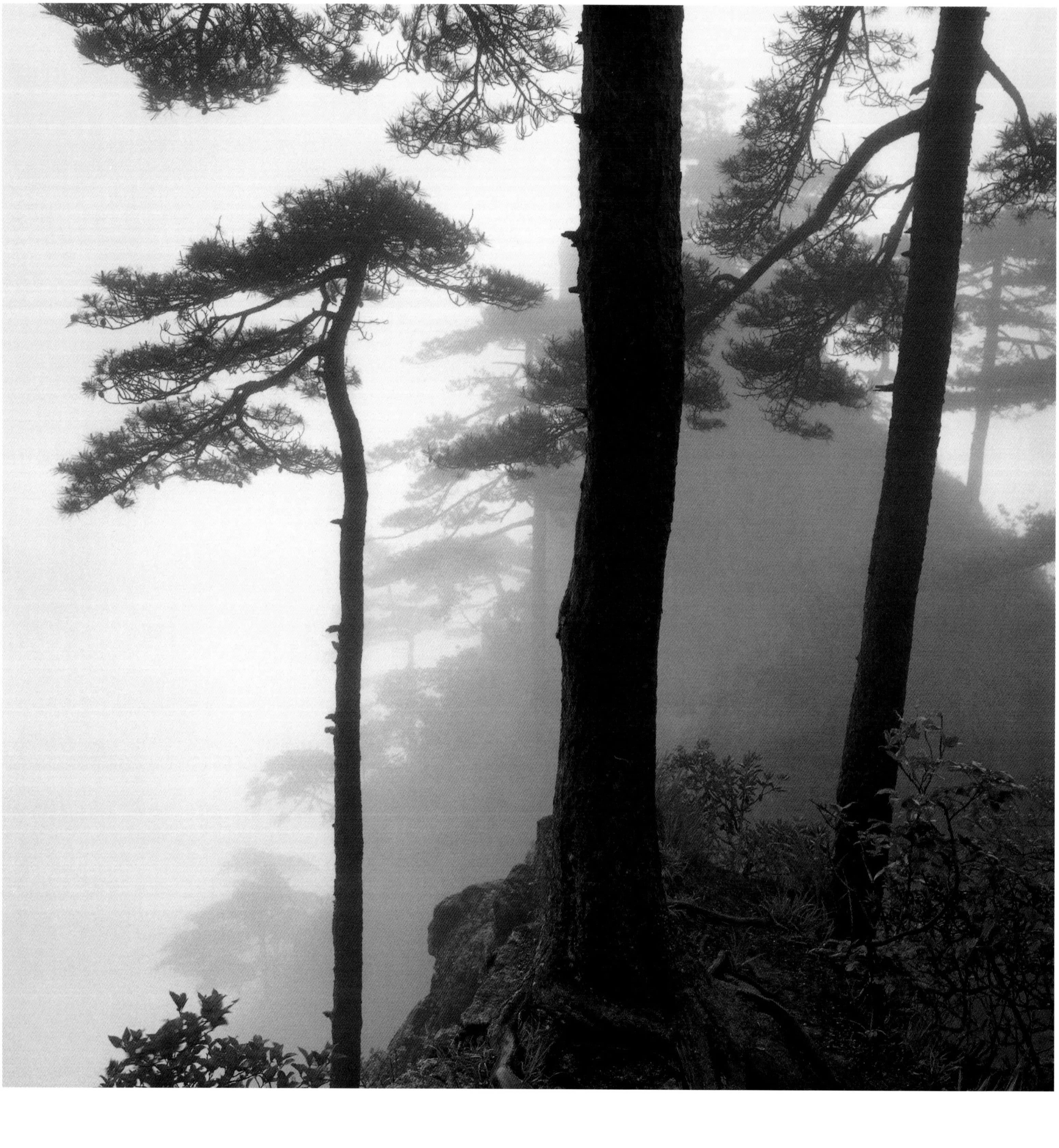

Huangshan, Anhui – 2009

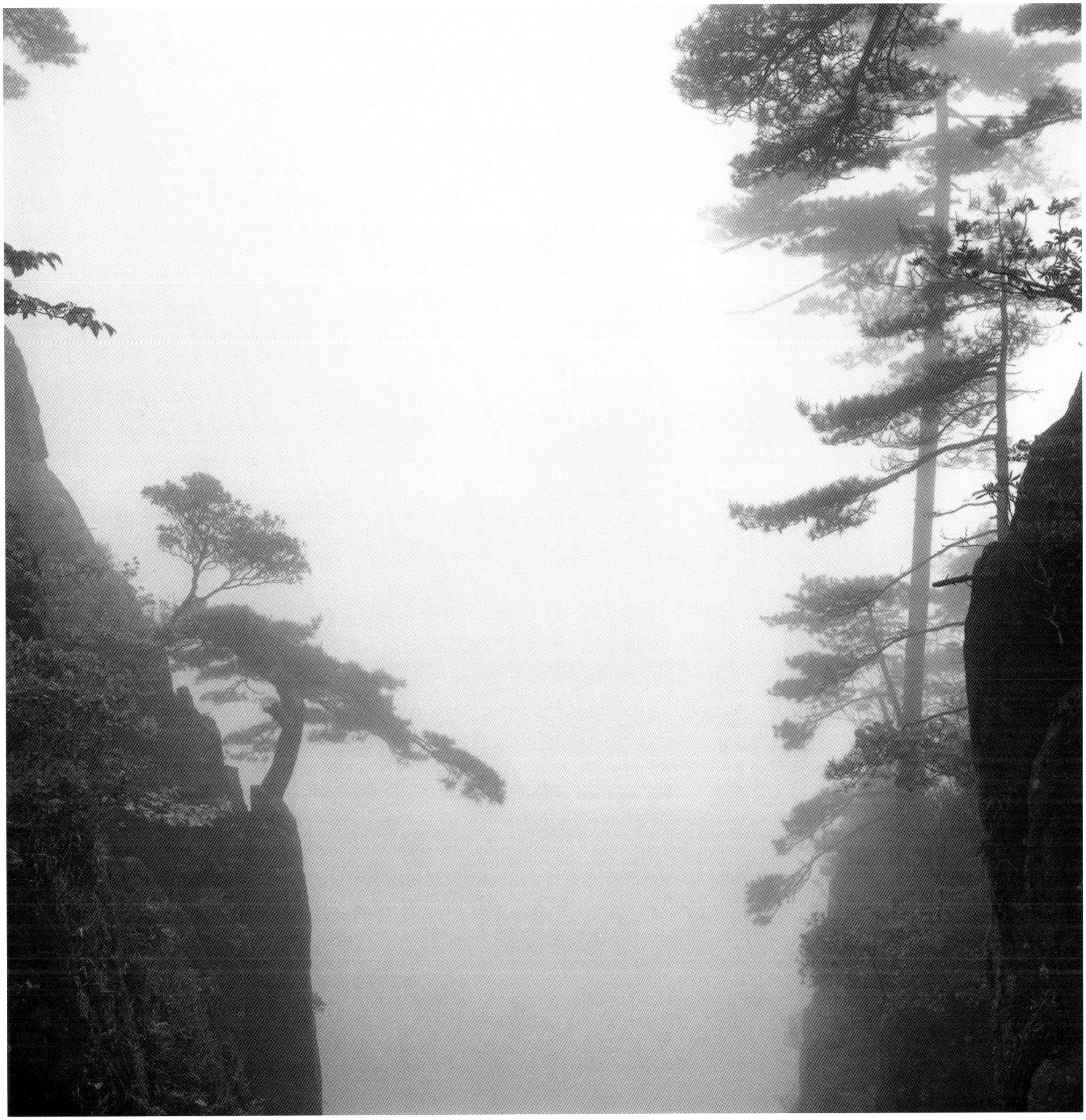

Huangshan, Anhui – 2009

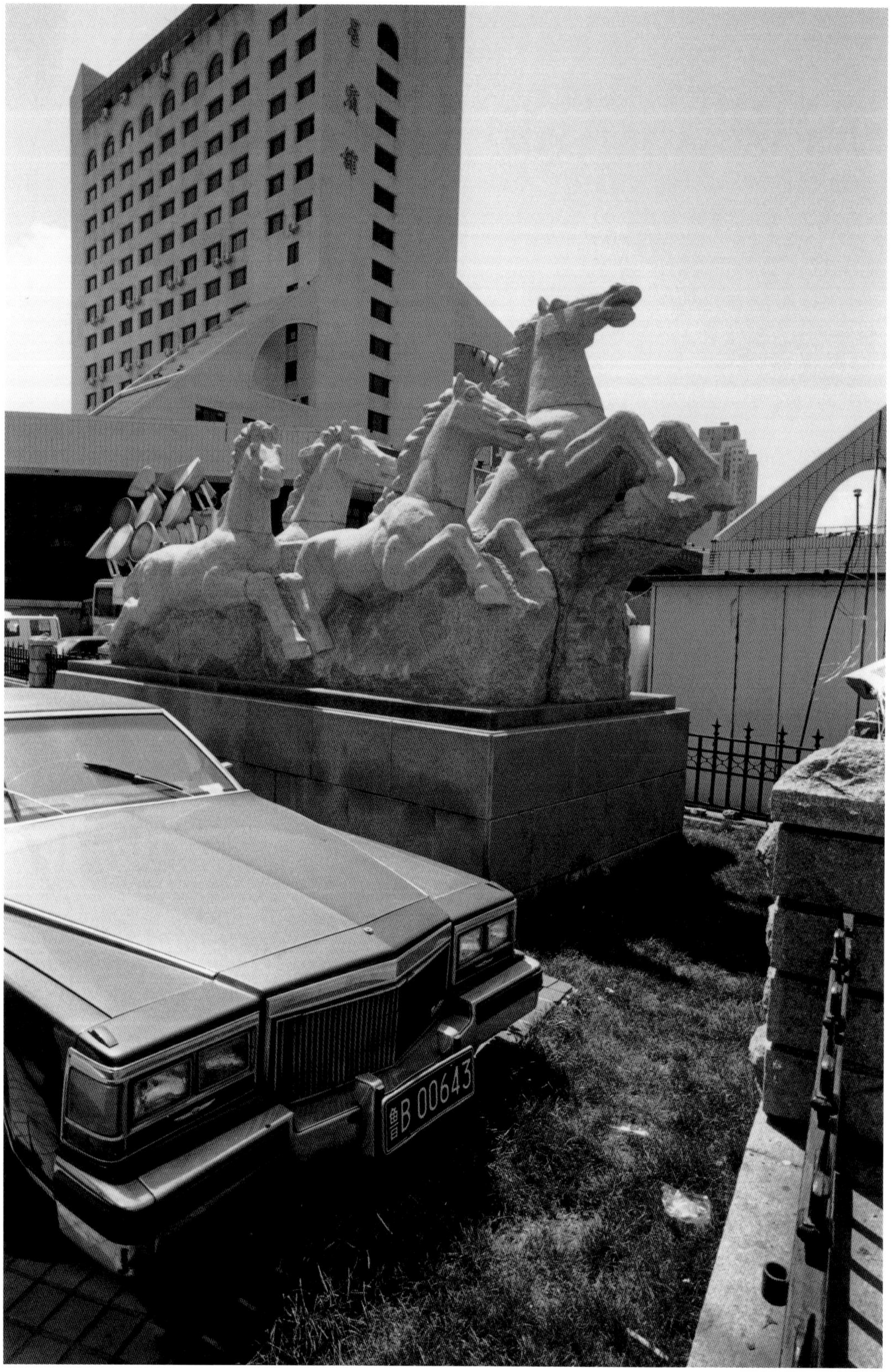

Qingdao, Shandong – 2001

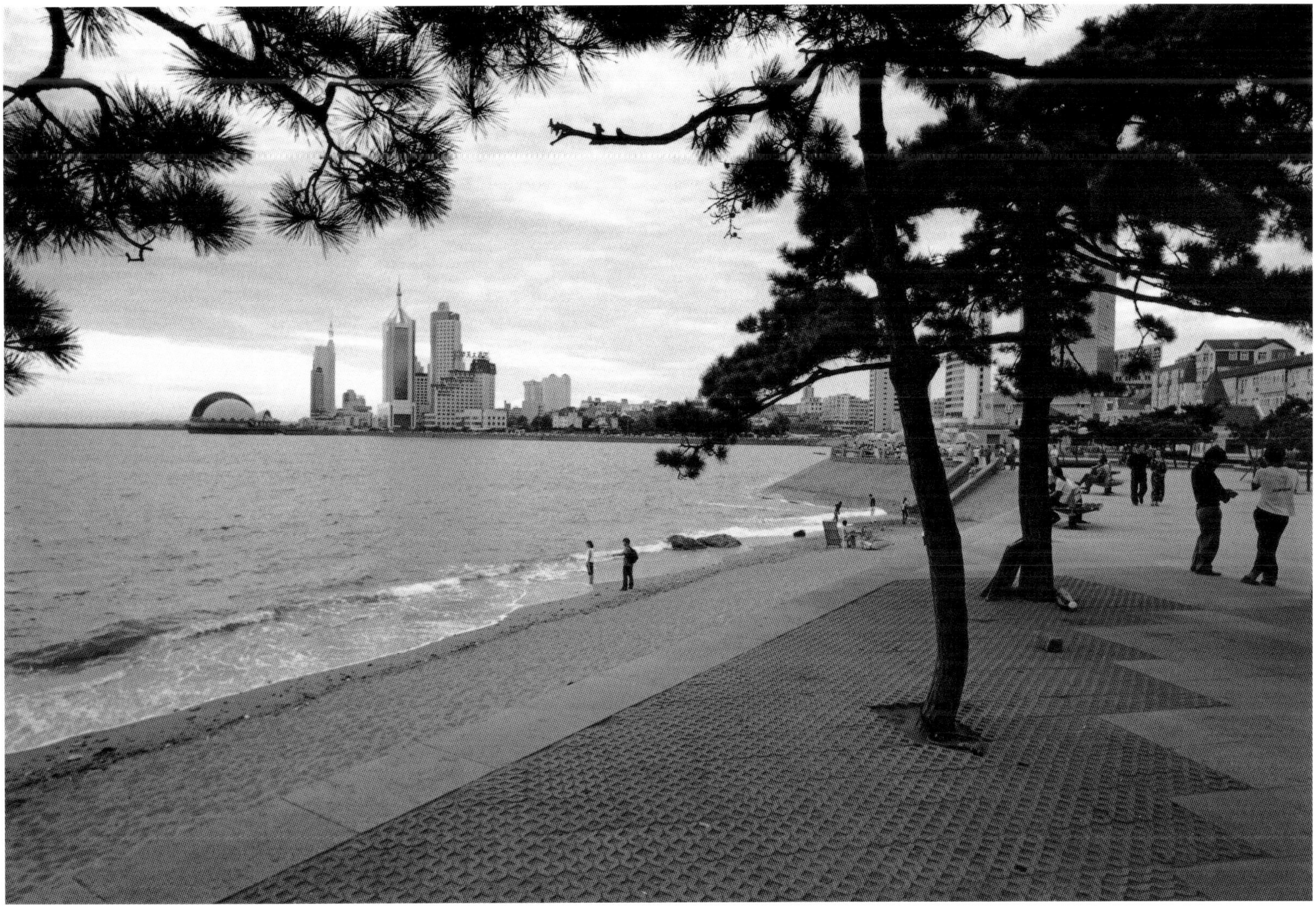

Qingdao, Shandong – 2001

112

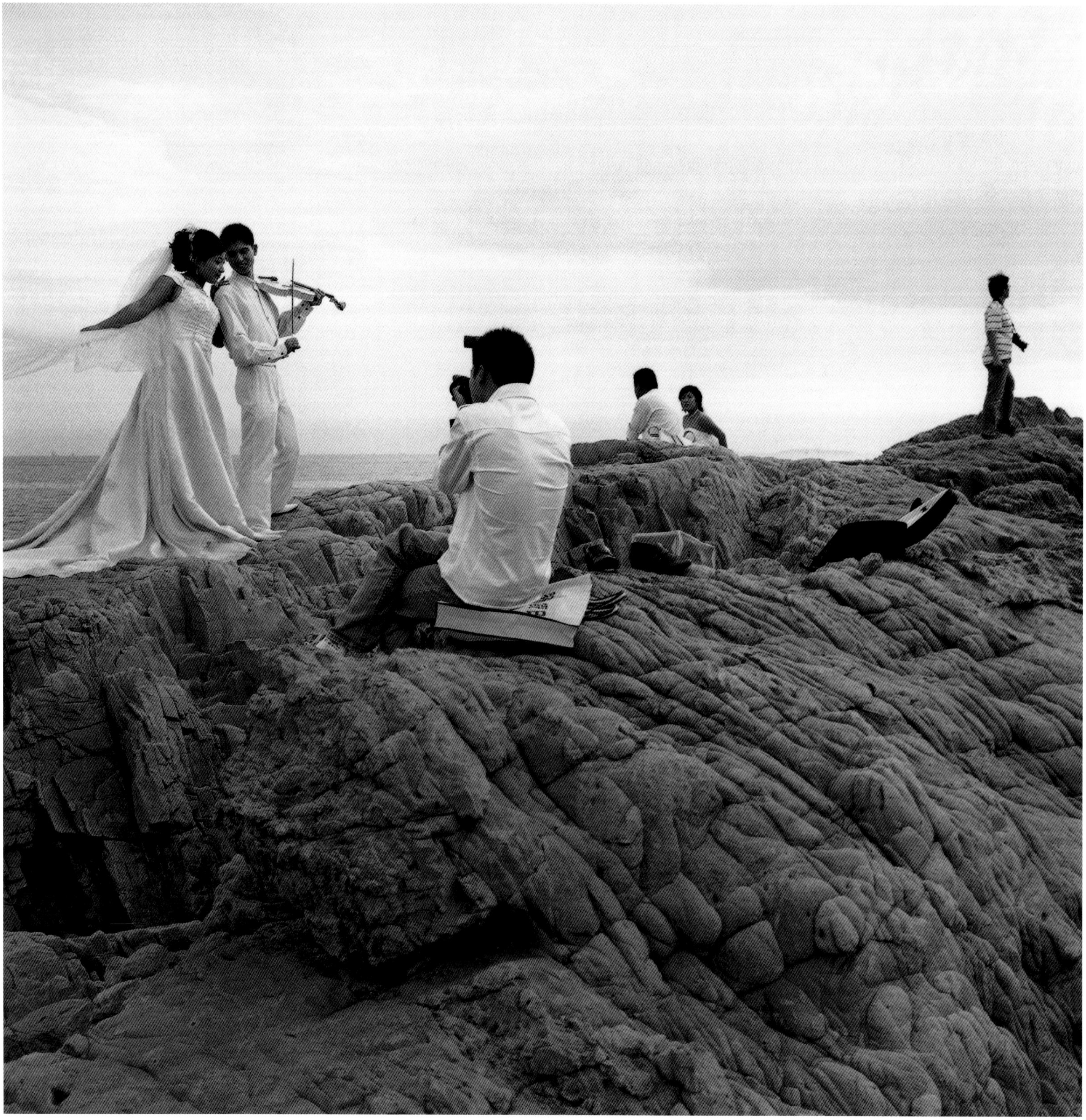

Qingdao, Shandong – 2009

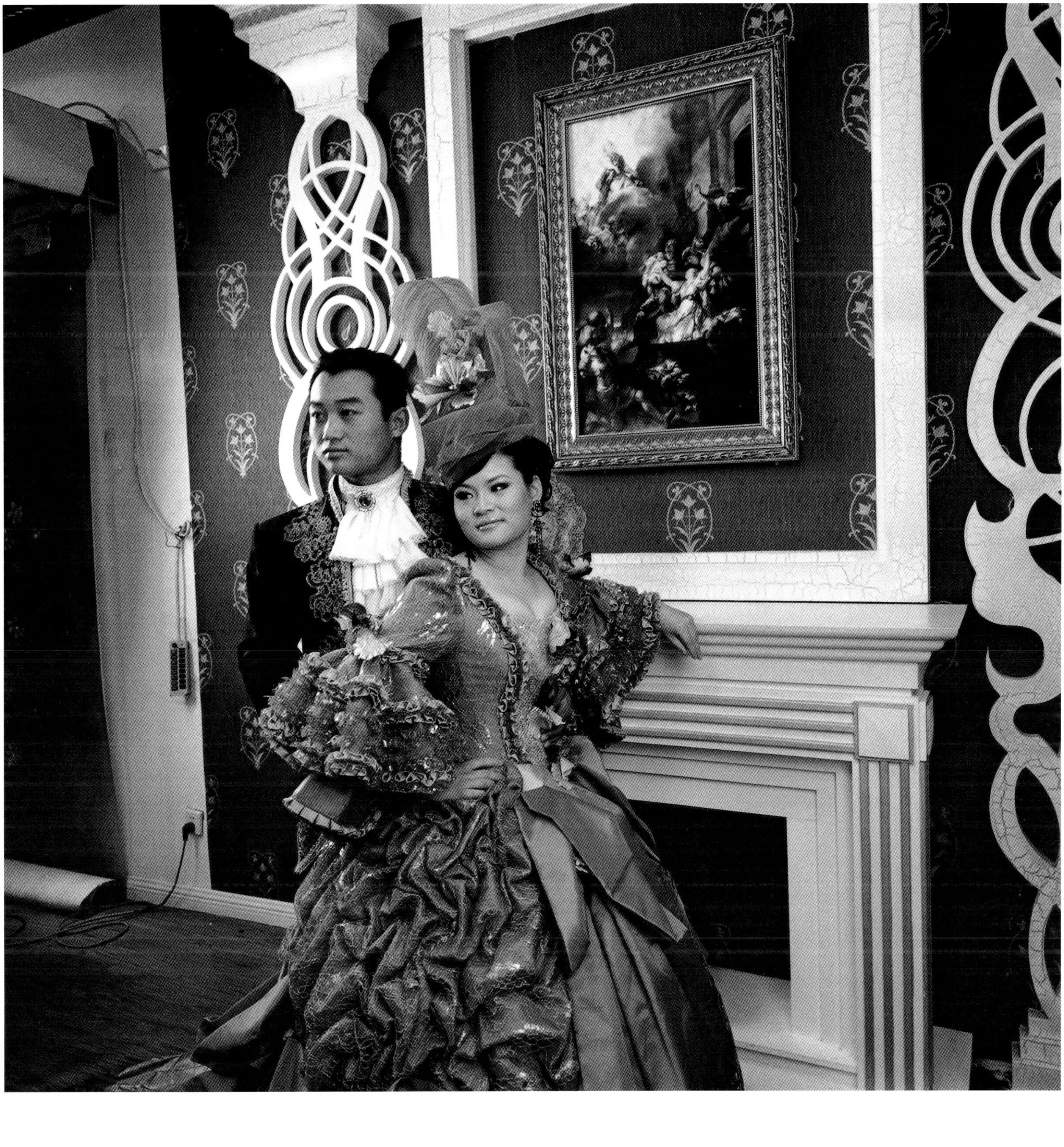

Qingdao, Shandong – 2009

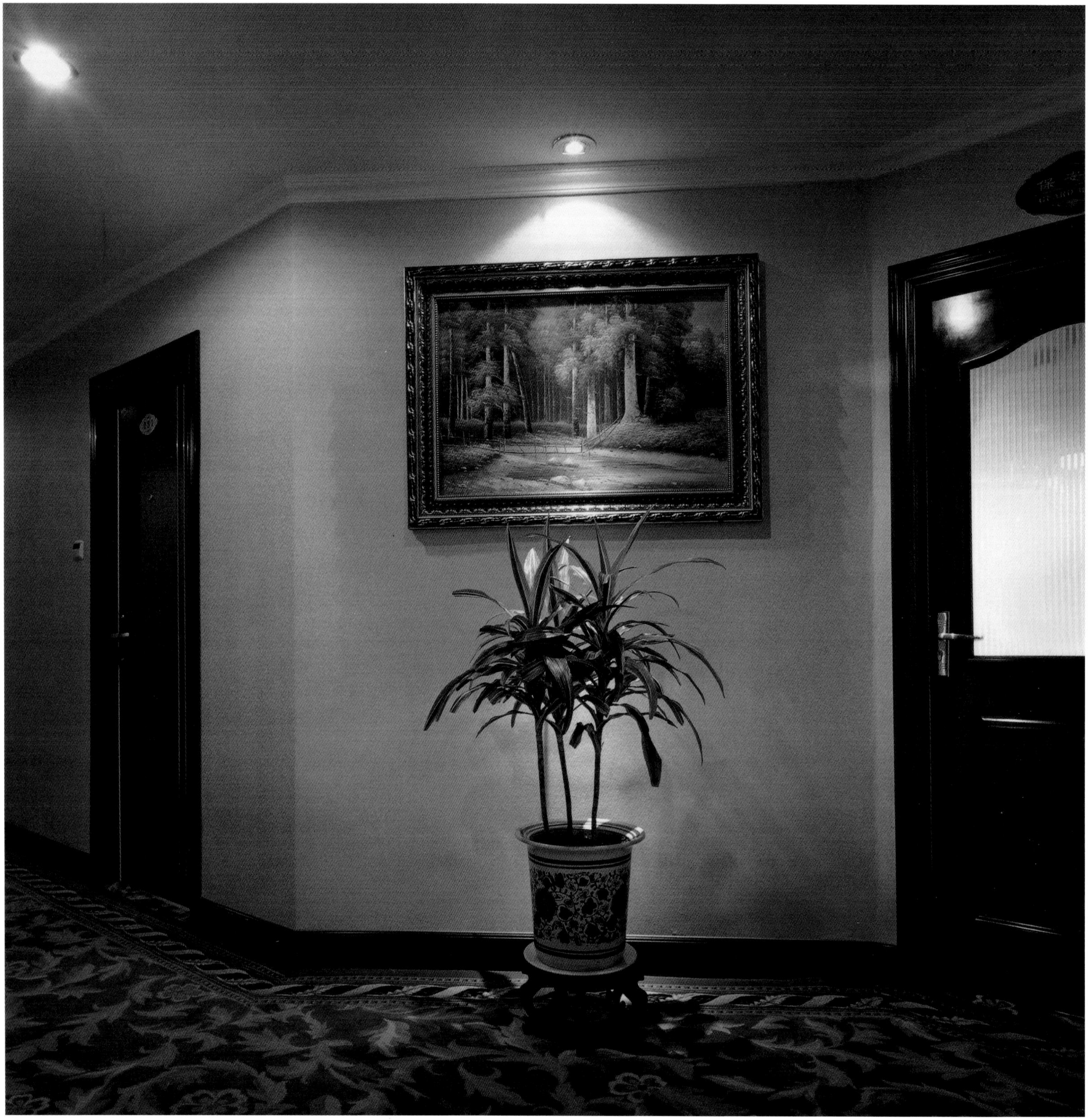

Dunhuang, Gansu – 2009

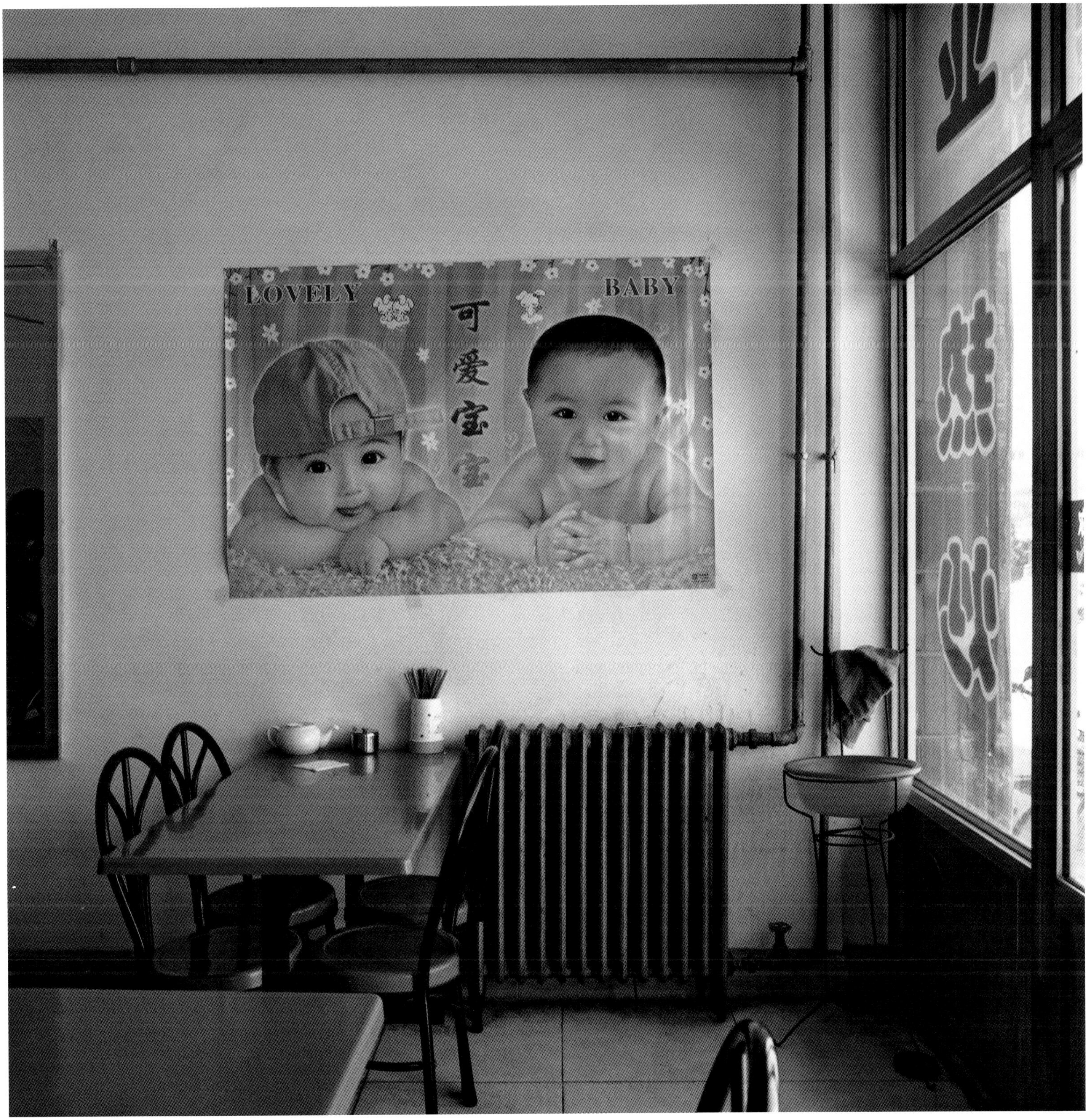

Yingxian, Shanxi - 2010

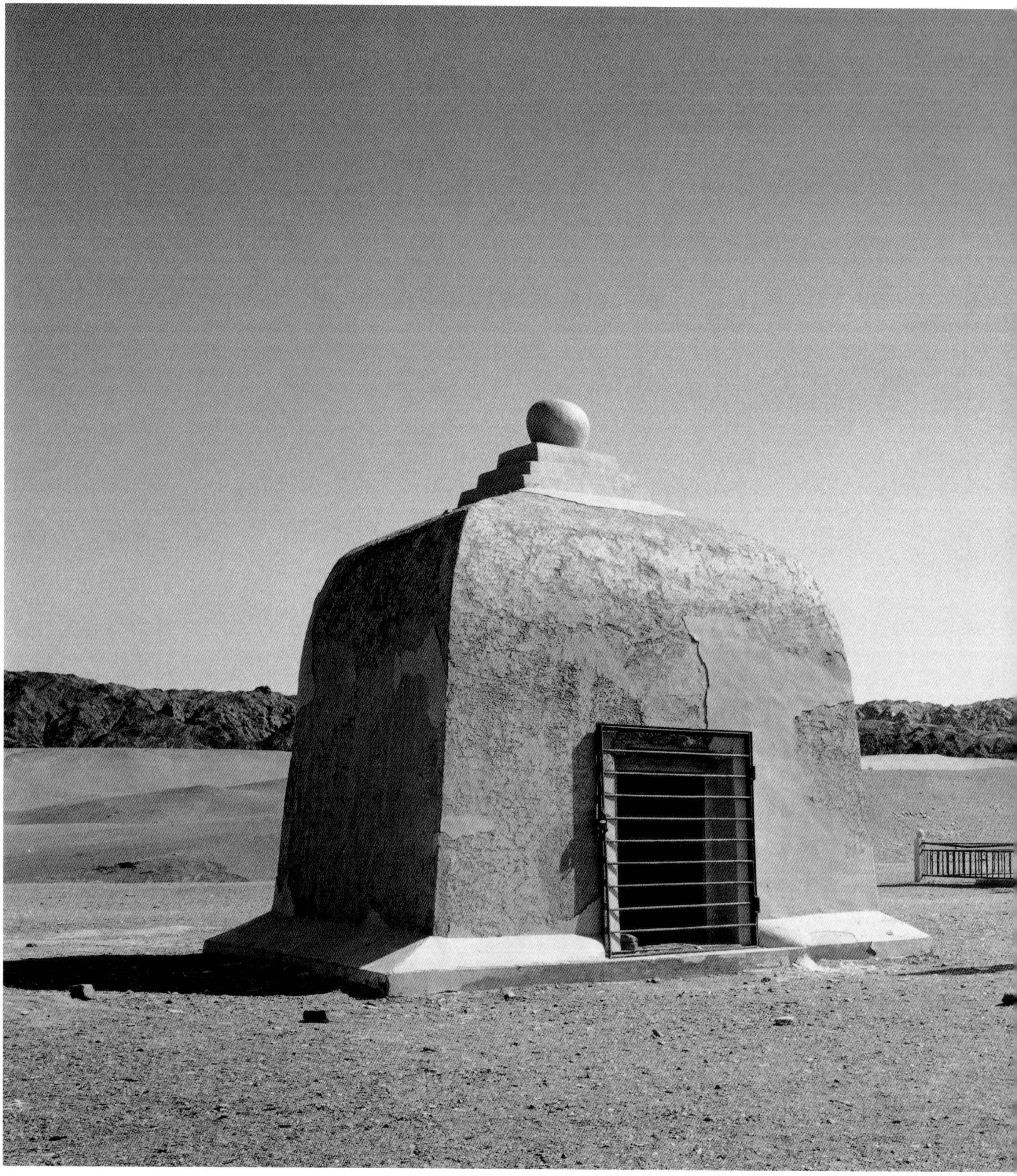

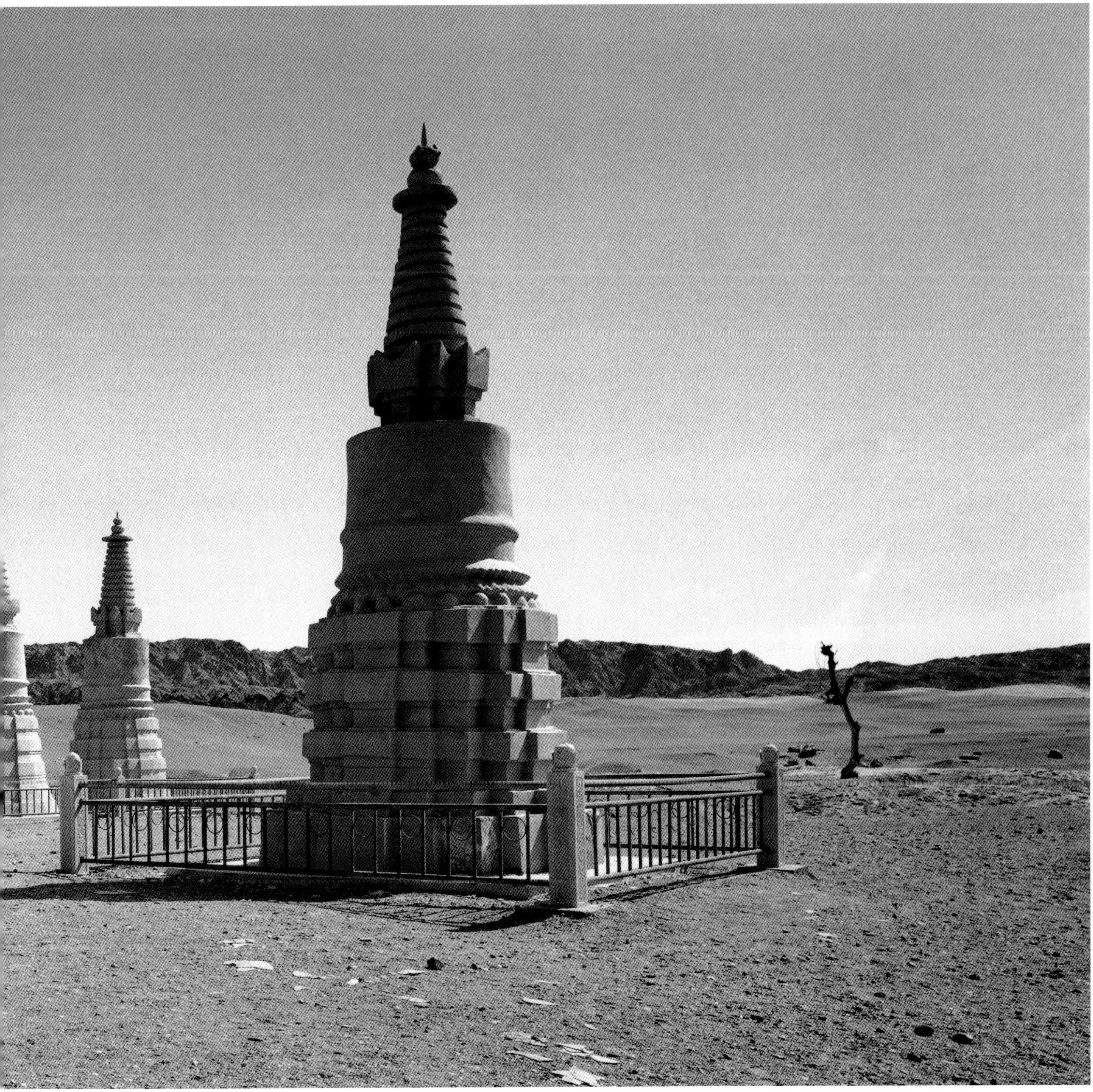

Dunhuang, Gansu – 2009

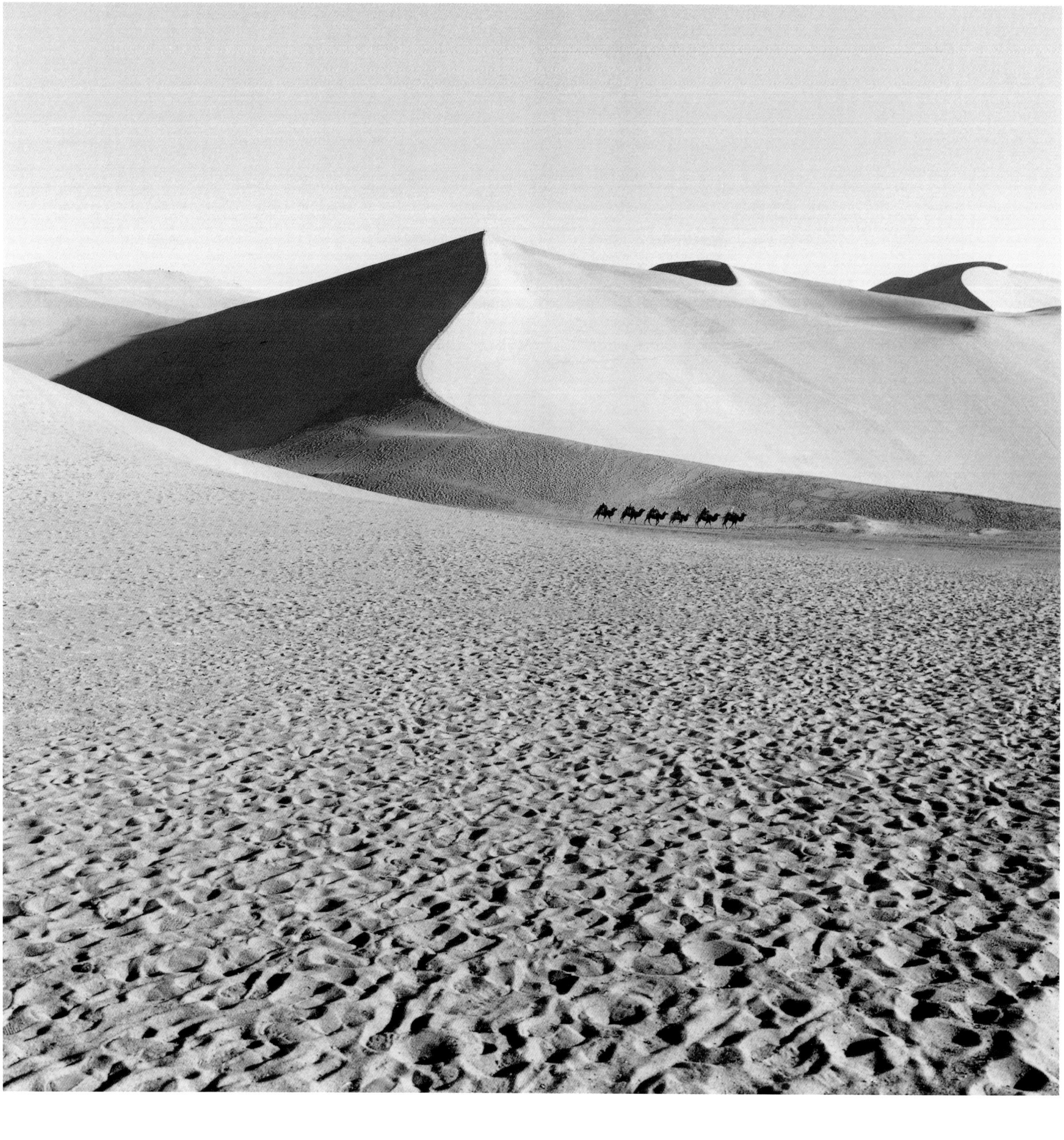

Dunhuang, Gansu – 2009

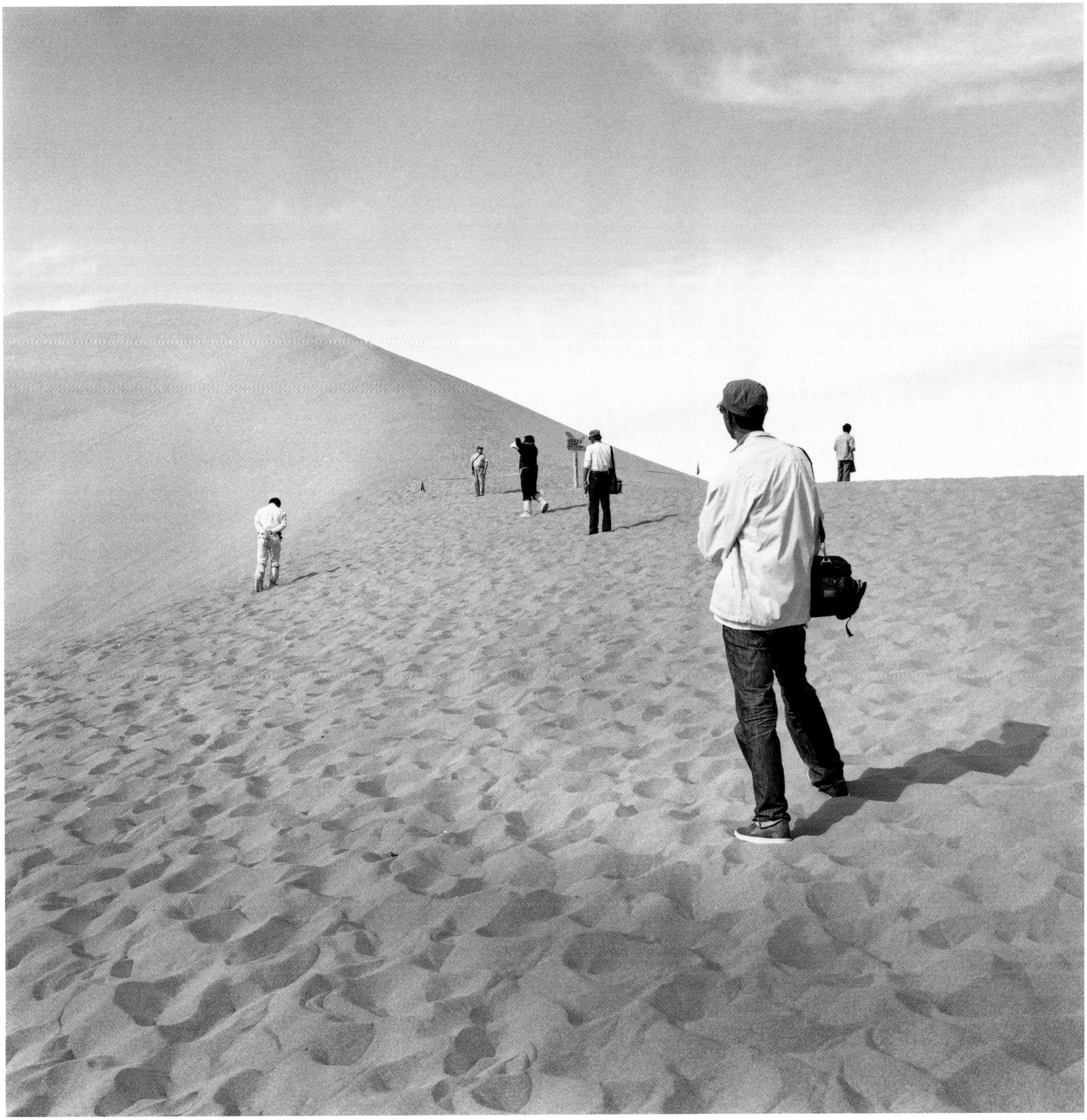

Dunhuang, Gansu – 2009

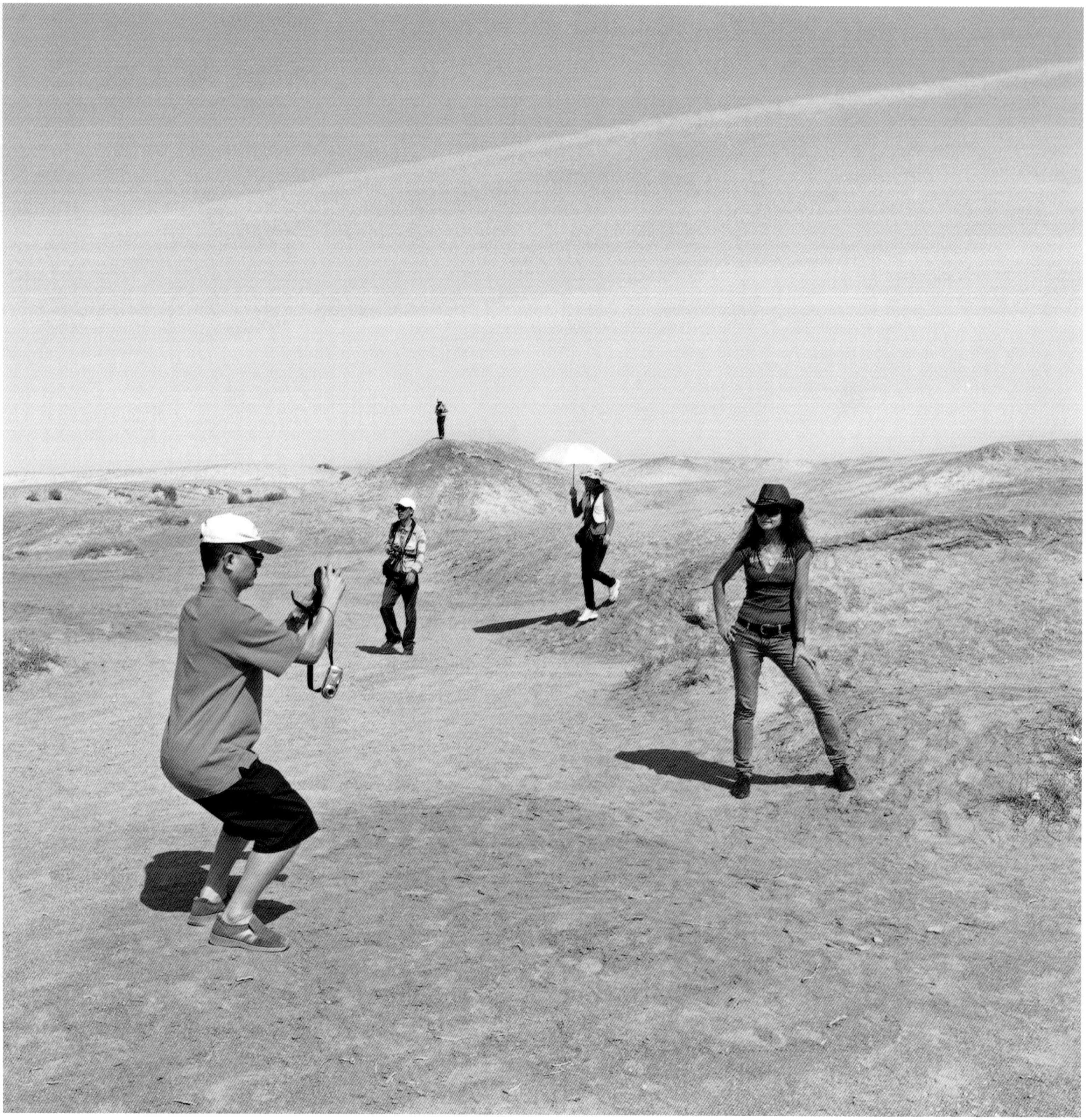

Near Dunhuang, Gansu – 2009

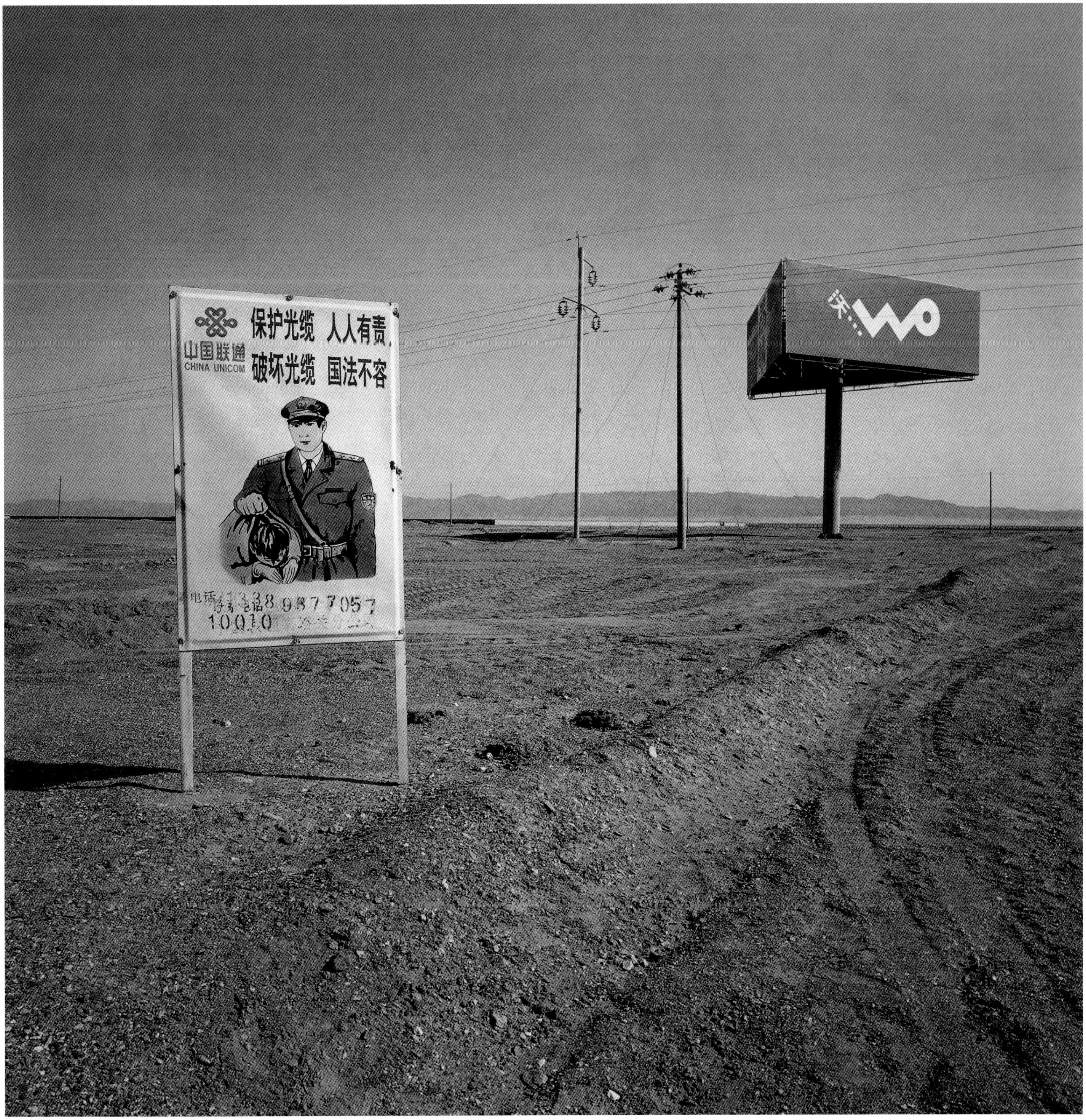

Dunhuang, Gansu – 2009

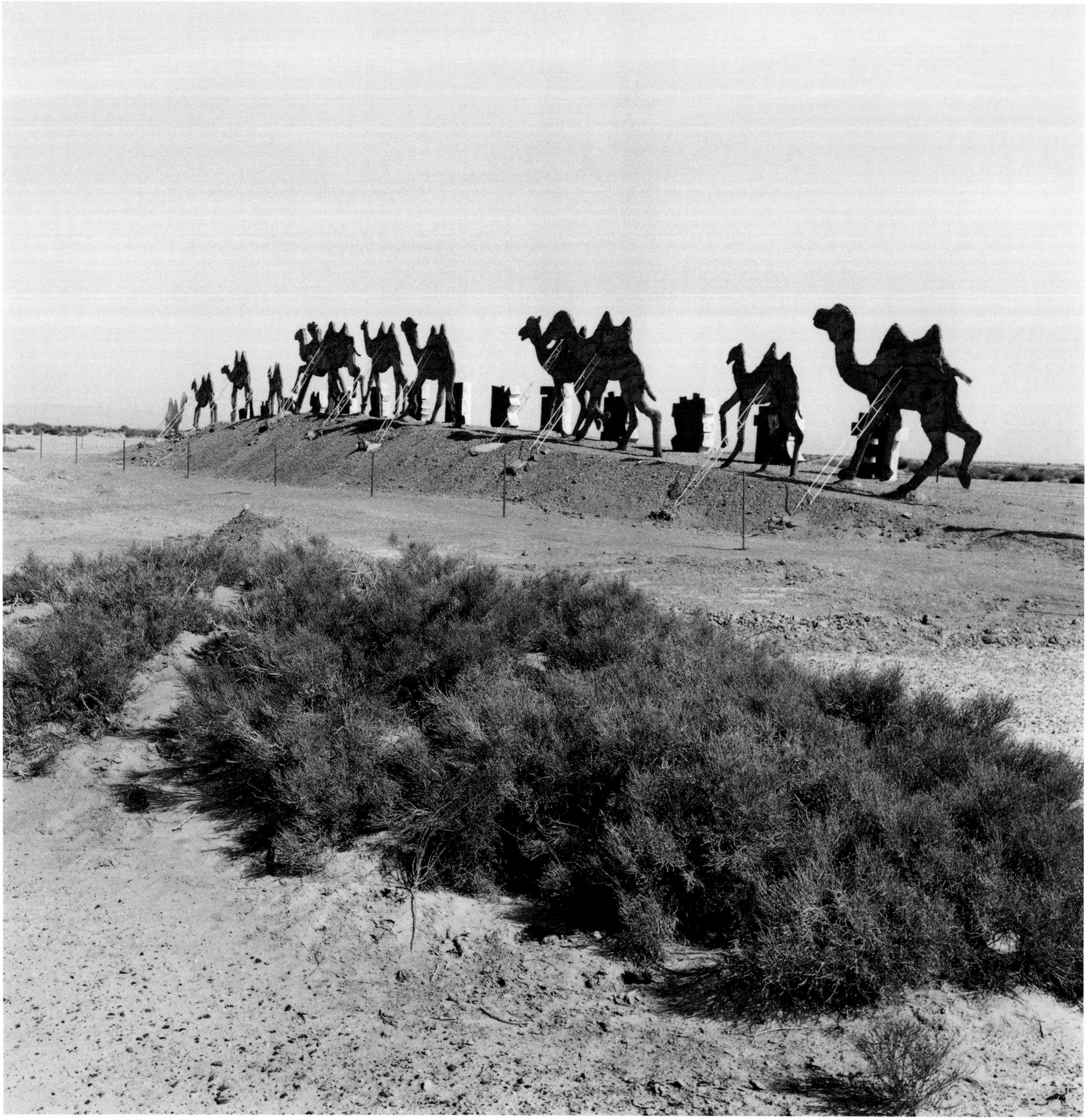

Near Dunhuang, Gansu – 2009

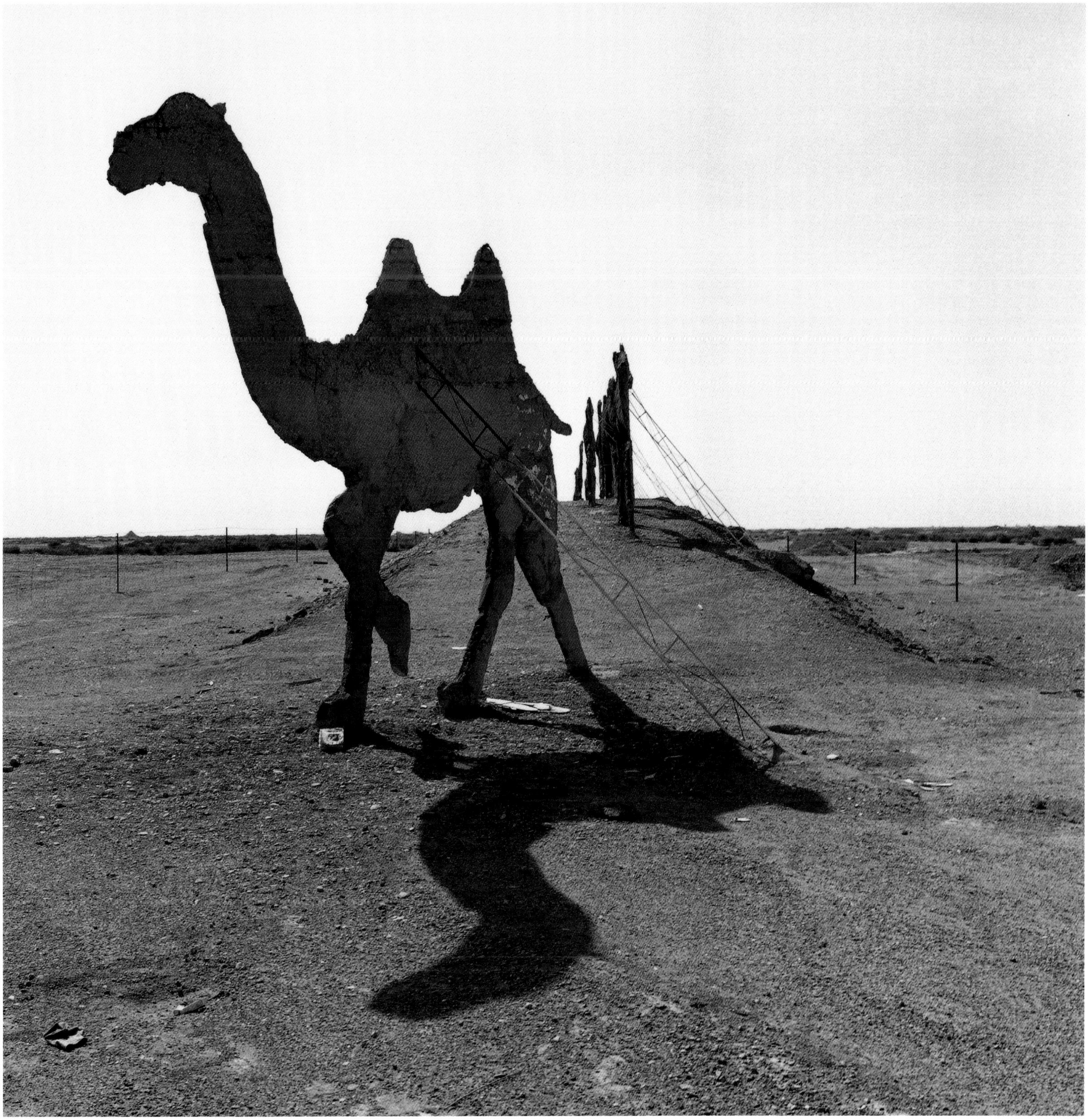

Near Dunhuang, Gansu – 2009

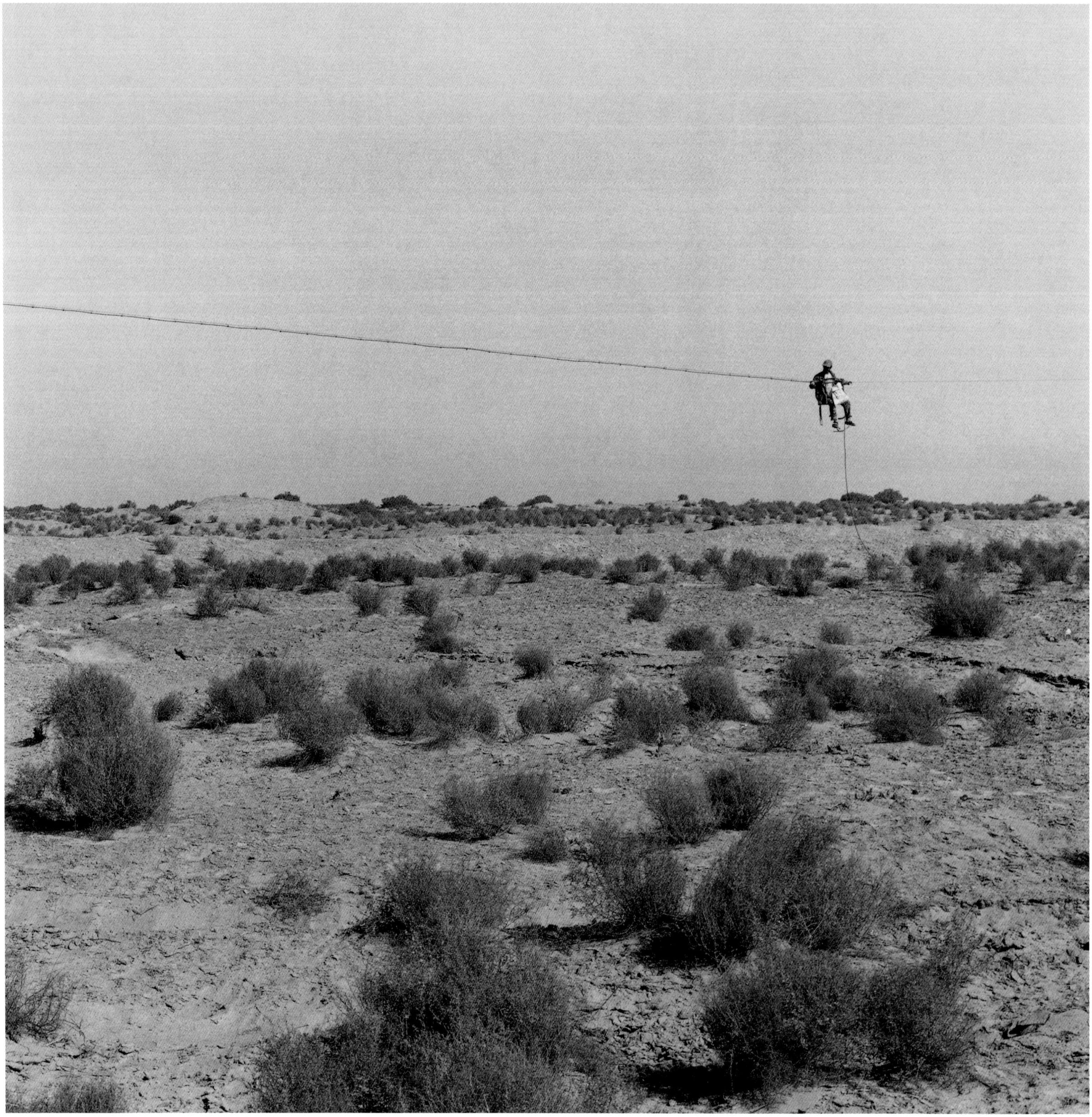

Near Dunhuang, Gansu – 2009

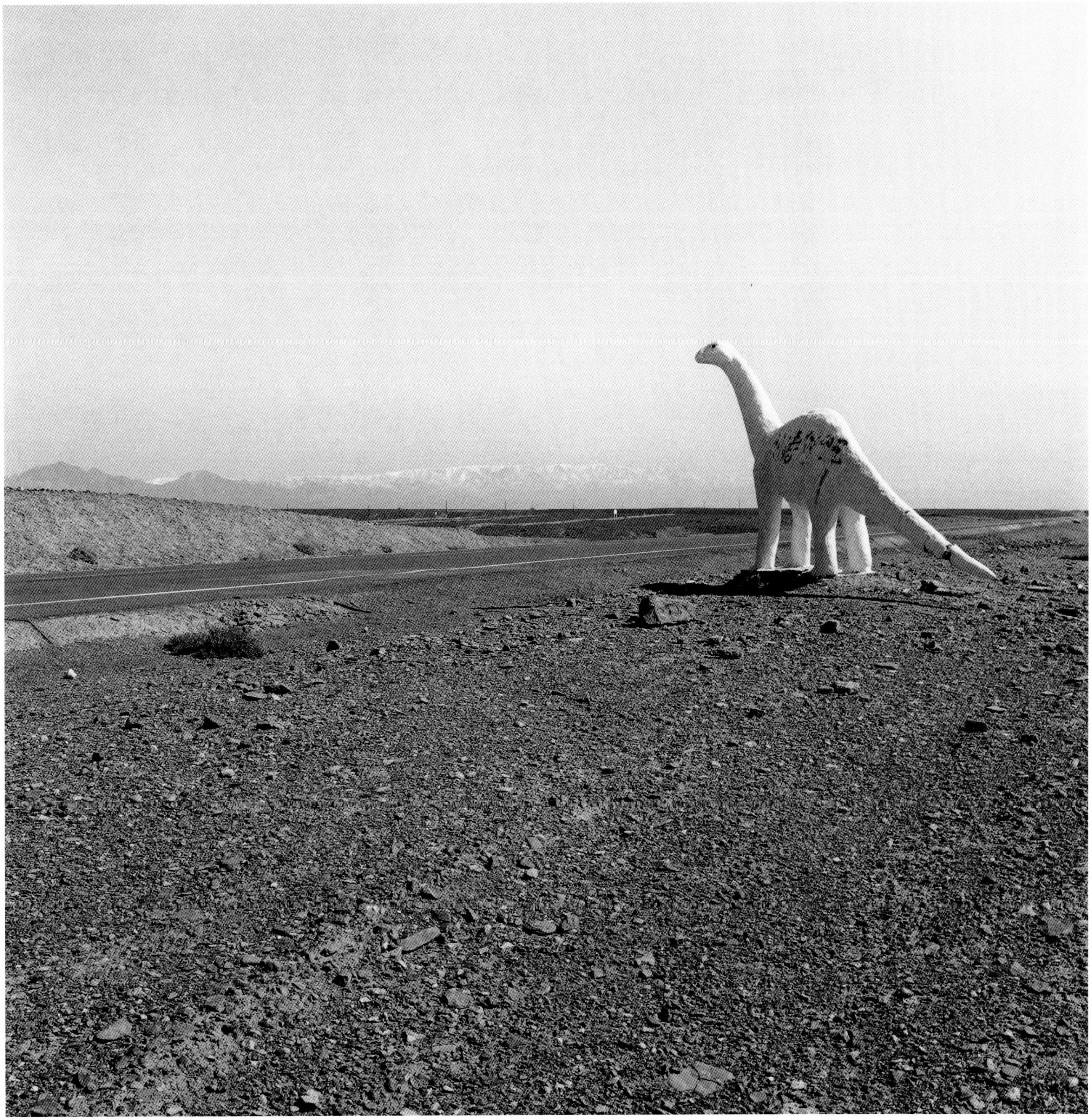

Near Hami, Xinjiang – 2009

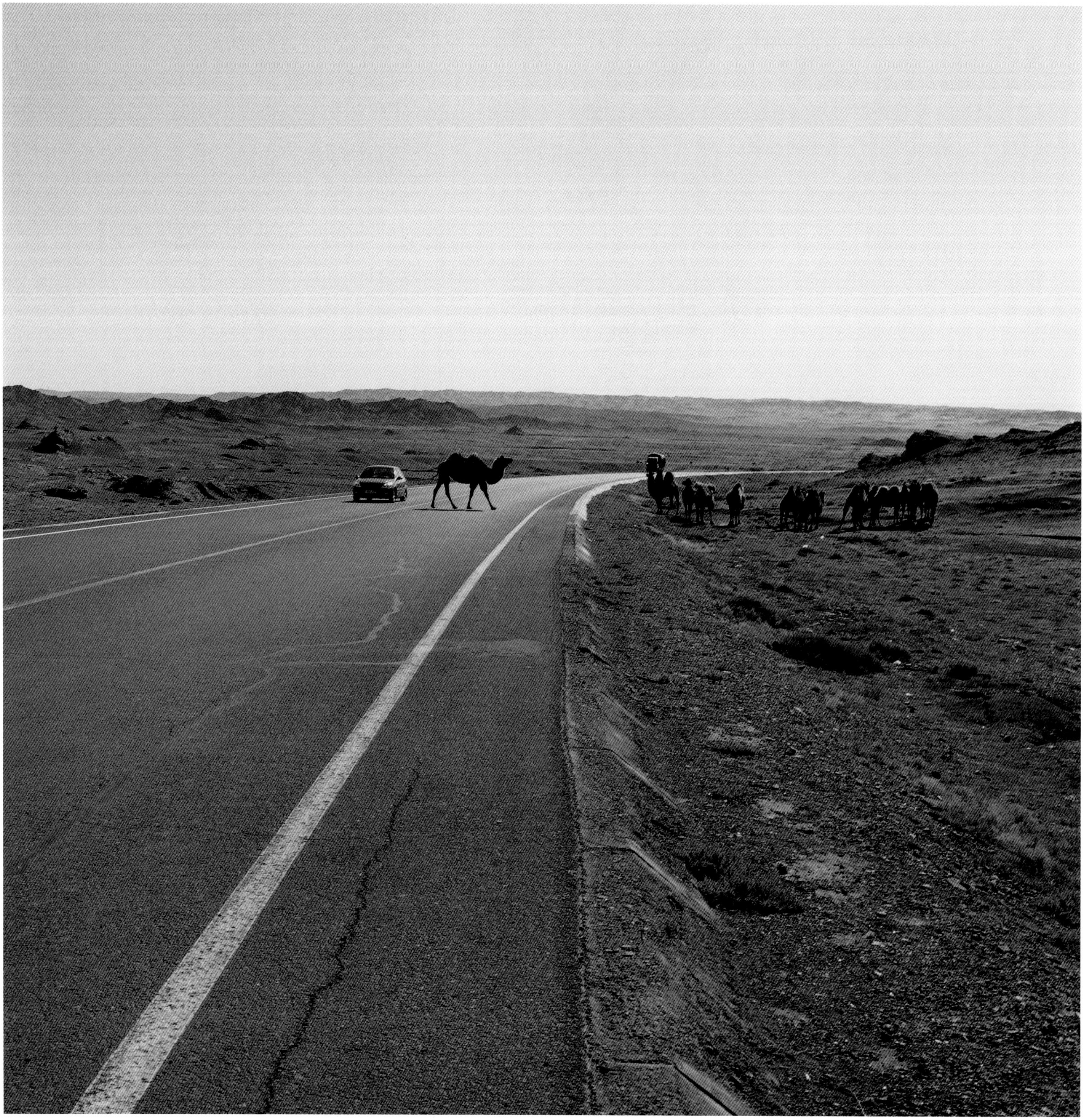

Near Urumqi, Xinjiang – 2009

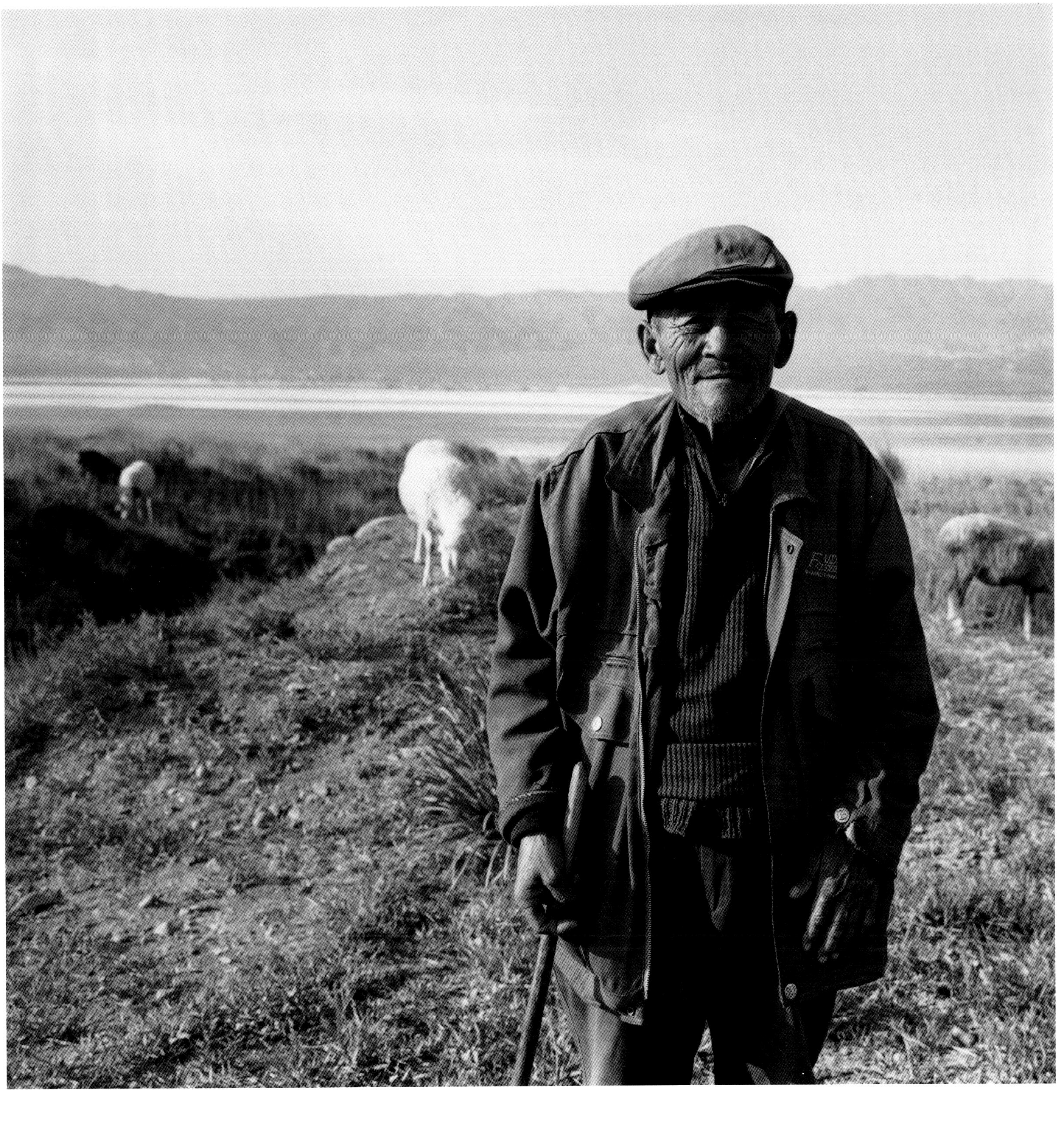

Near Urumqi, Xinjiang – 2009

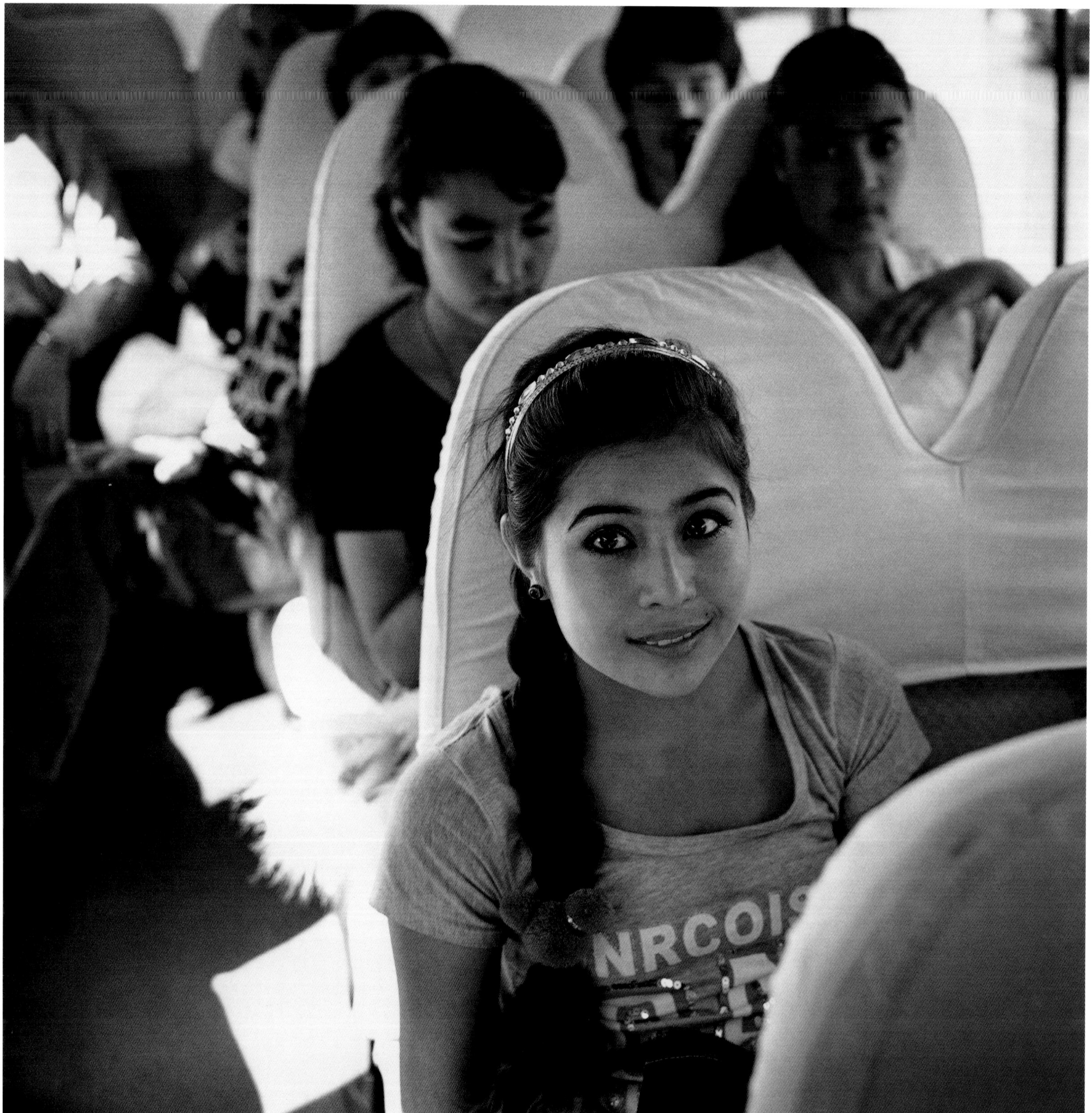

Urumqi, Xinjiang – 2009

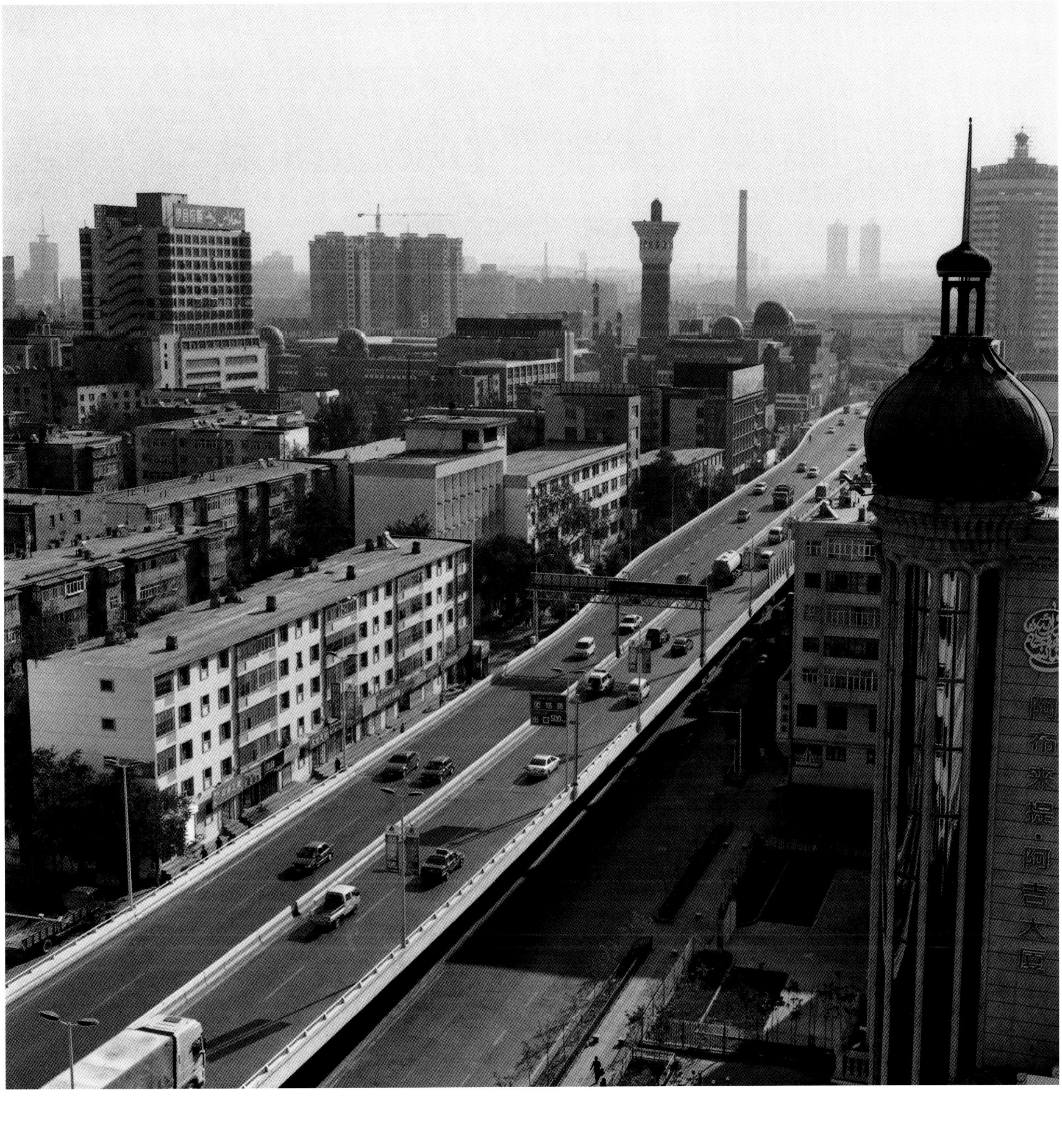

Urumqi, Xinjiang – 2009

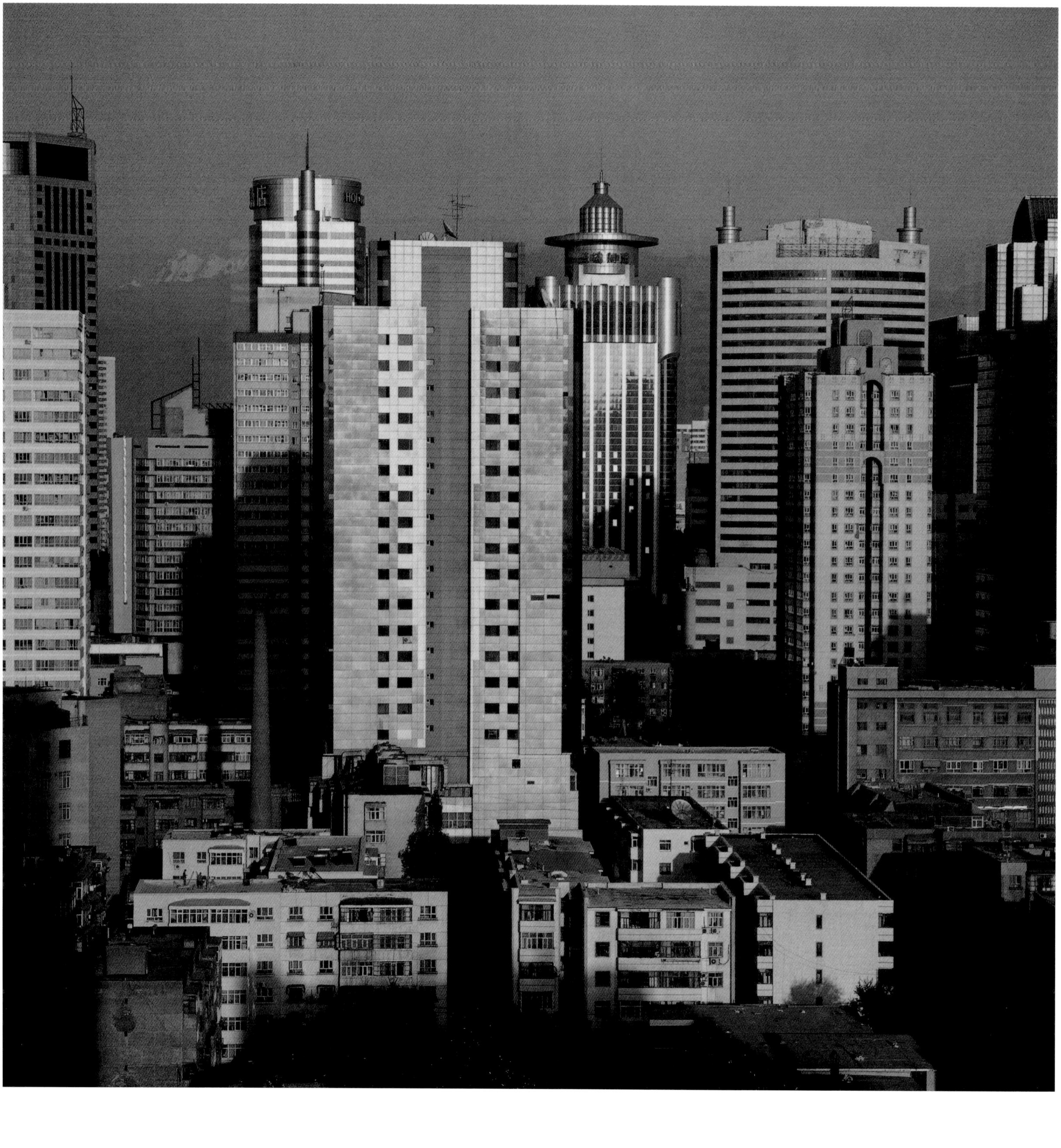

Urumqi, Xinjiang – 2009

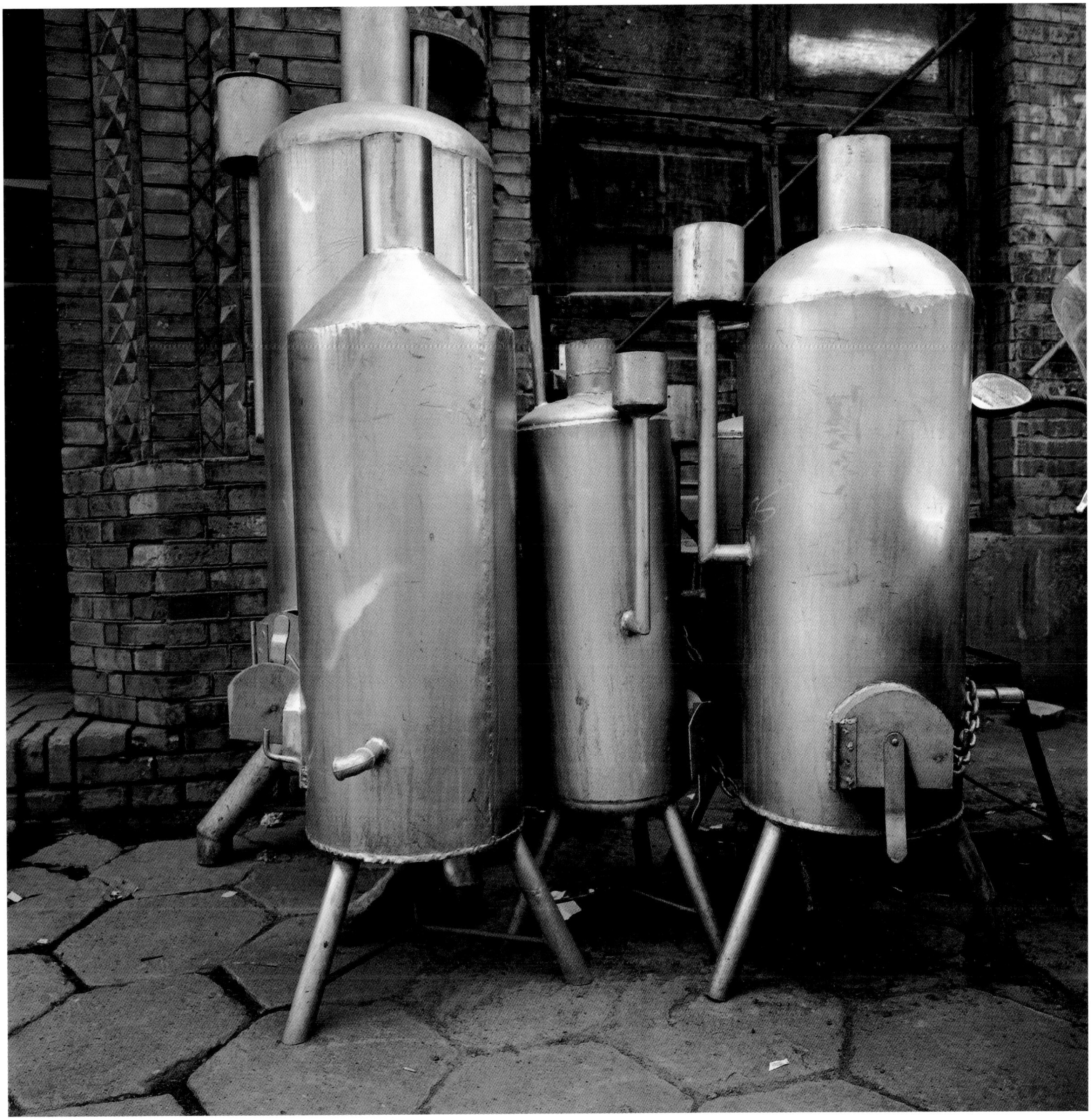

Kashgar, Xinjiang – 2010

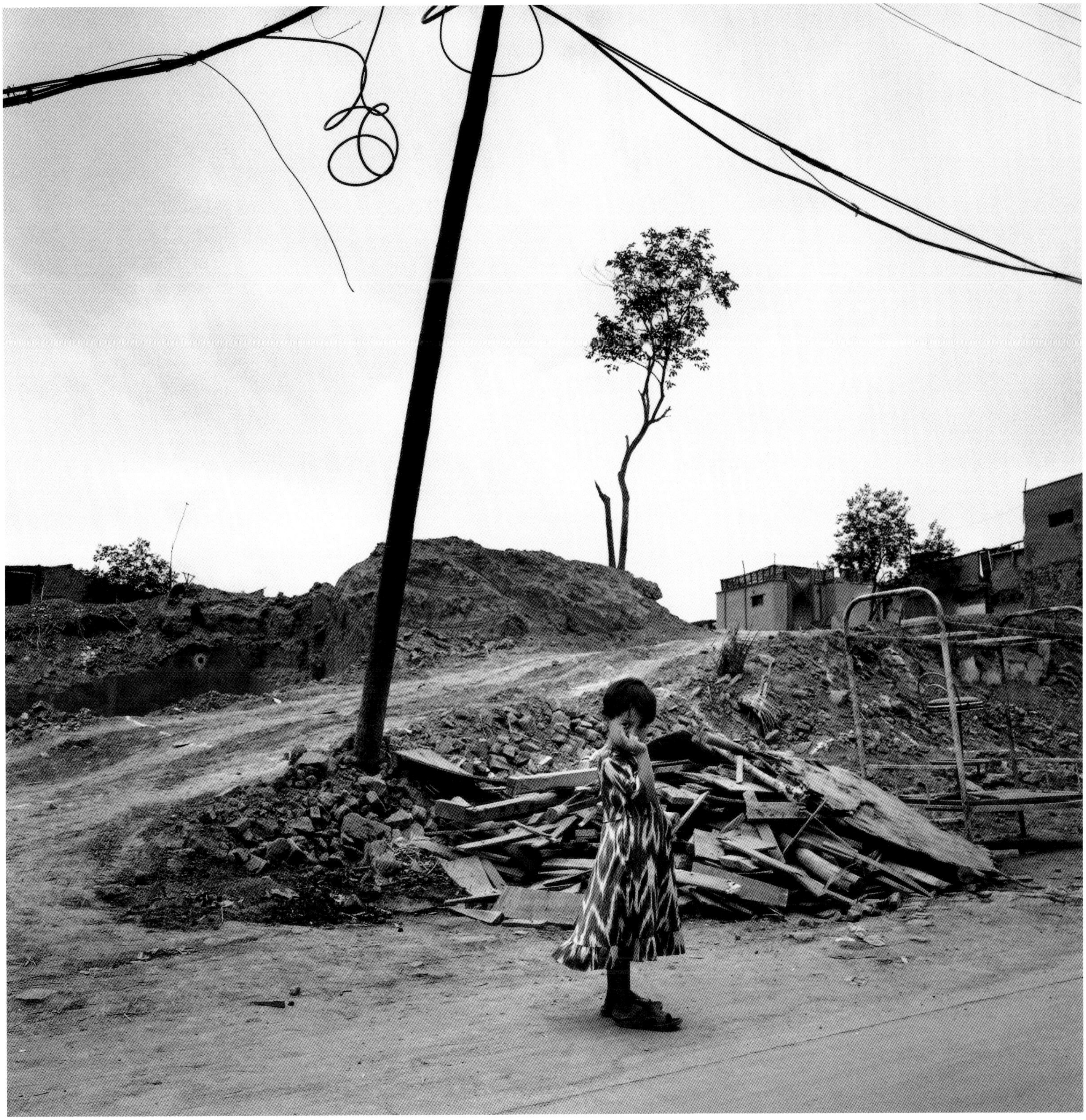

Kashgar, Xinjiang – 2010

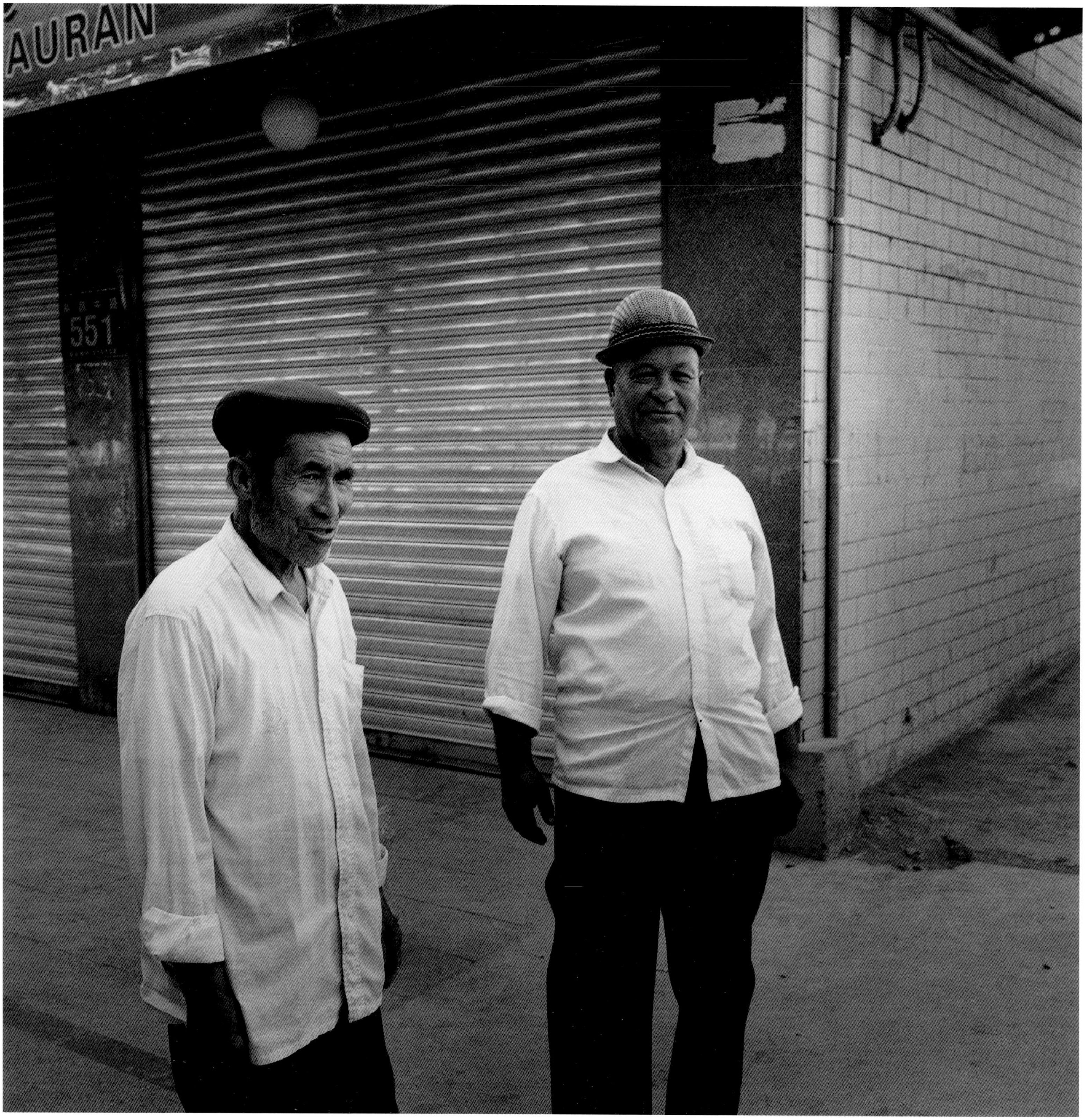

Turfan, Xinjiang – 2009

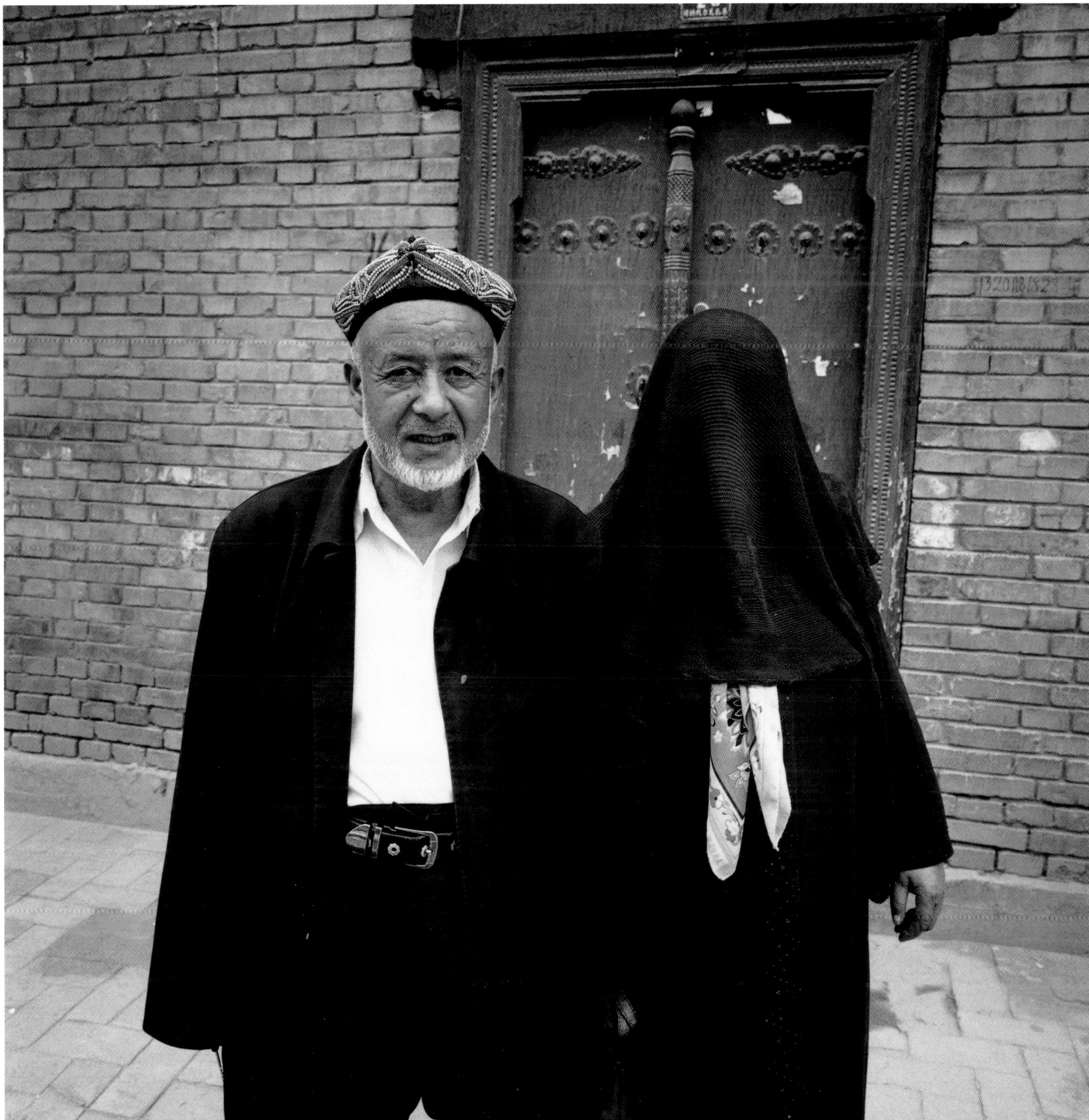

Kashgar, Xinjiang – 2010

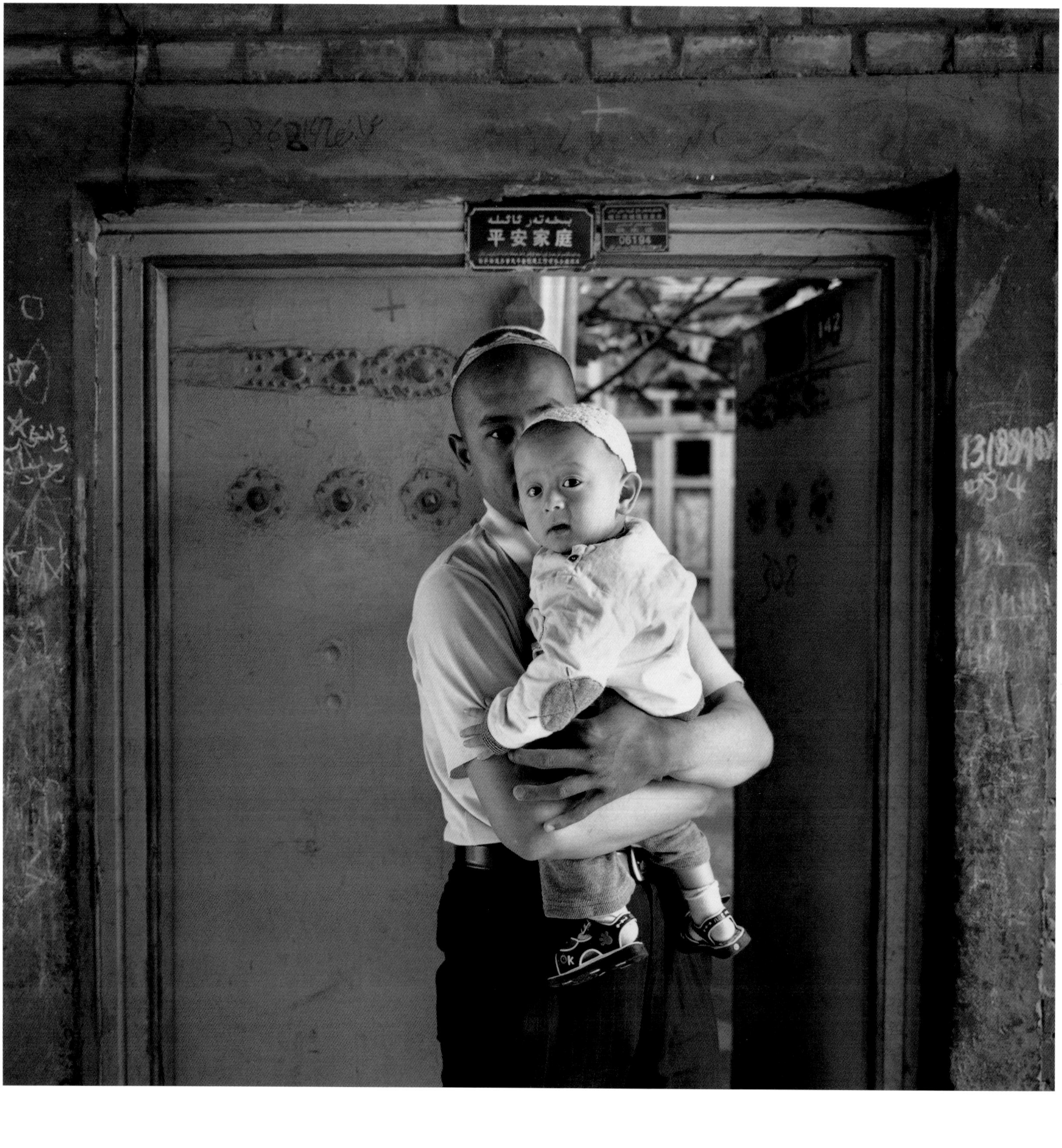

Kashgar, Xinjiang – 2010

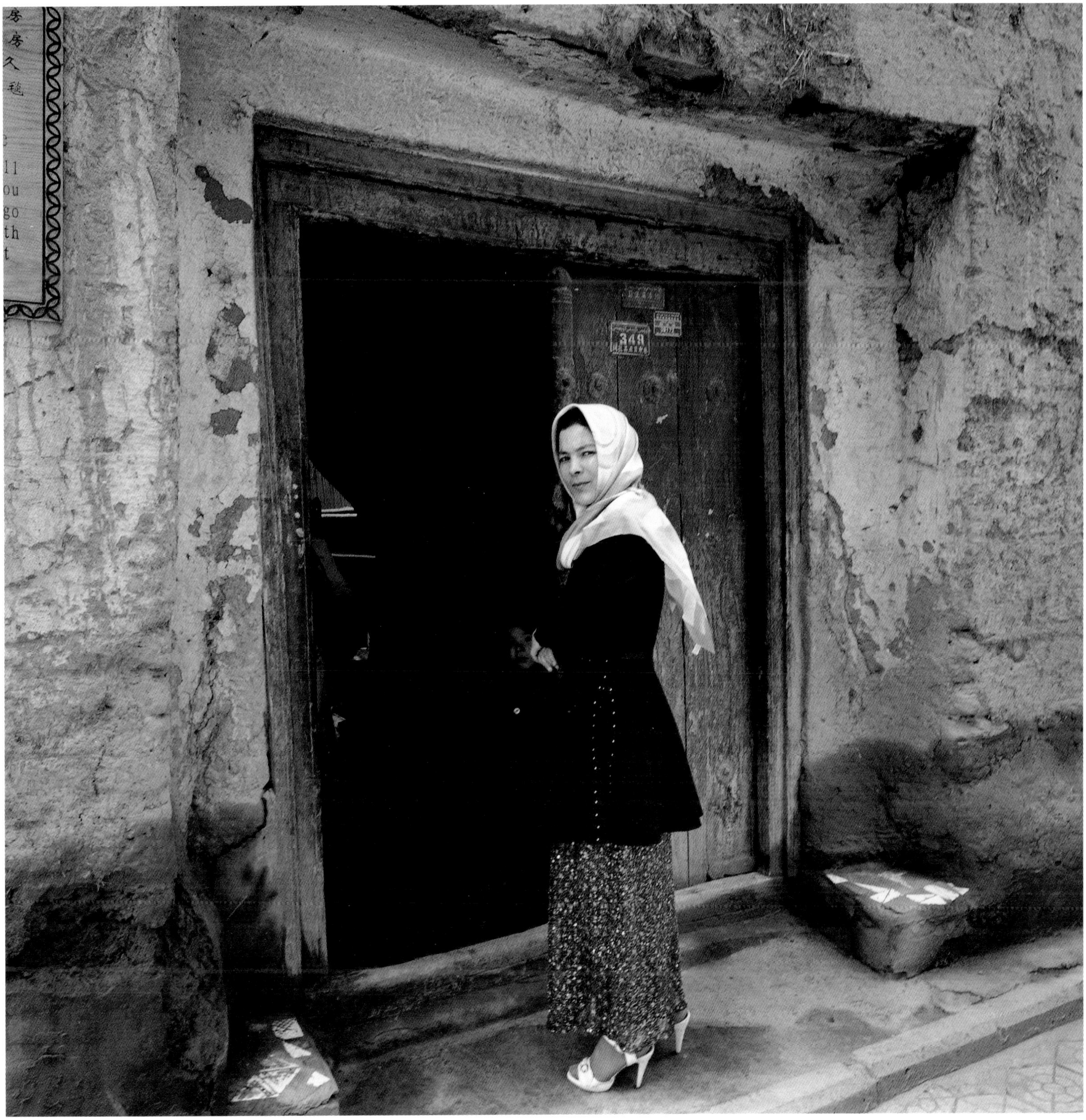

Kashgar, Xinjiang – 2010

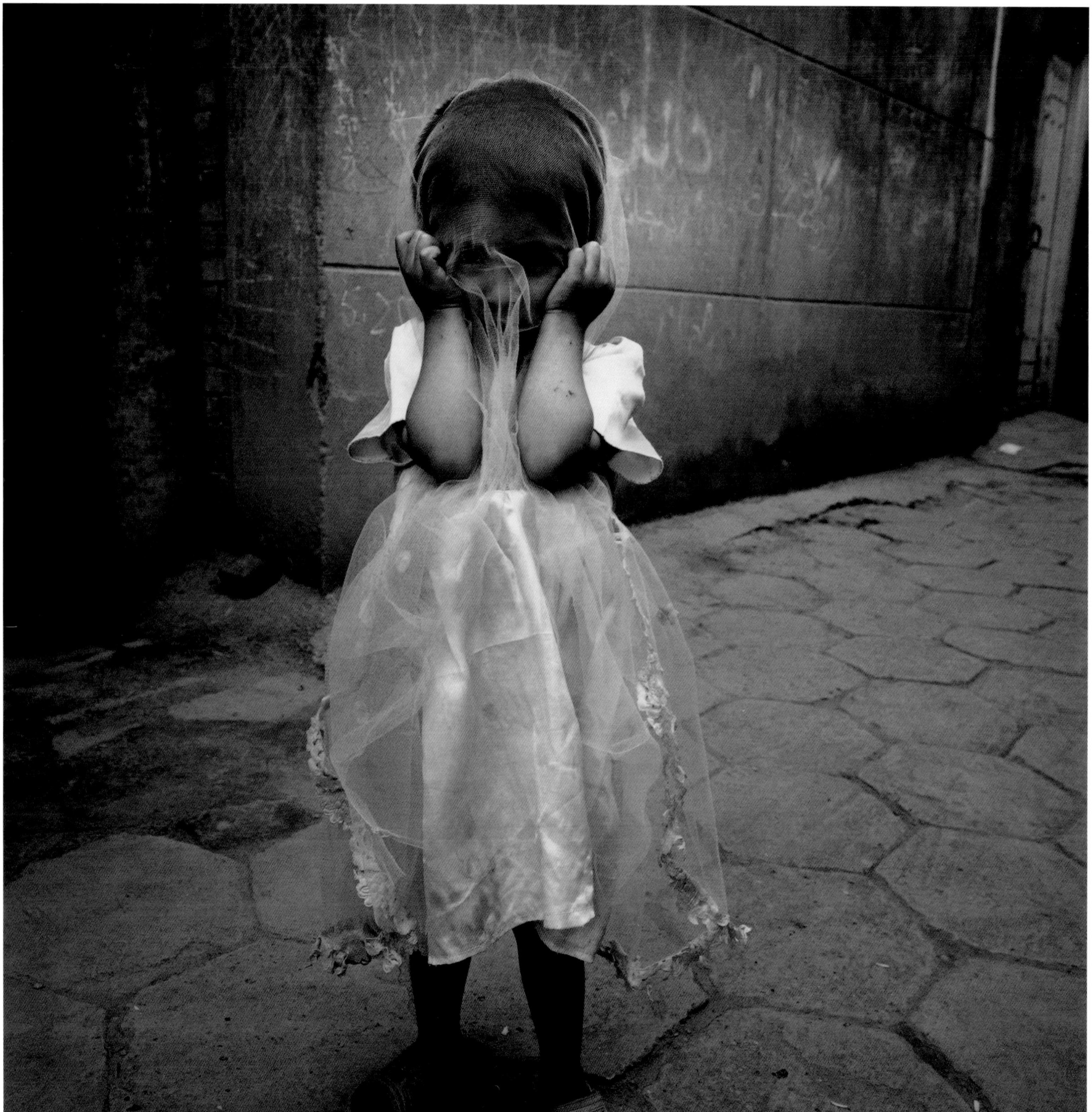

Kashgar, Xinjiang – 2010

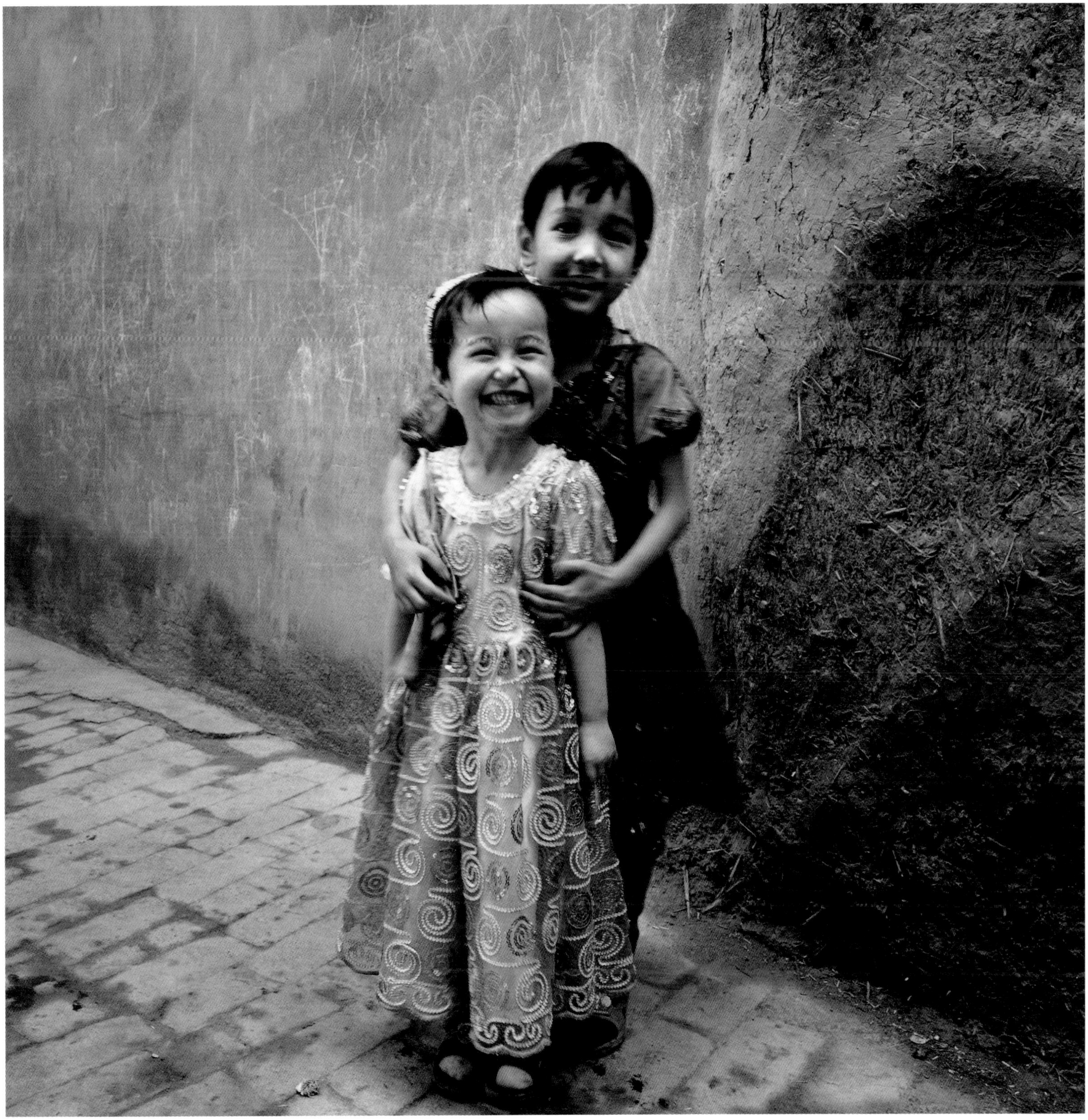

Kashgar, Xinjiang – 2010

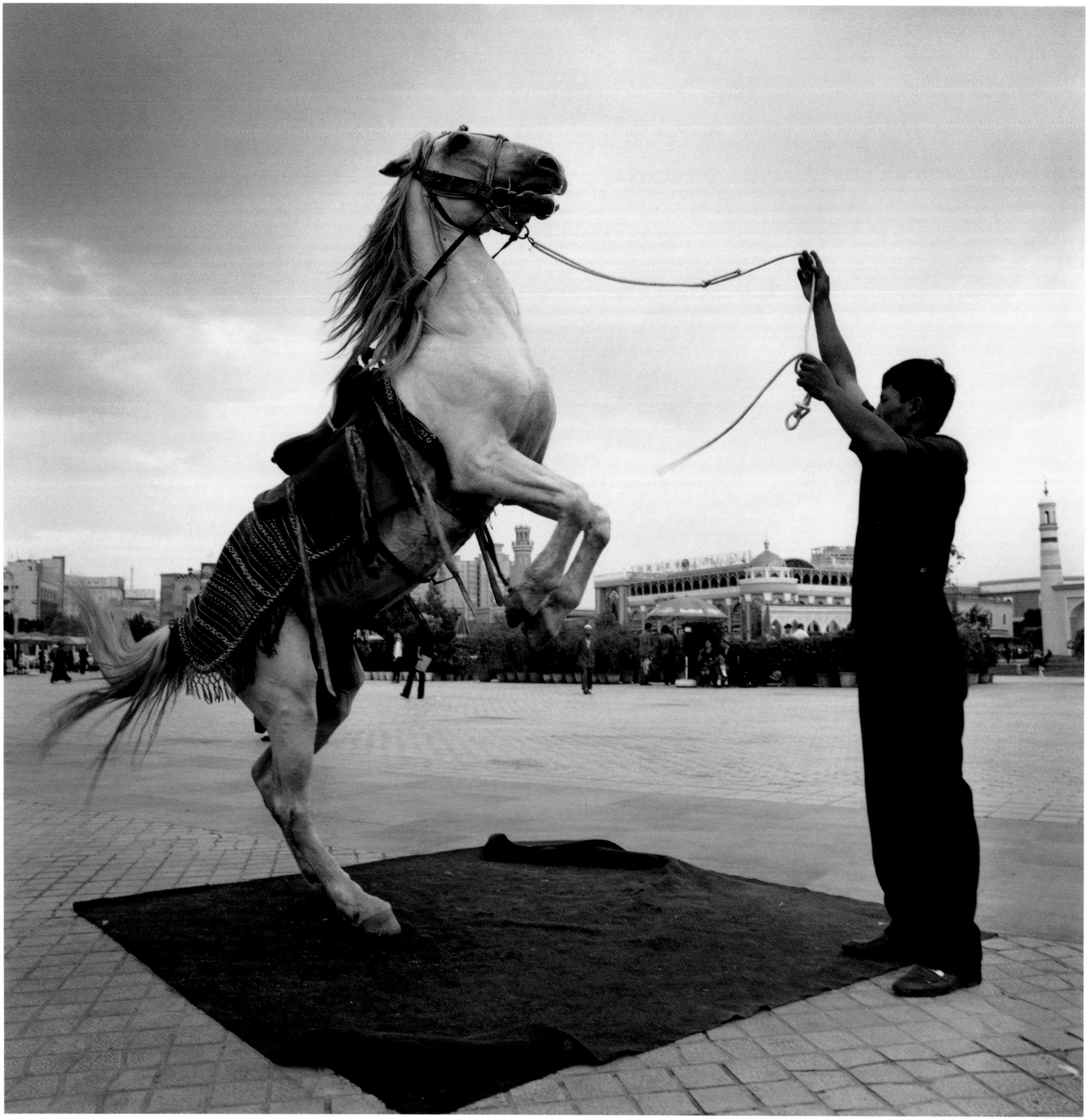

Kashgar, Xinjiang – 2010

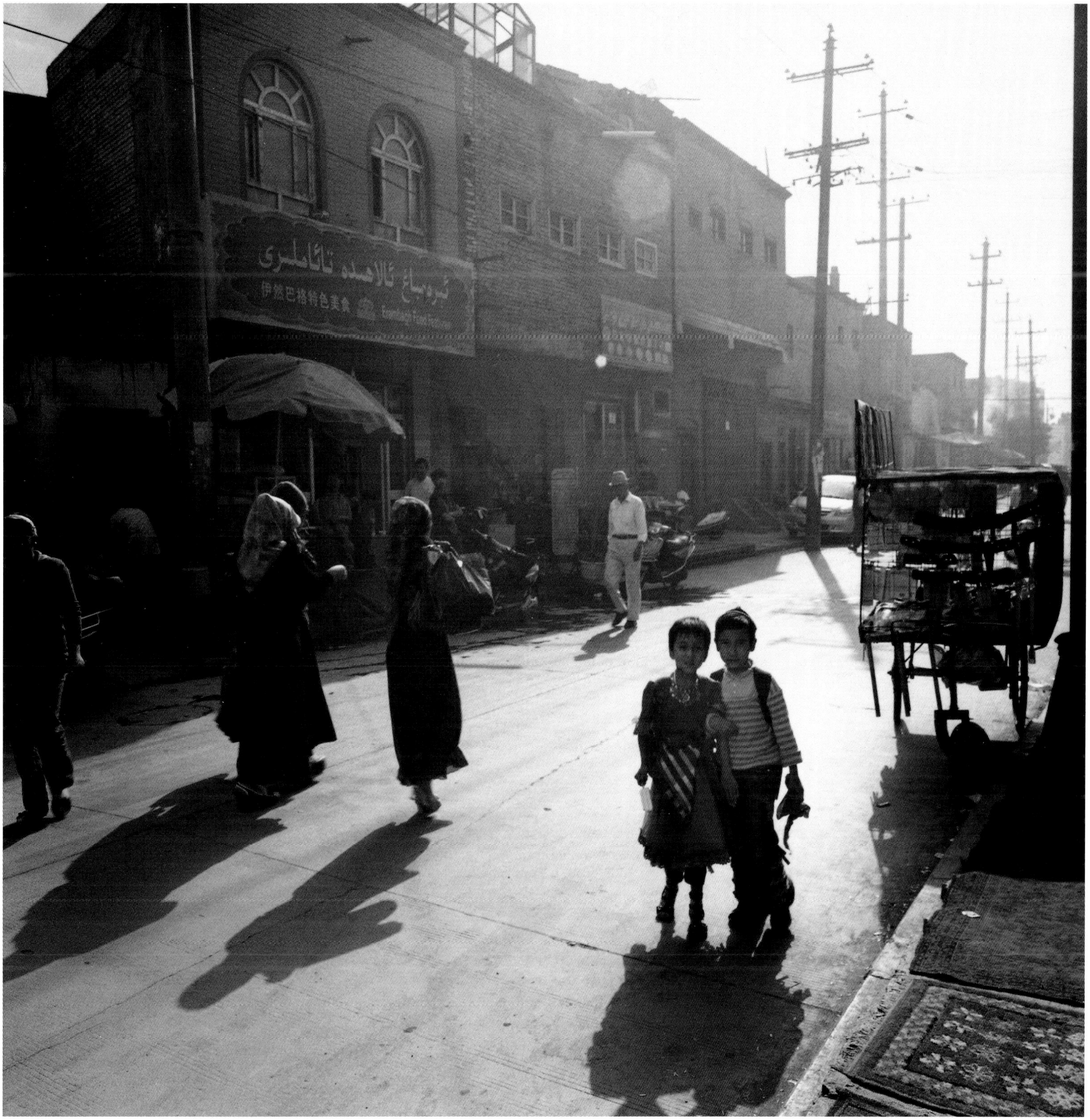

Kashgar, Xinjiang – 2010

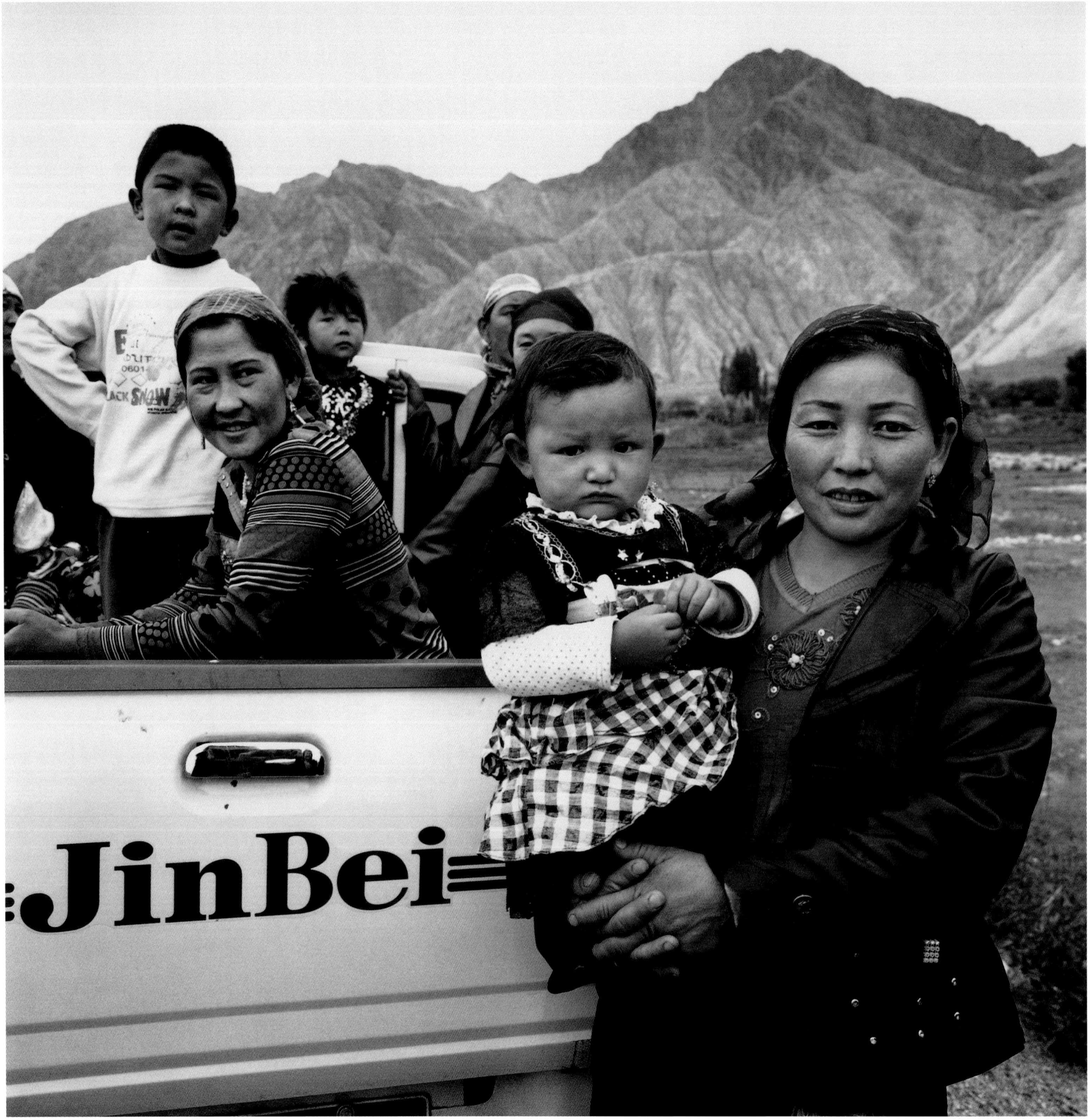

Near Tashkurgan, Xinjiang – 2010

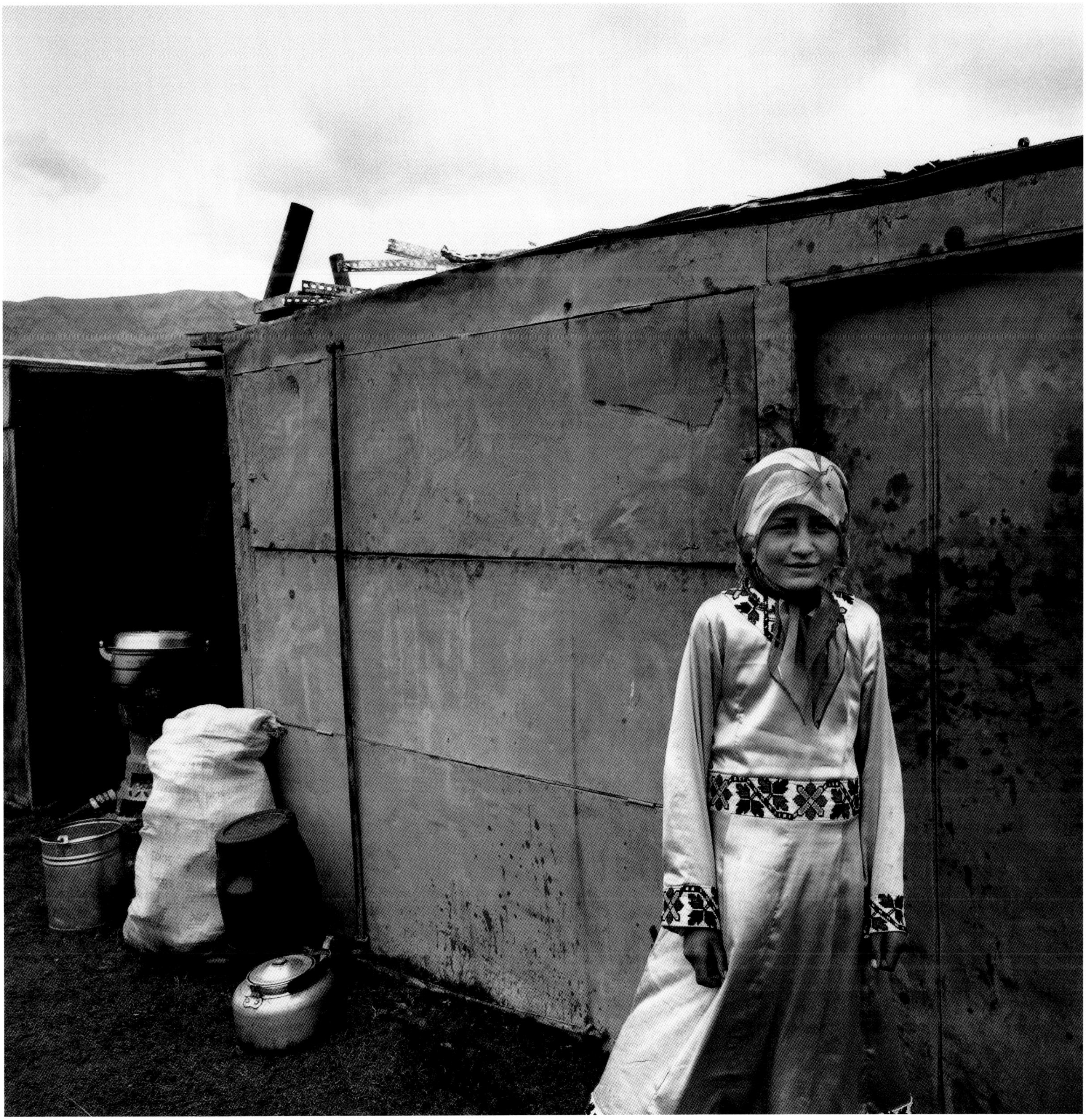

Tashkurgan, Xinjiang – 2010

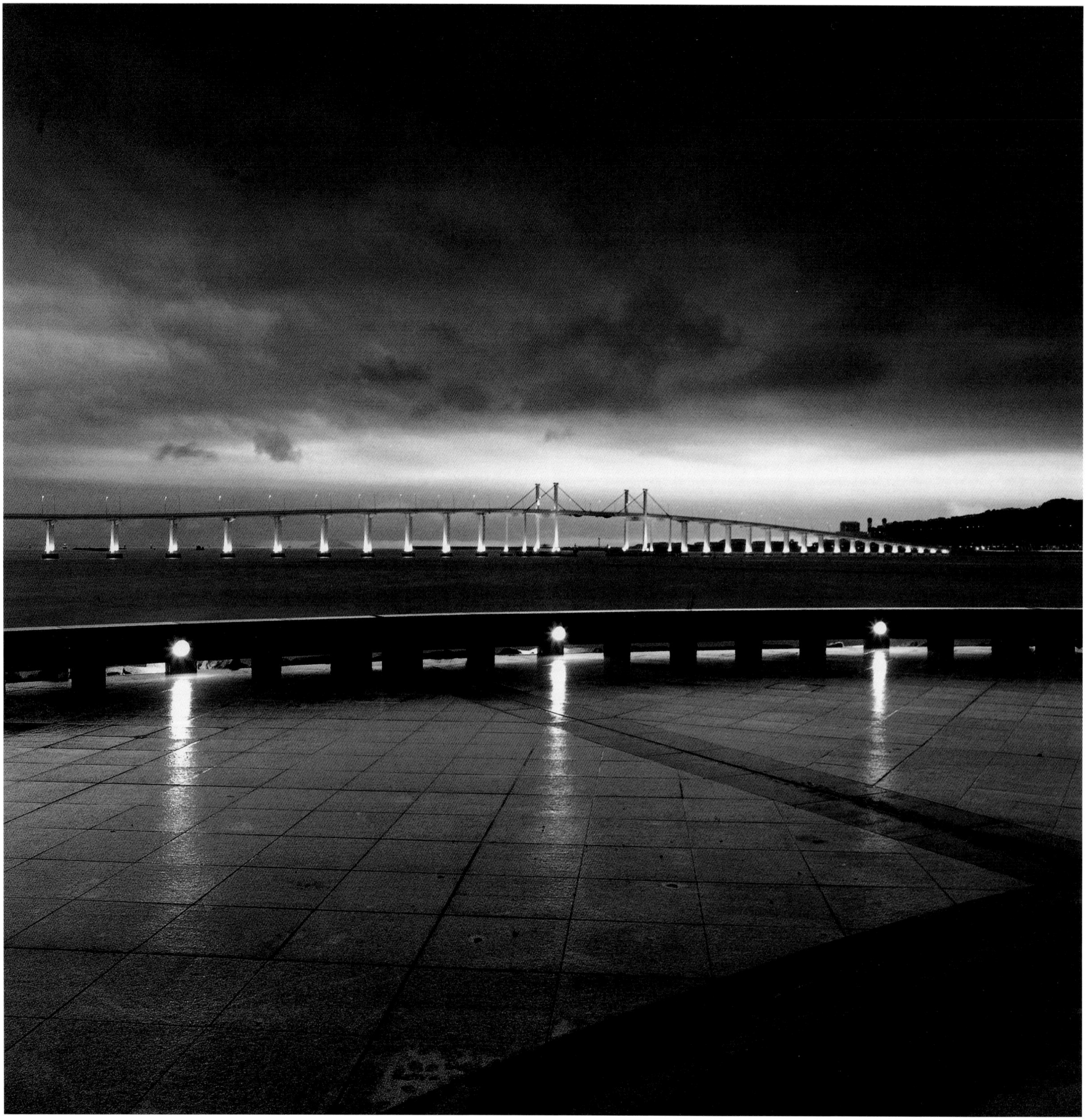

Macau – 2010

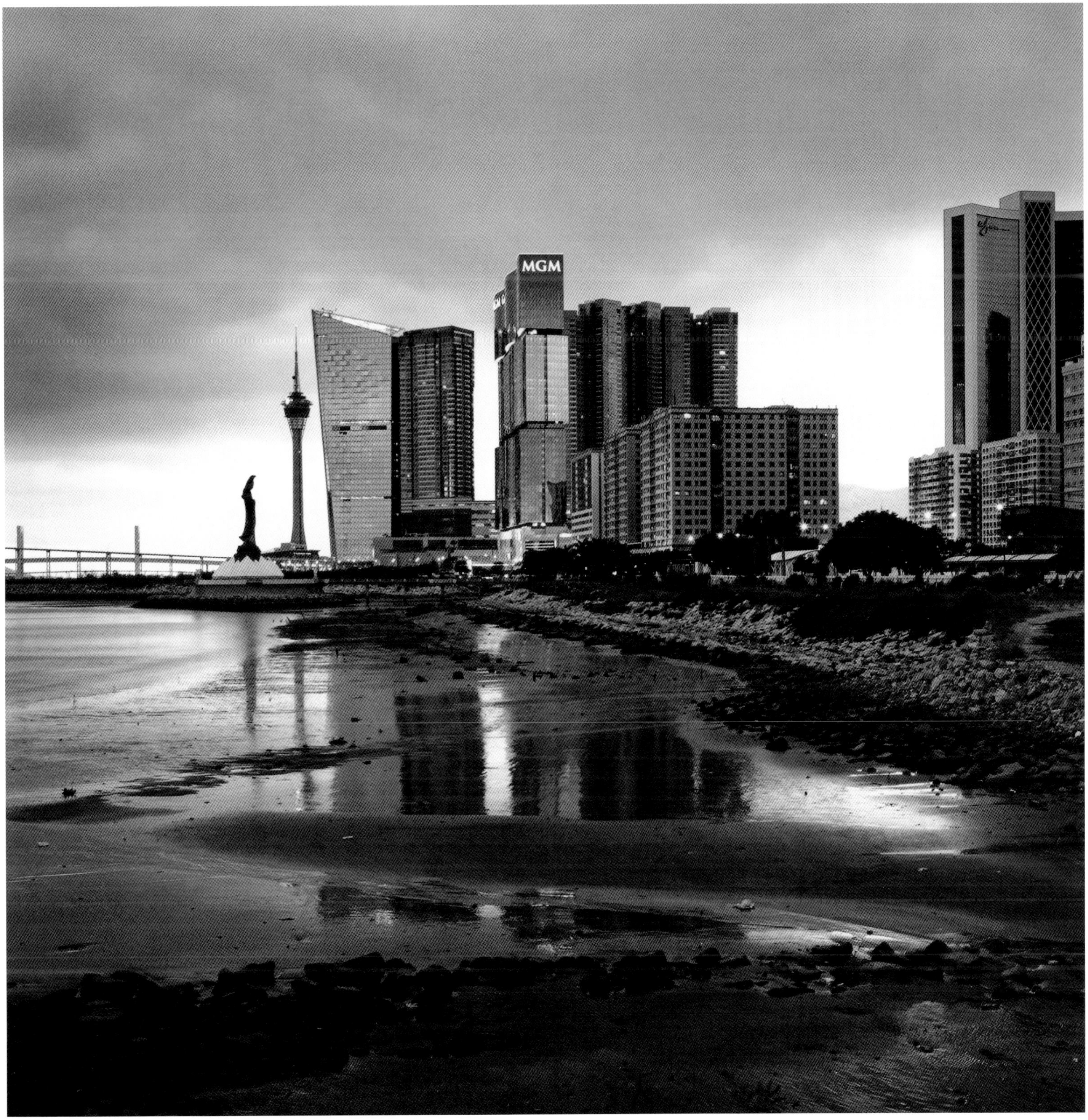

Macau – 2010

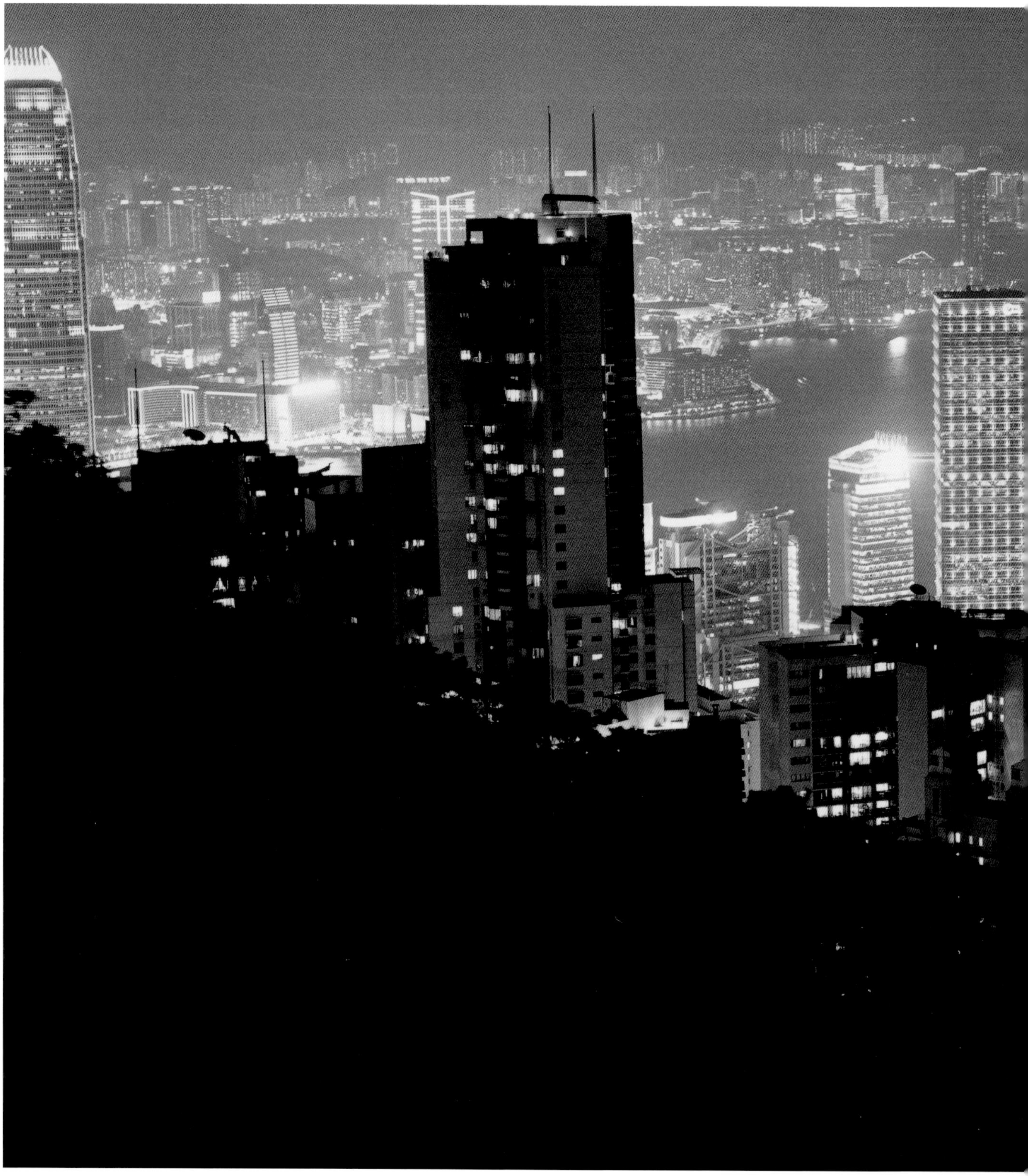

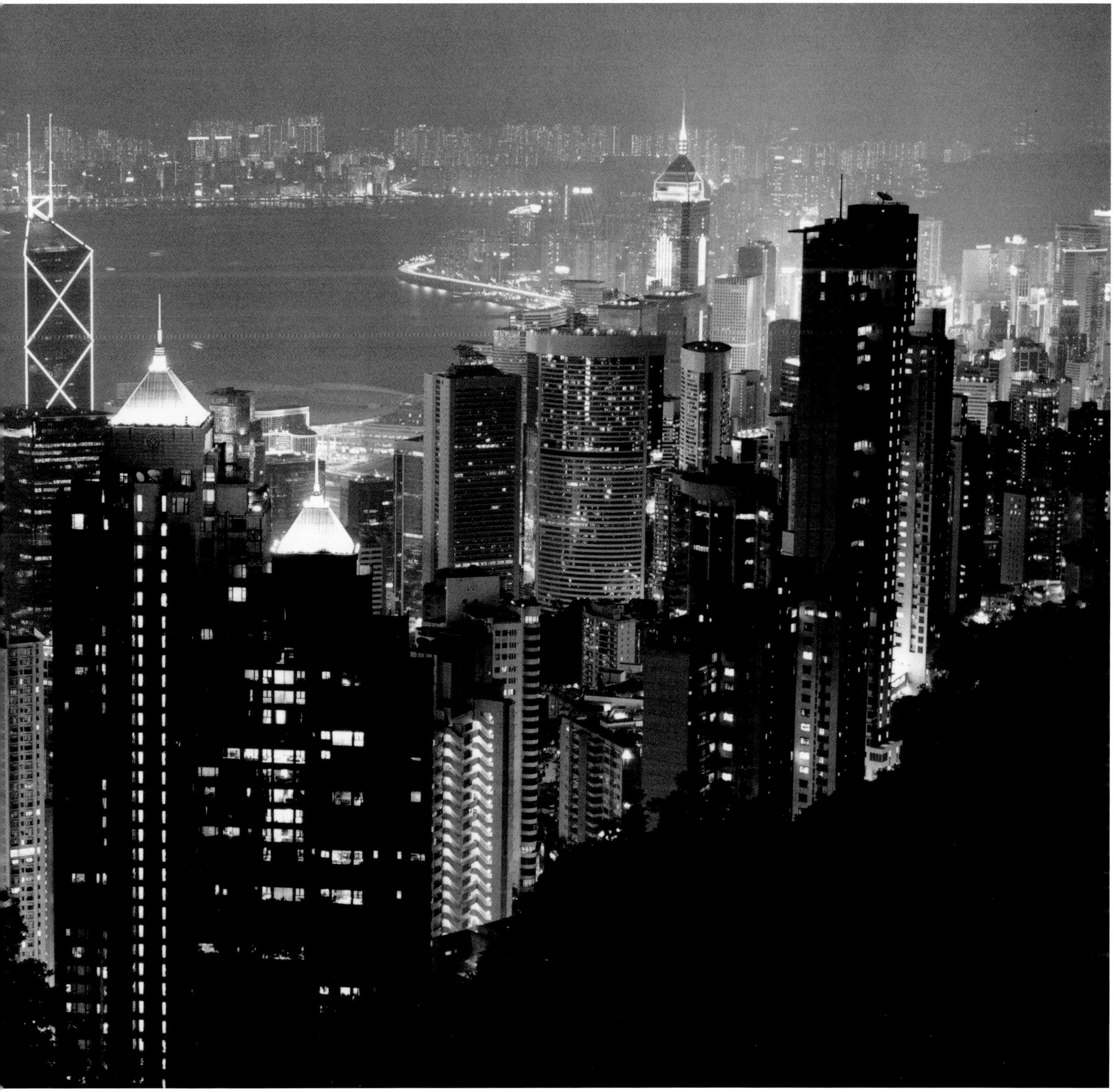

Hong Kong, View from Victoria Peak · 2009

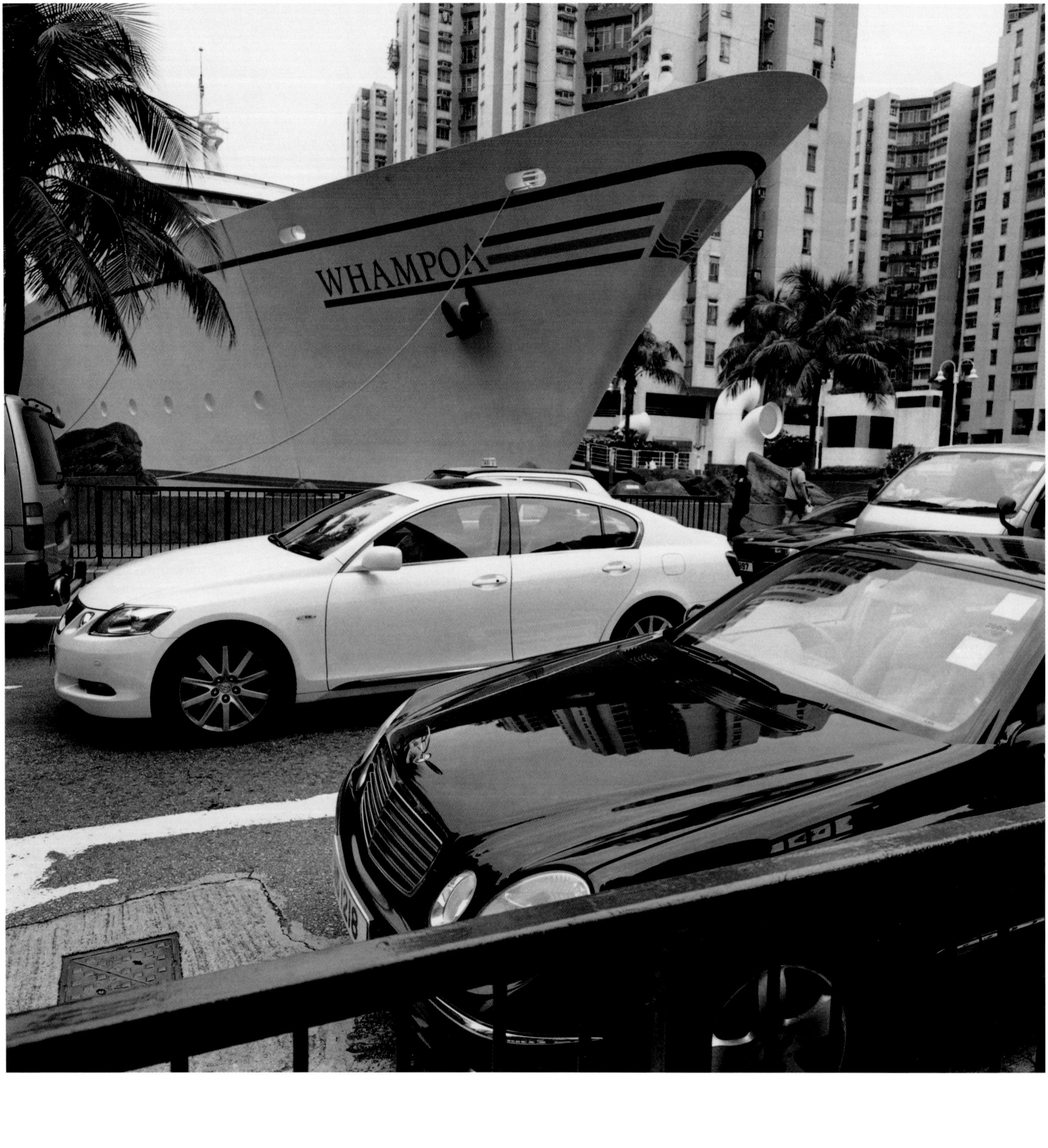

Hong Kong – 2009

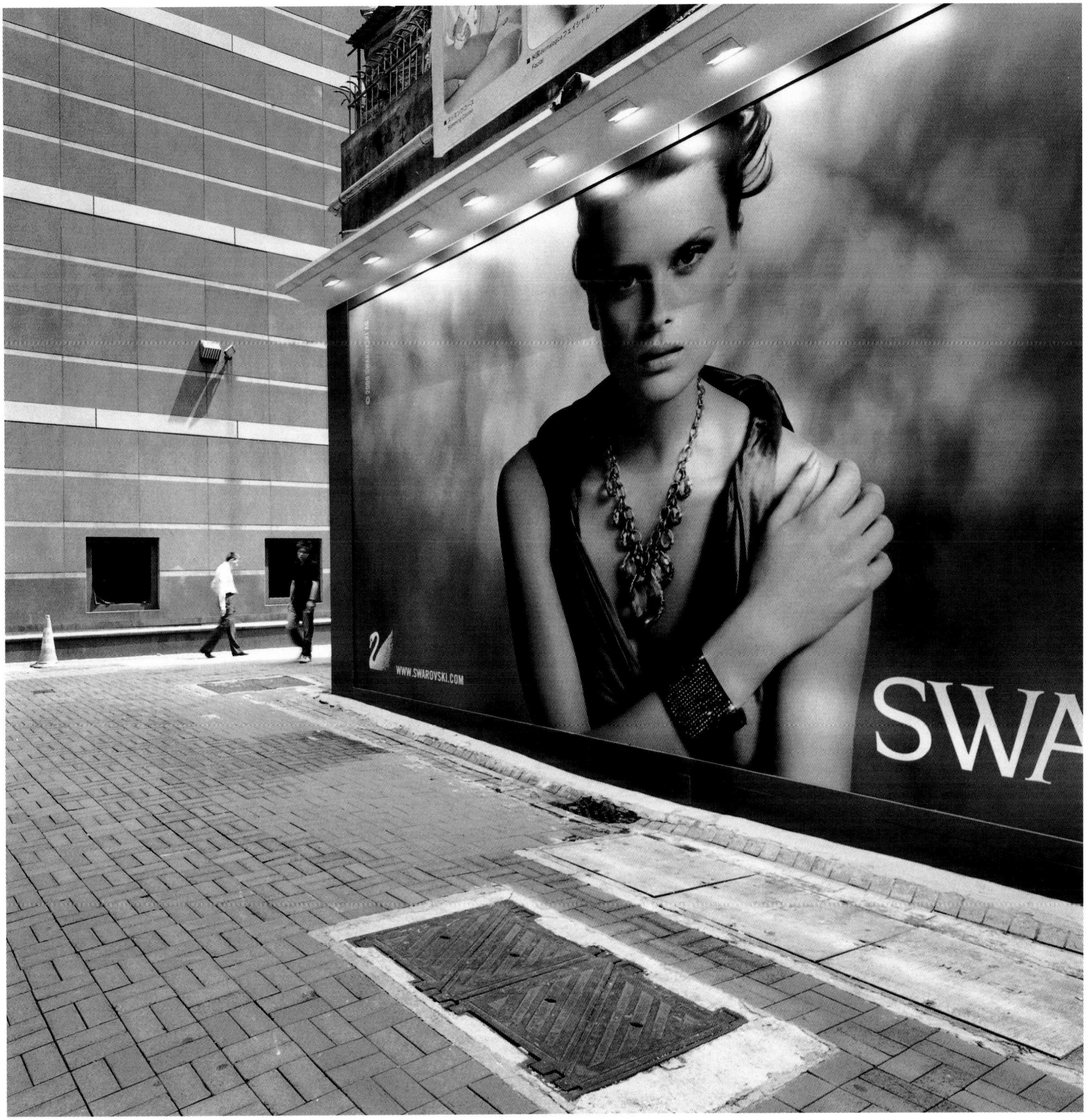

Hong Kong – 2009

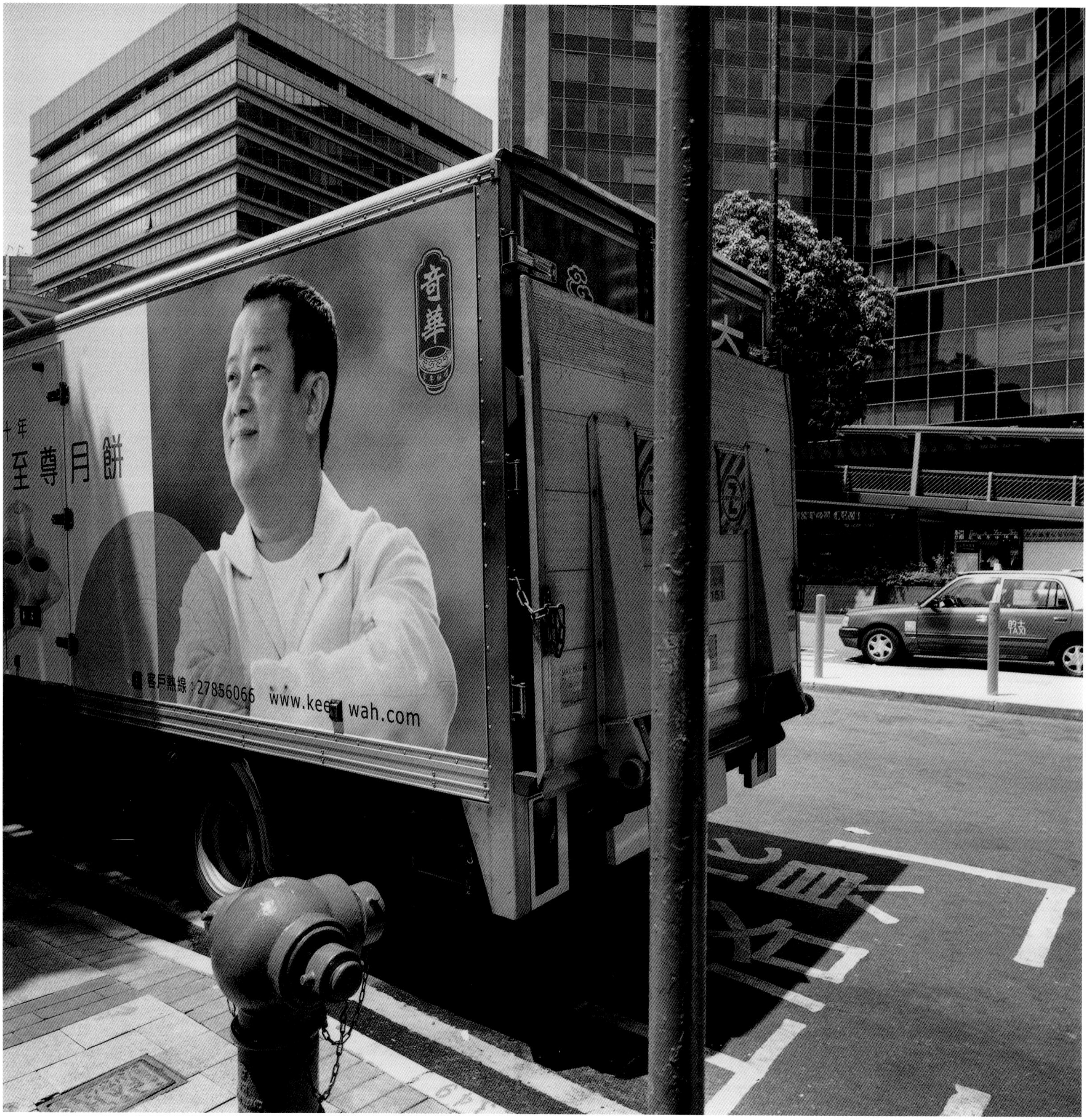

Hong Kong – 2009

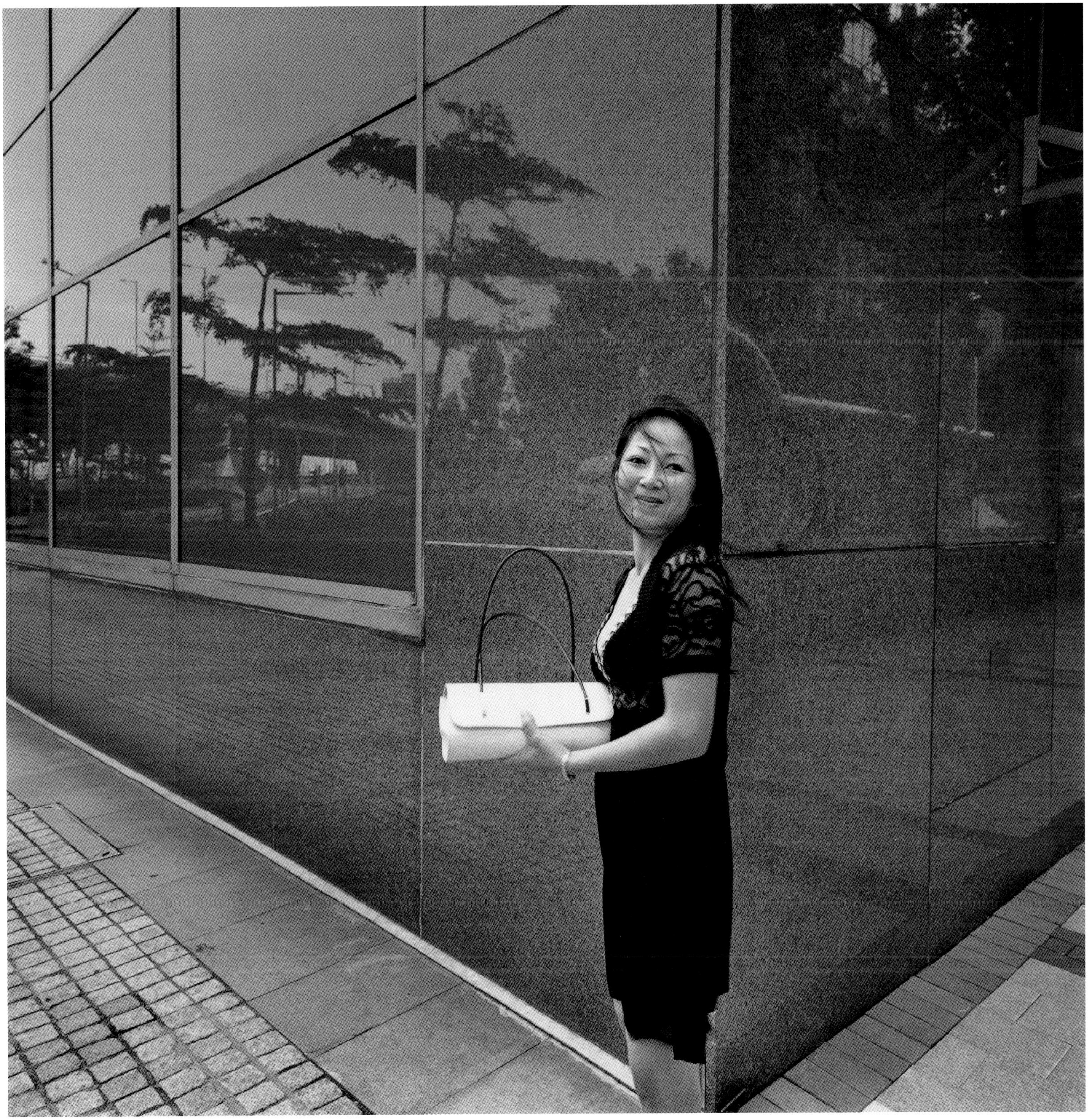

Hong Kong – 2009

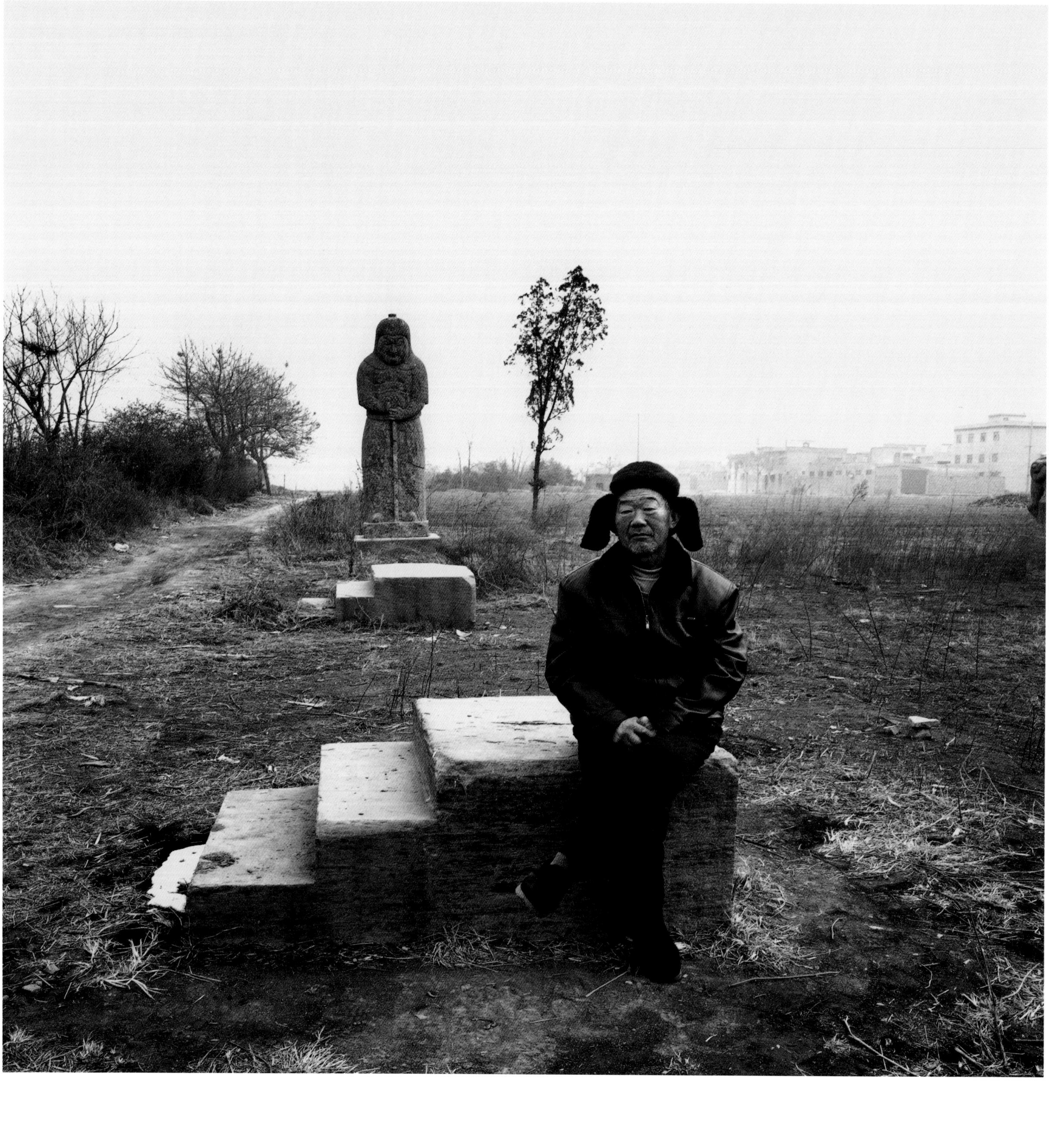

Gongyi, Henan – 2010

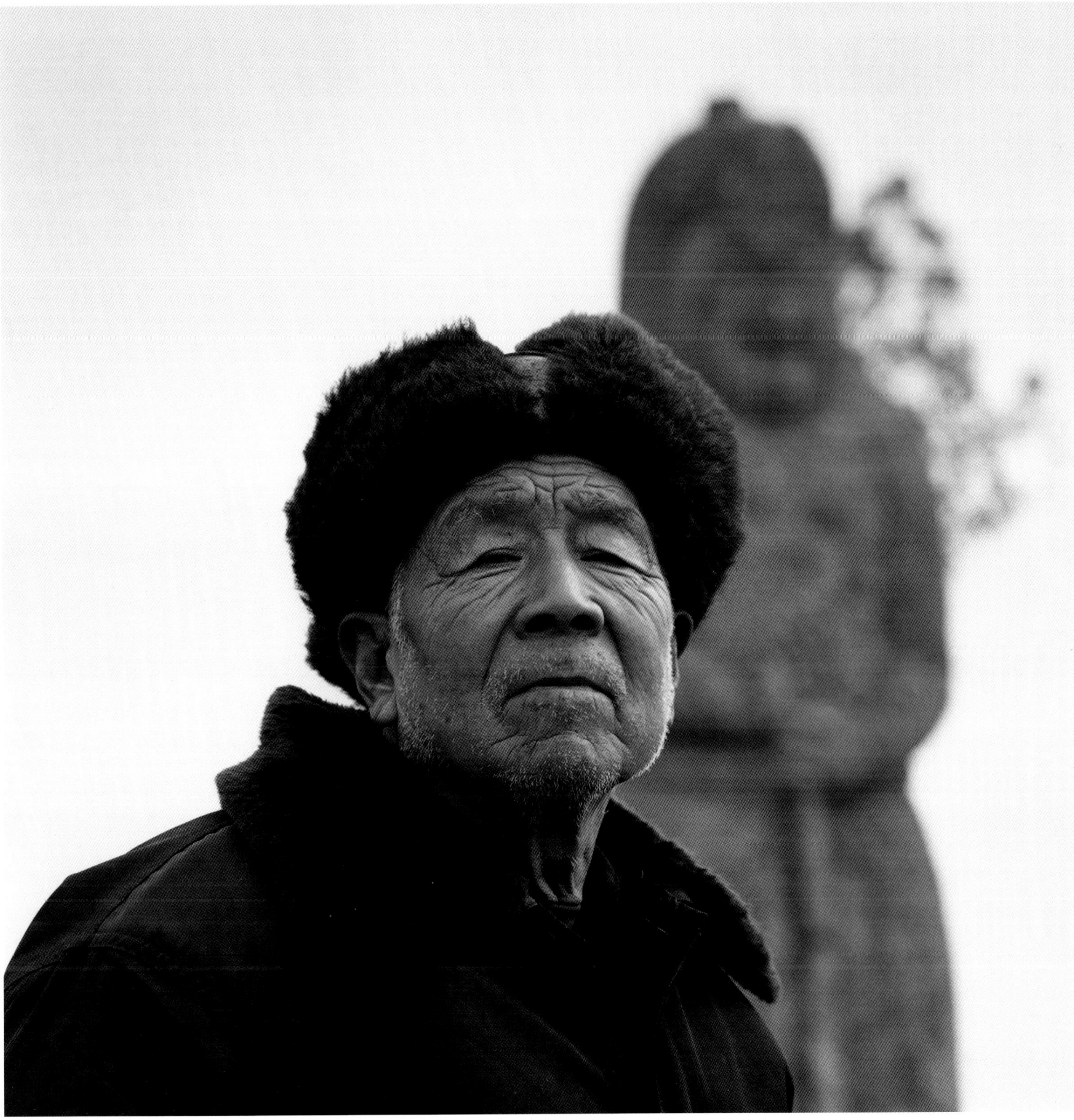

153

Gongyi, Henan – 2010

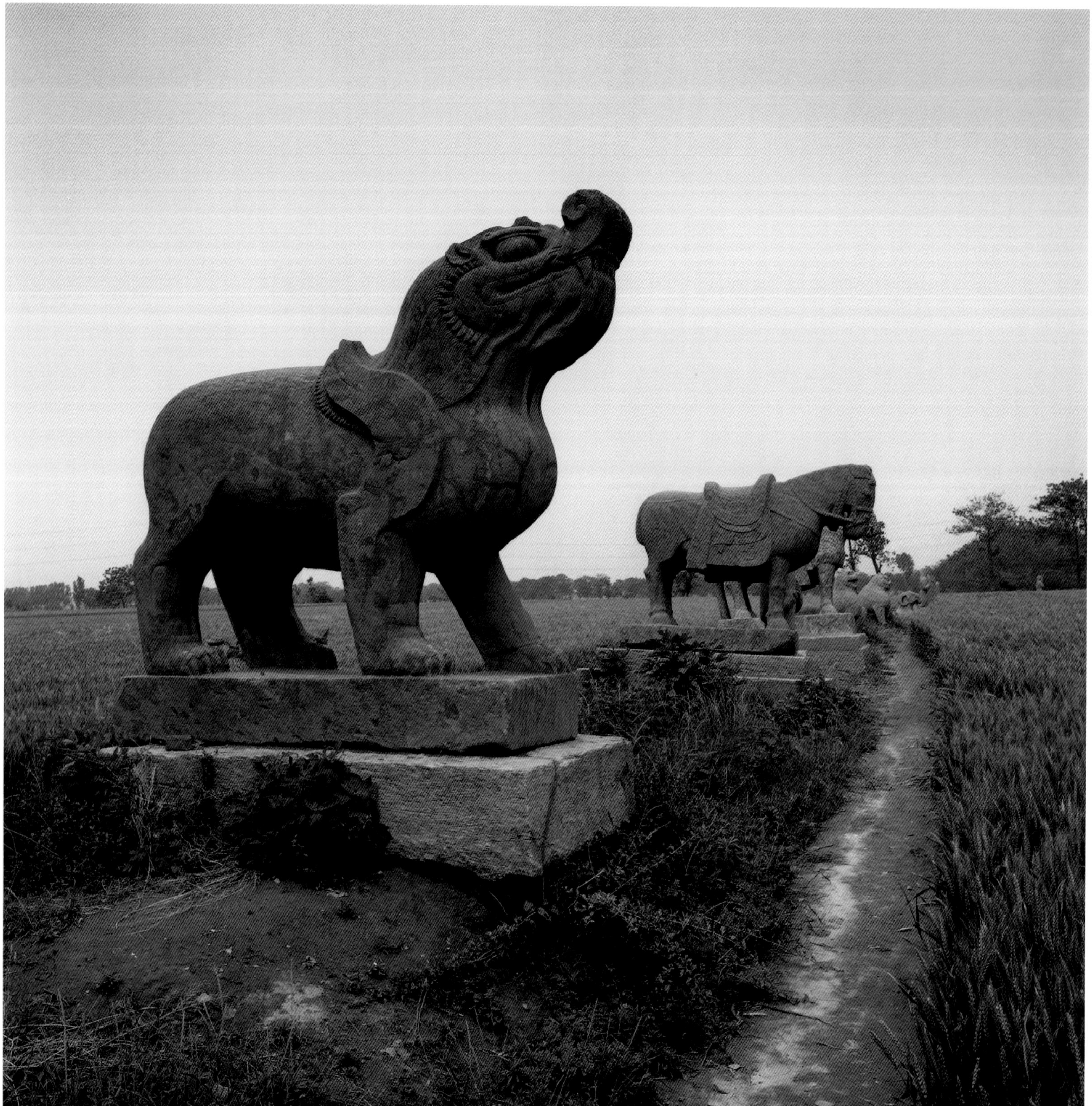

Gongyi, Henan – 2009

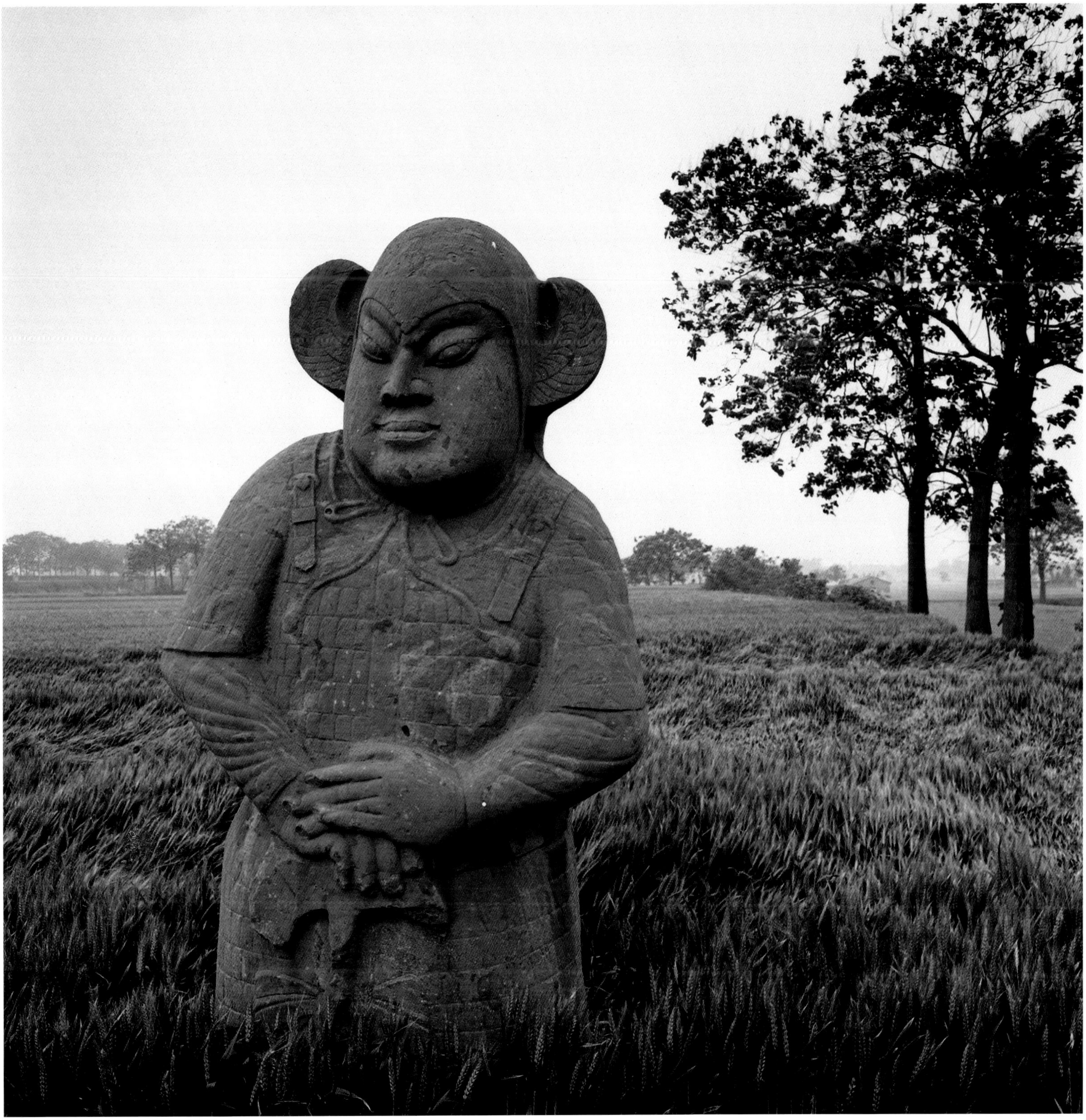

Gongyi, Henan – 2009

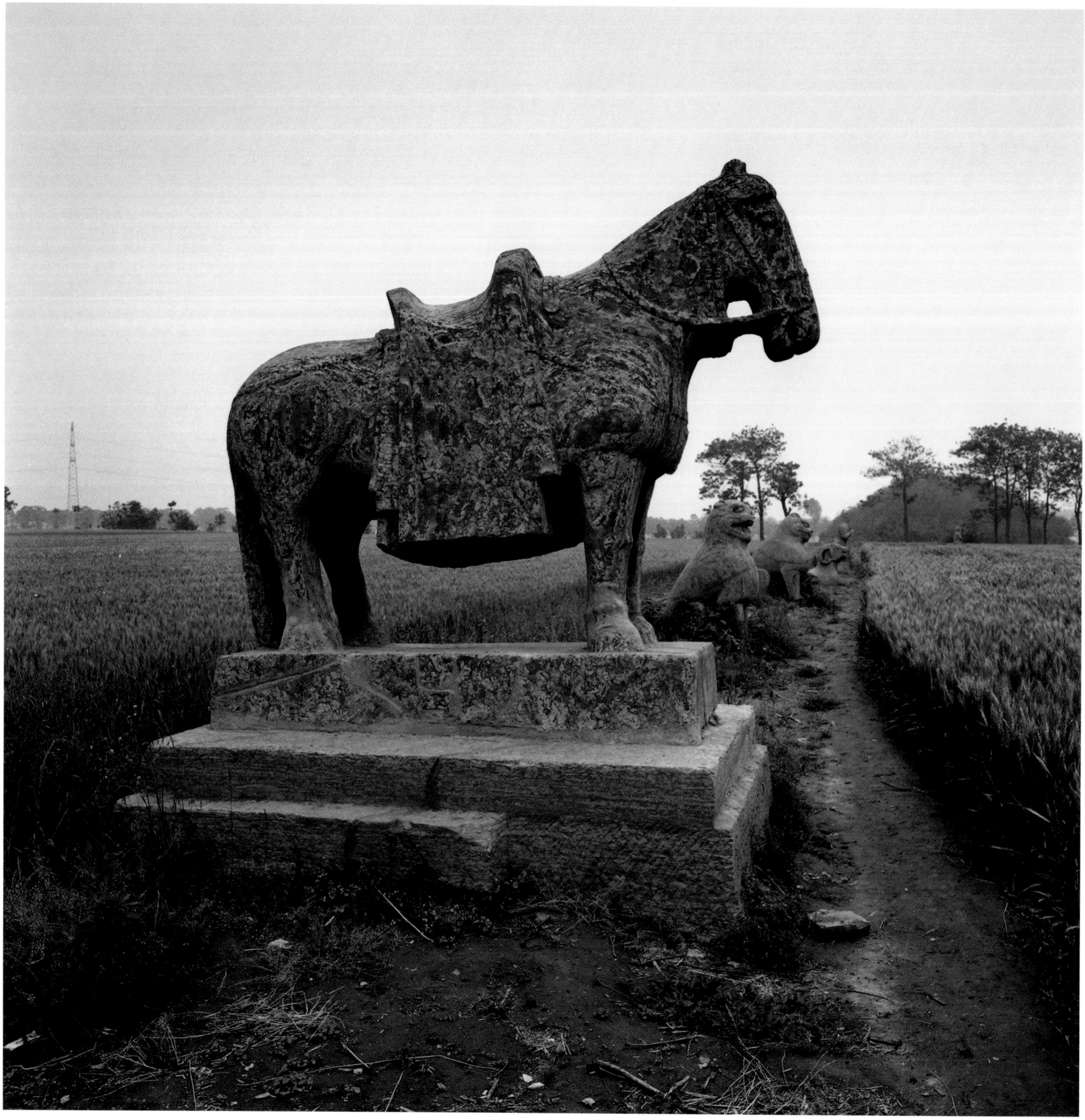

Gongyi, Henan – 2009

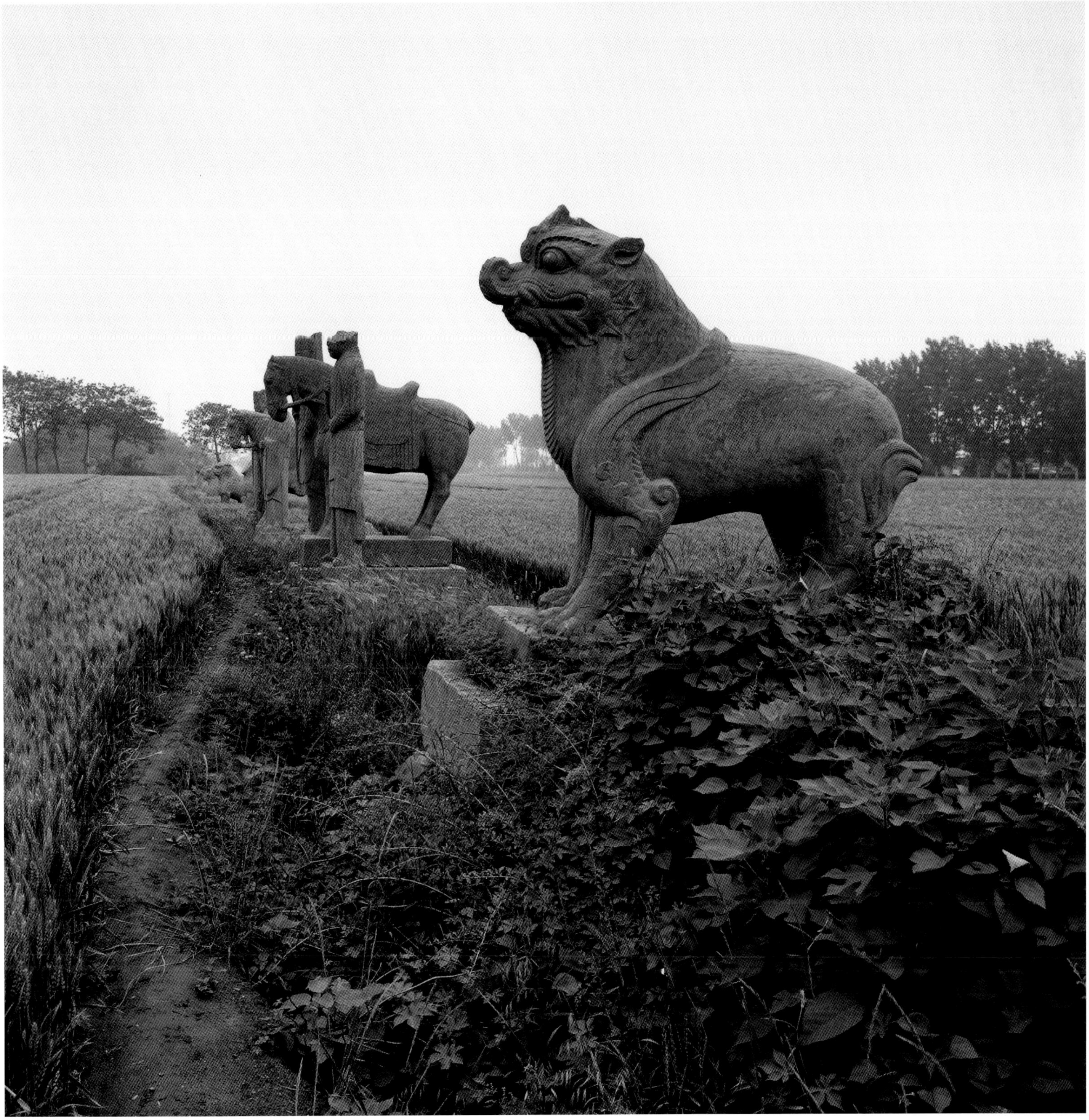

Gongyi, Henan – 2009

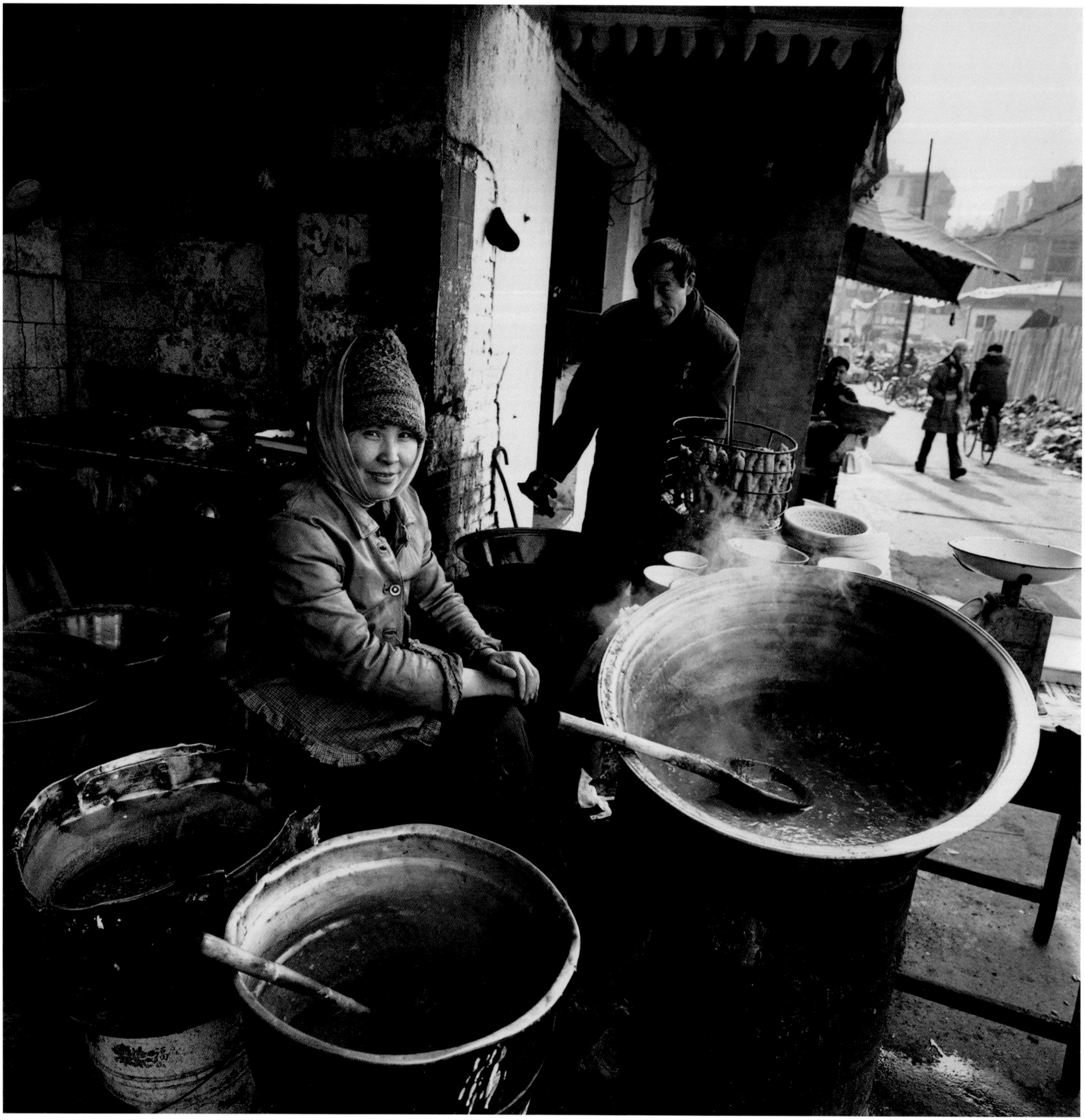

Zhengzhou, Henan – 2008

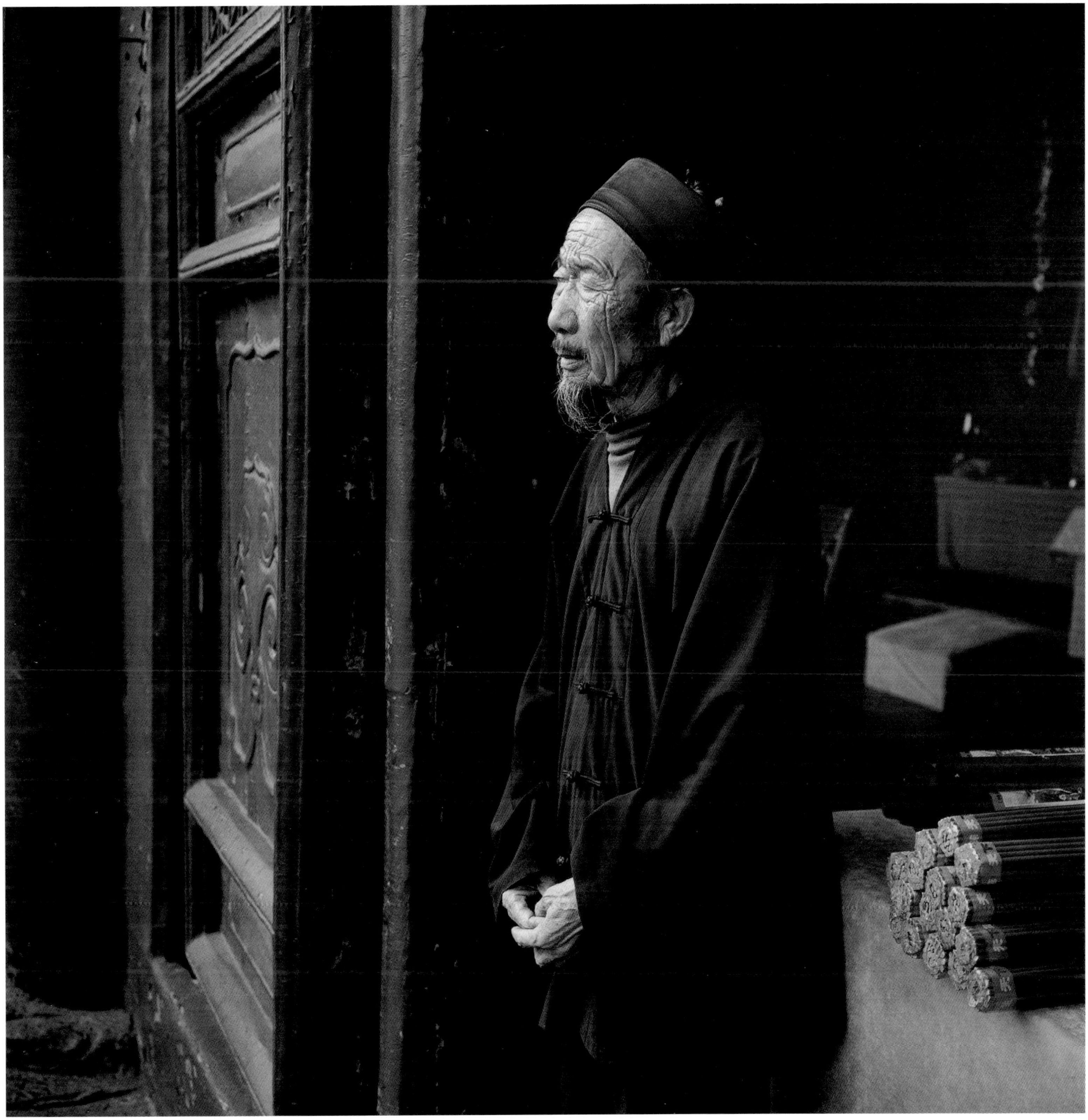

Gaocheng, Henan – 2005

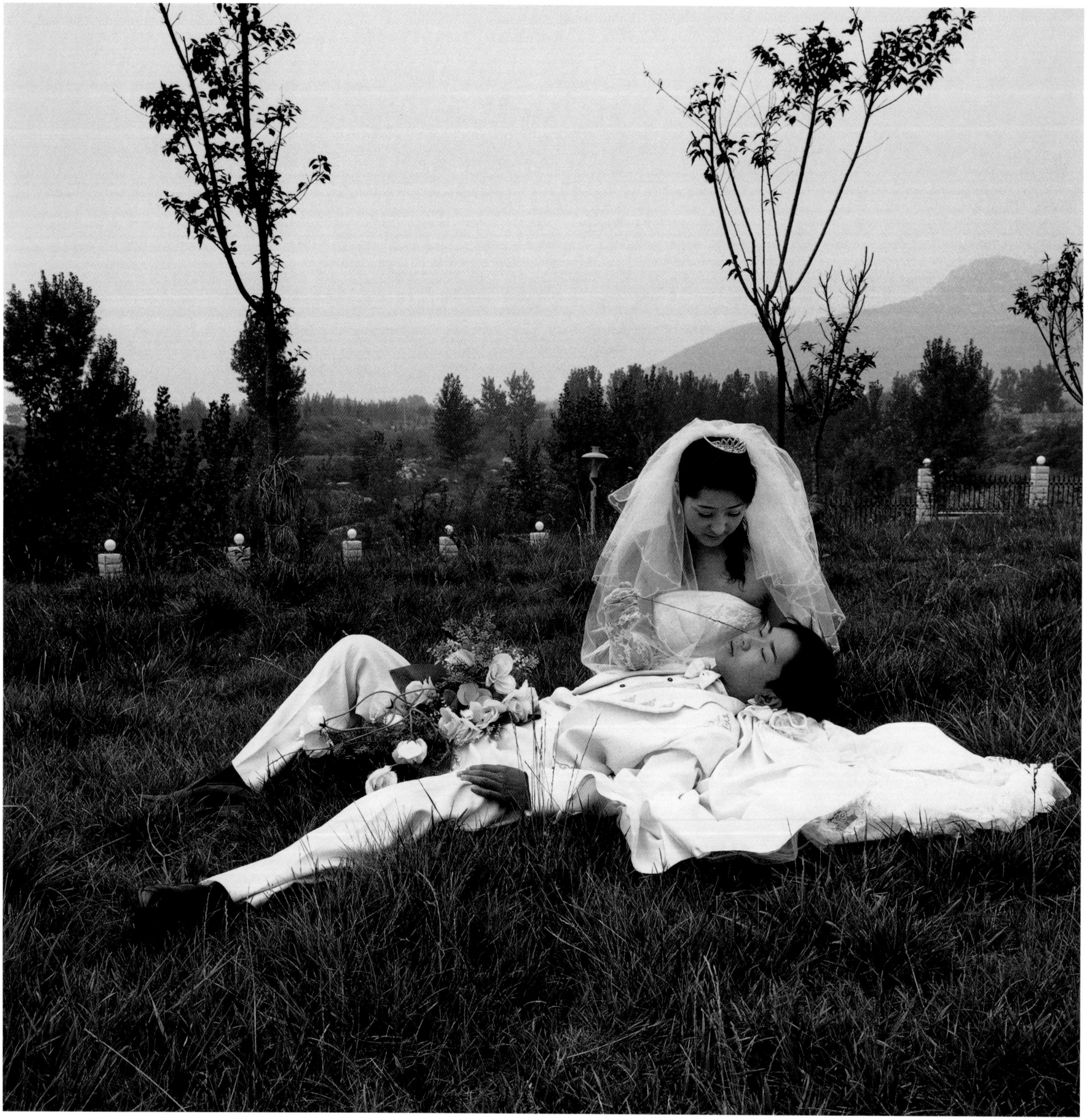

Dengfeng, Henan – 2005

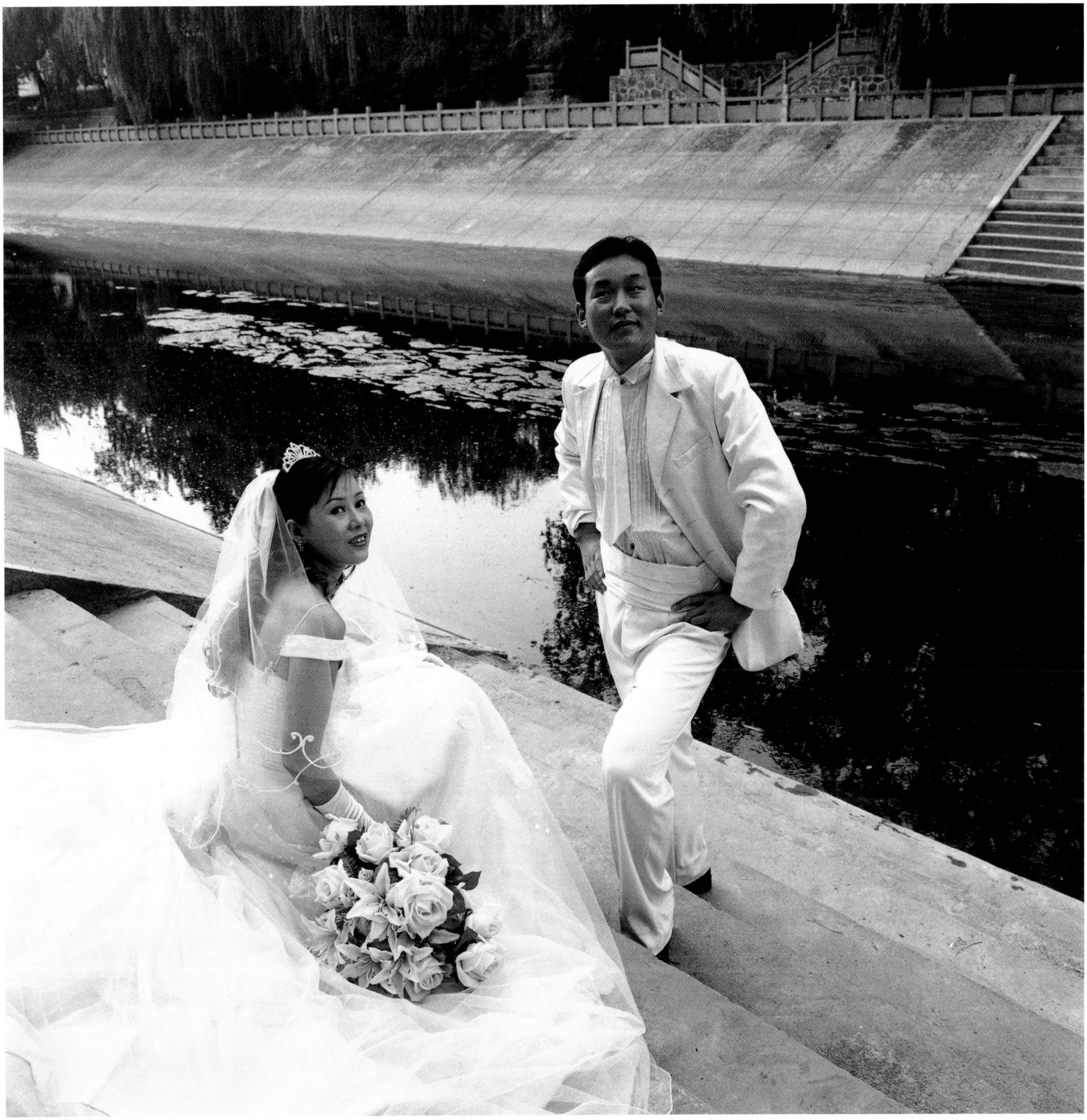

Zhengzhou, Henan – 2005

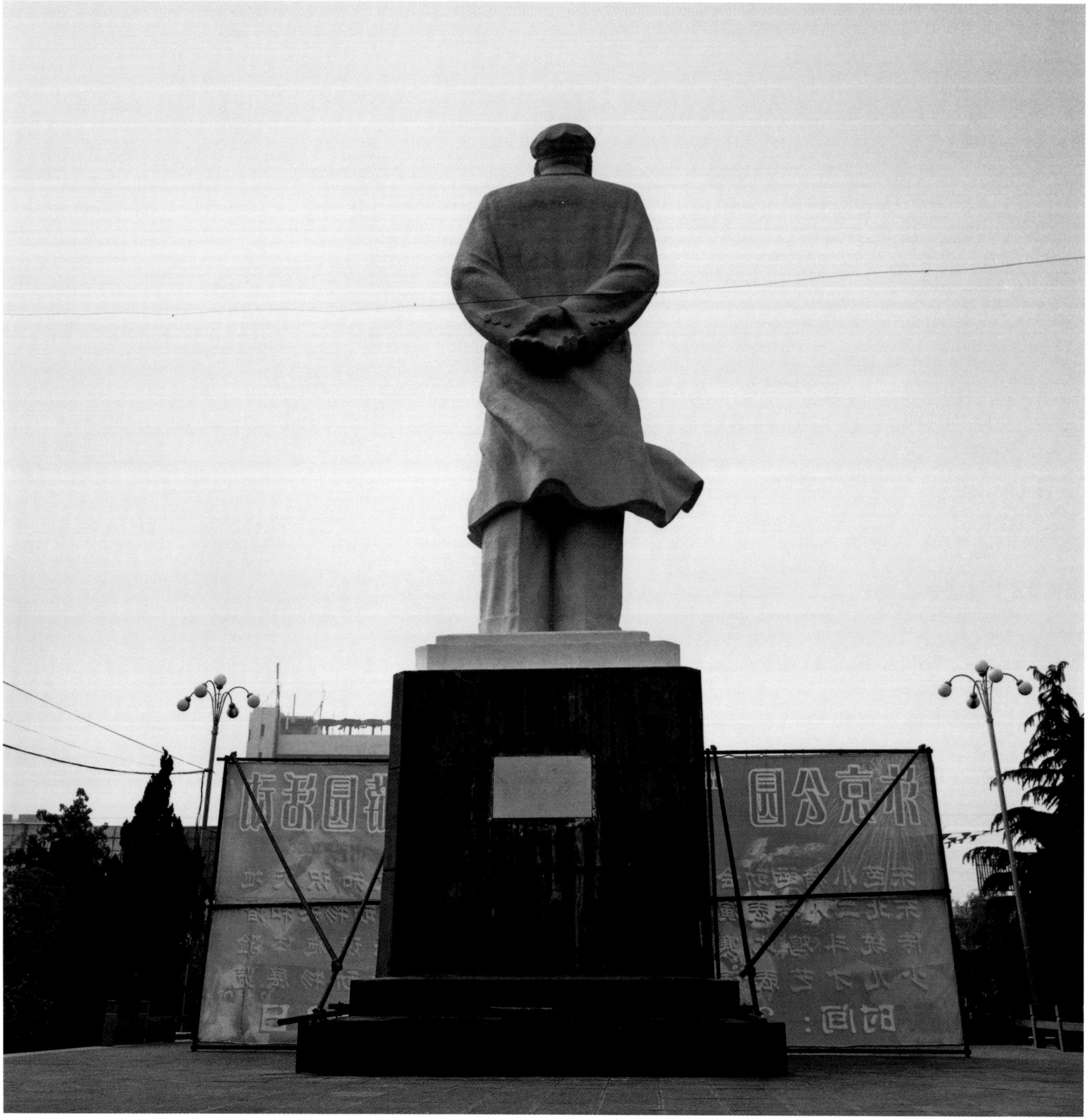

Kaifeng, Henan – 2007

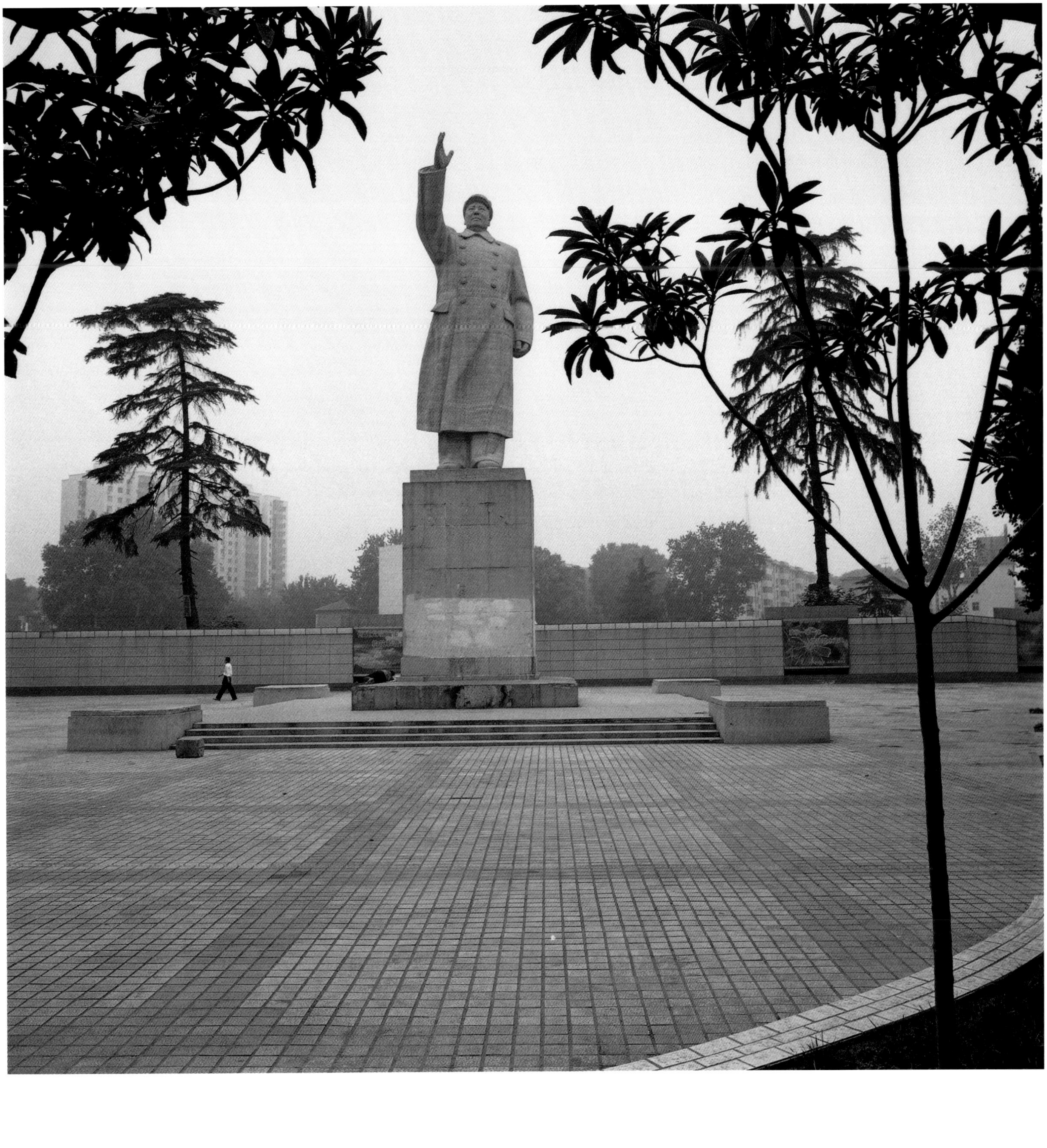

Zhengzhou, Henan – 2005

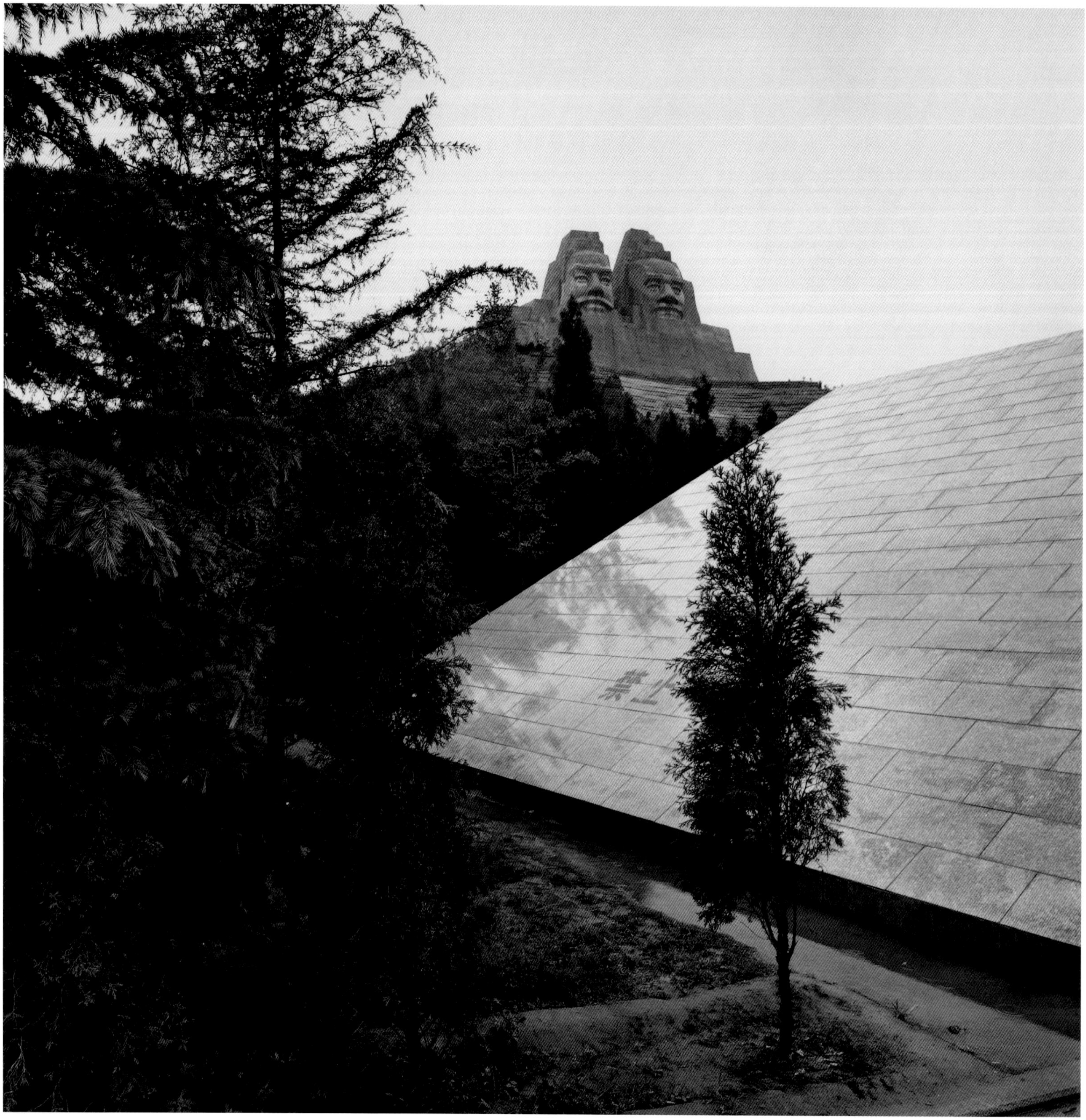

Near Zhengzhou, Henan – 2009

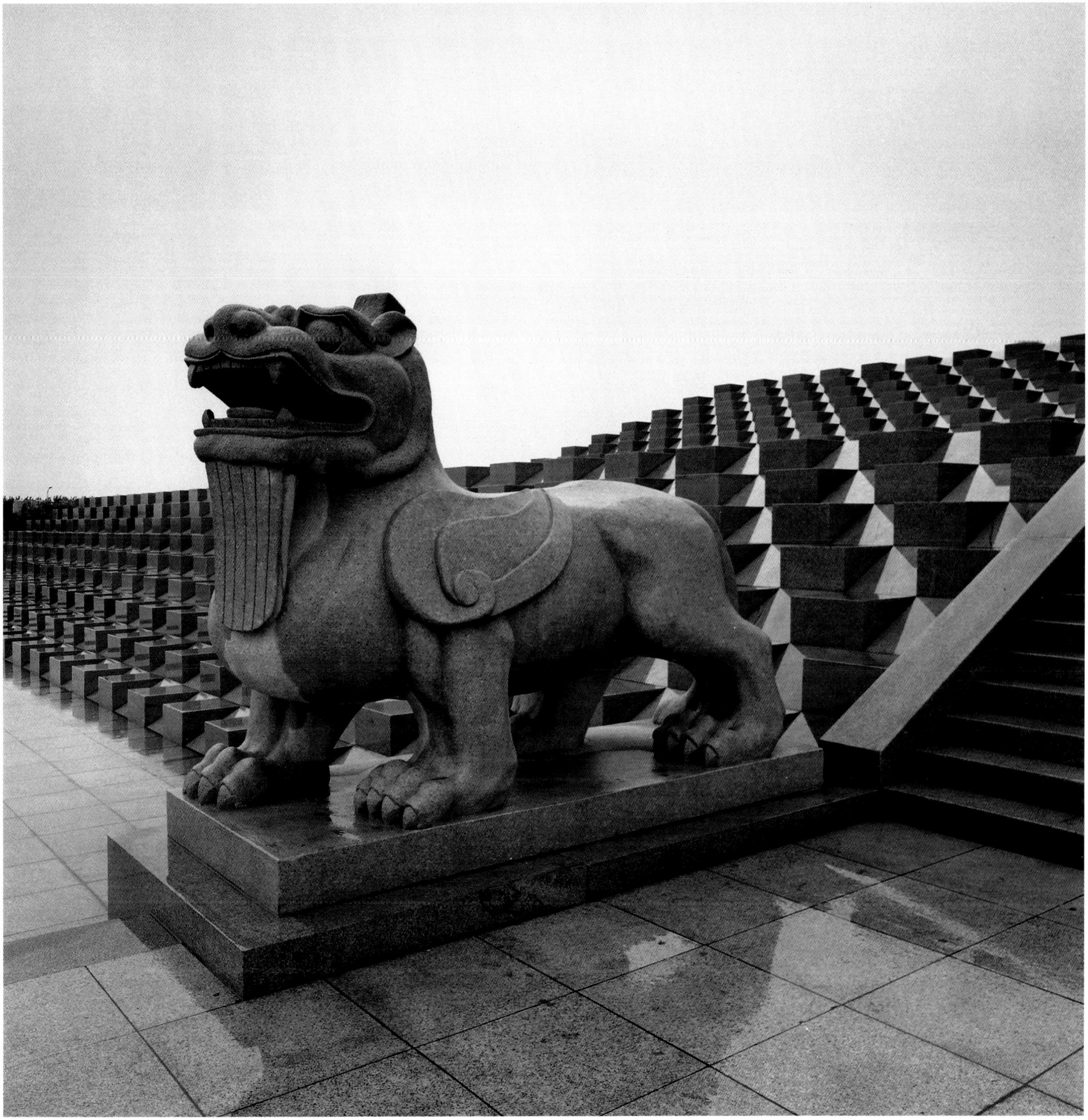

Near Zhengzhou, Henan – 2009

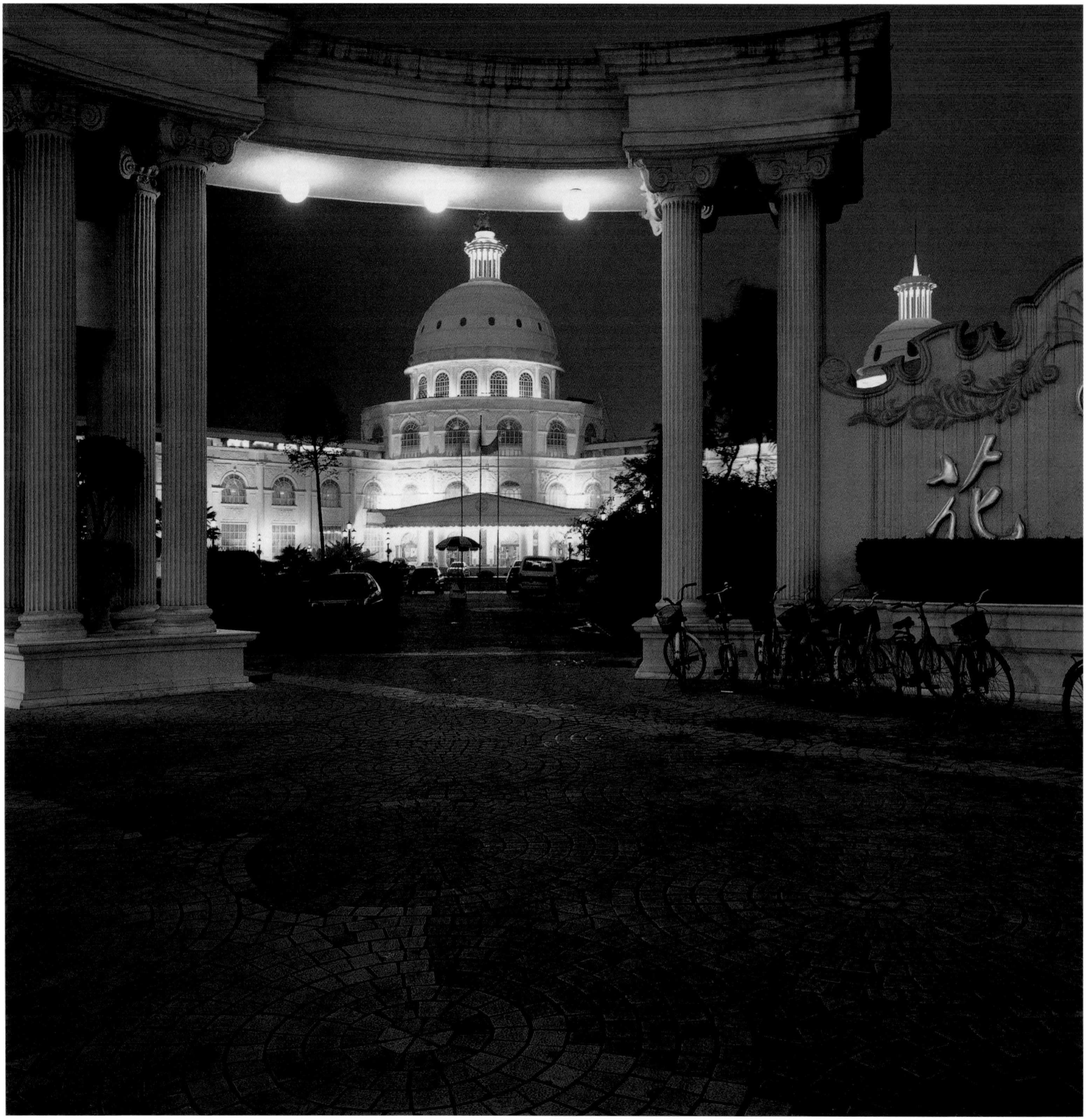

Zhengzhou, Henan – 2005

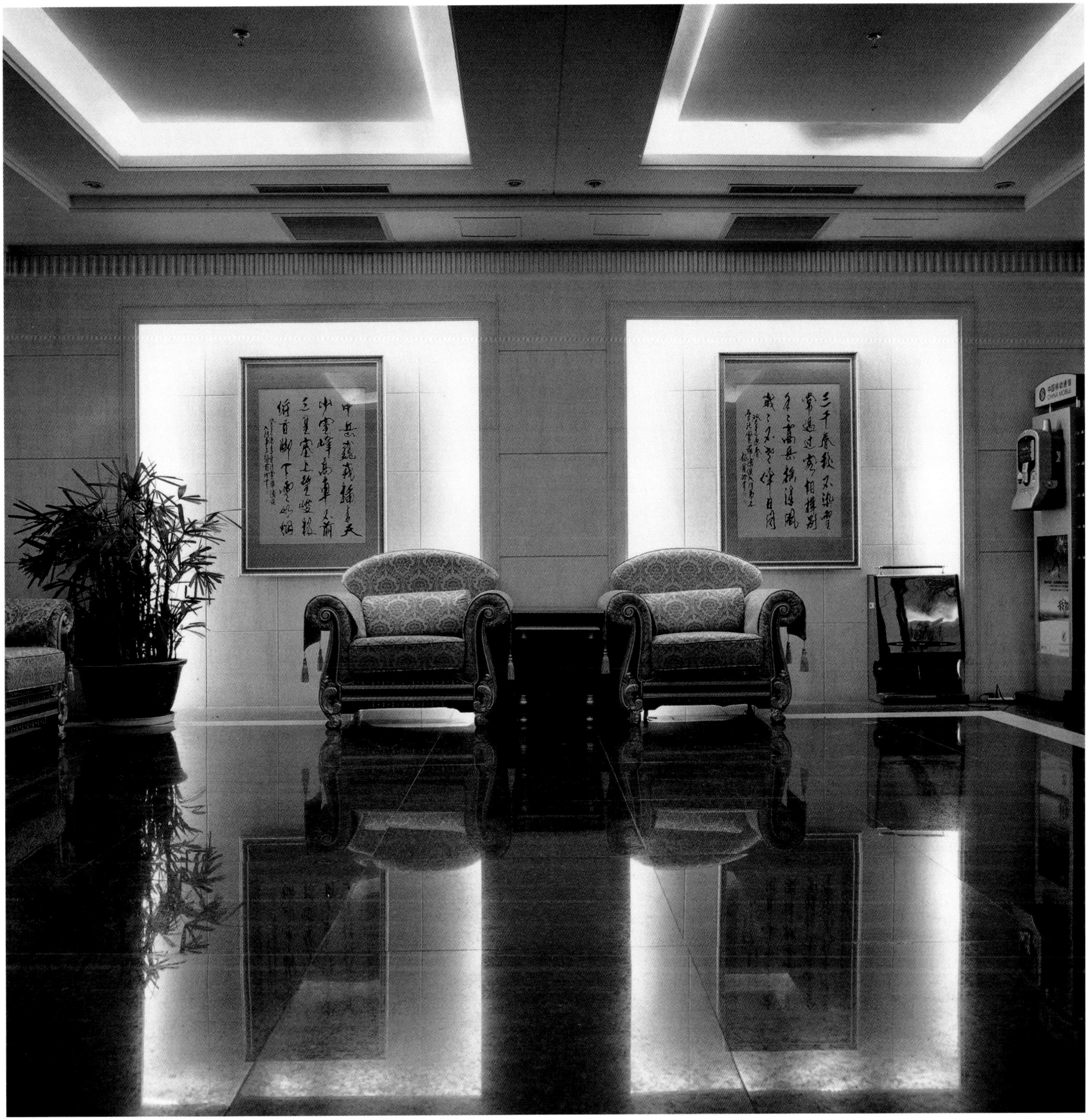

Zhengzhou, Songshan Hotel, Henan – 2005

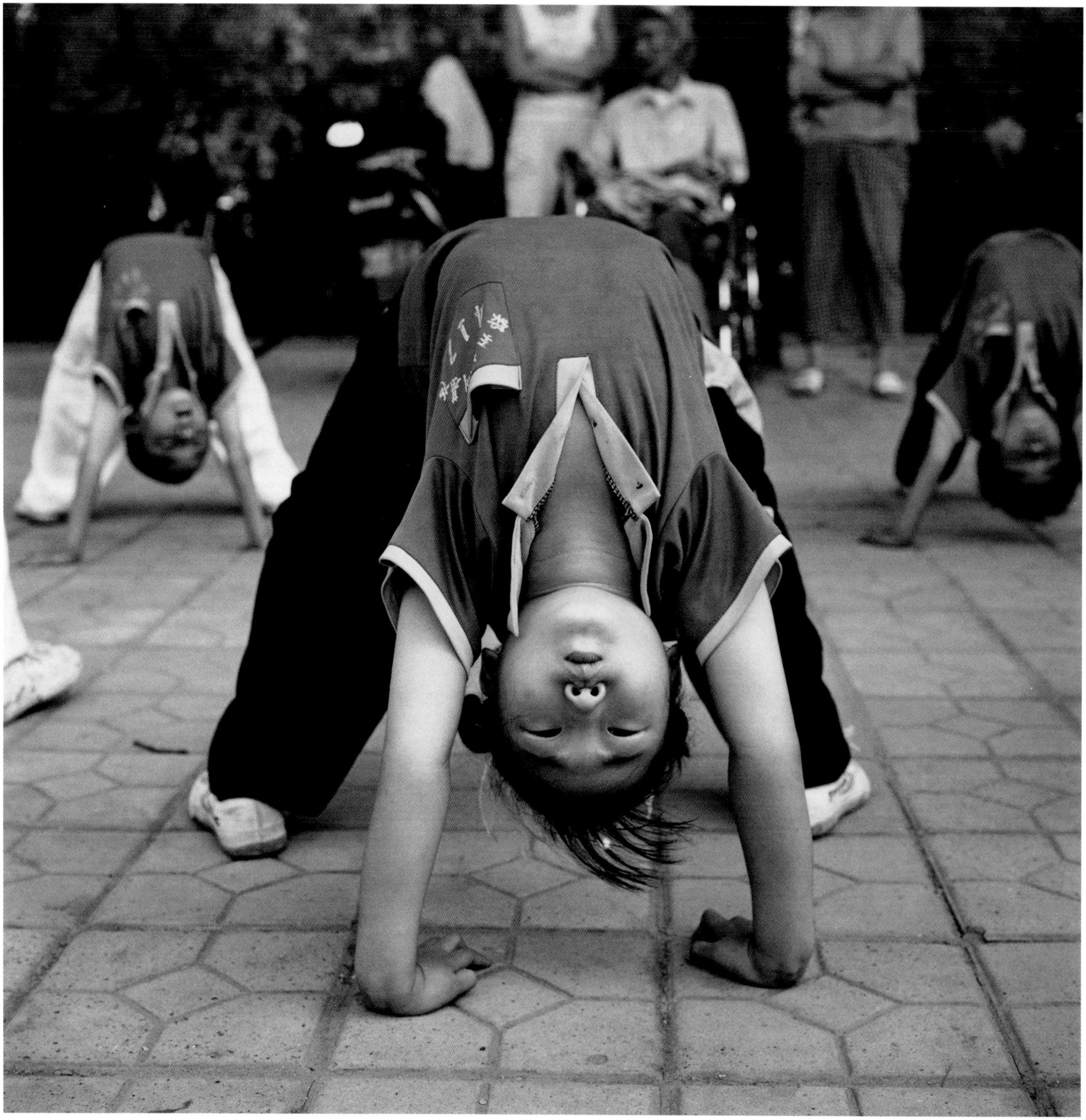

Zhengzhou, Henan – 2005

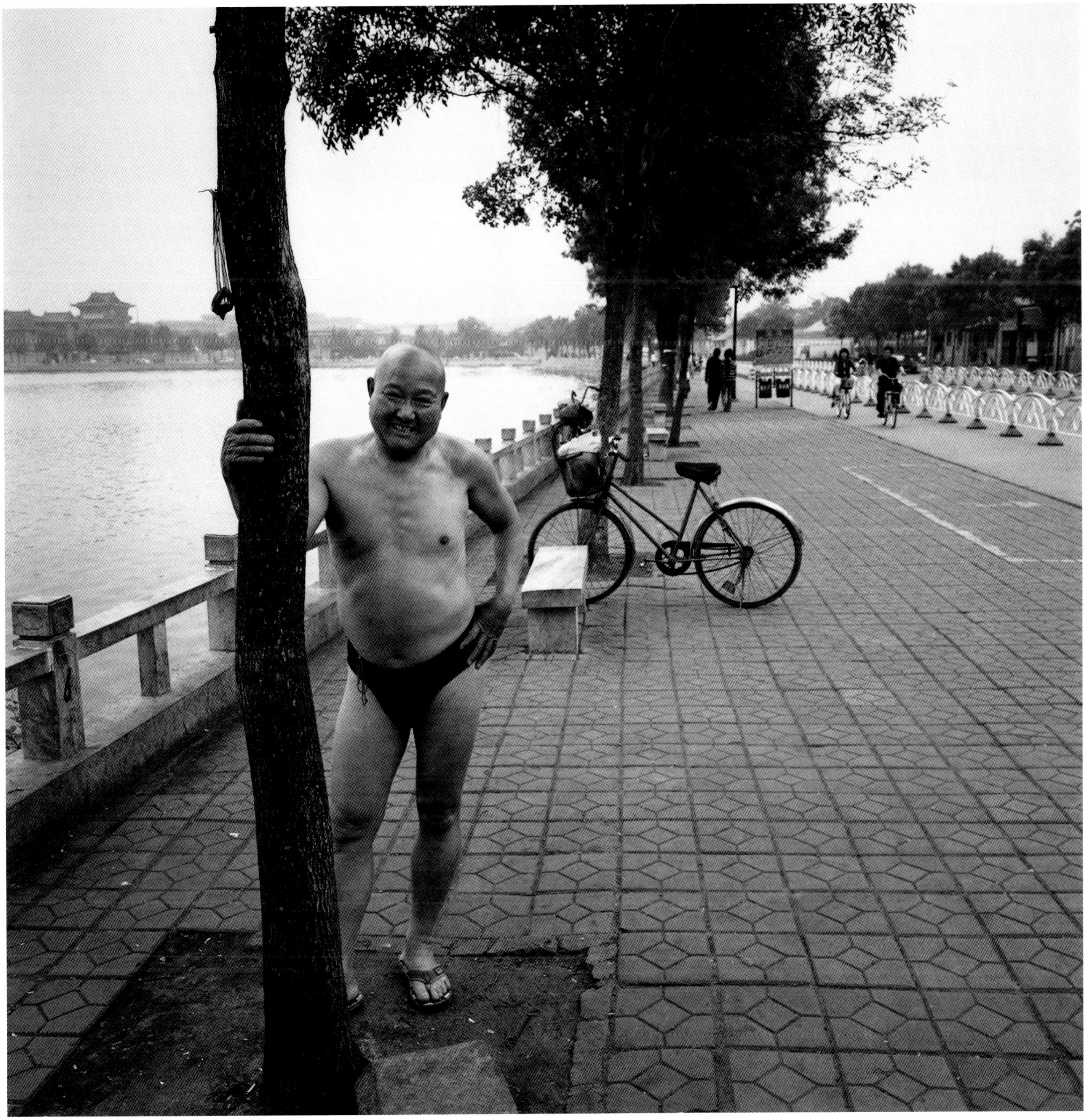

Kaifeng, Henan – 2007

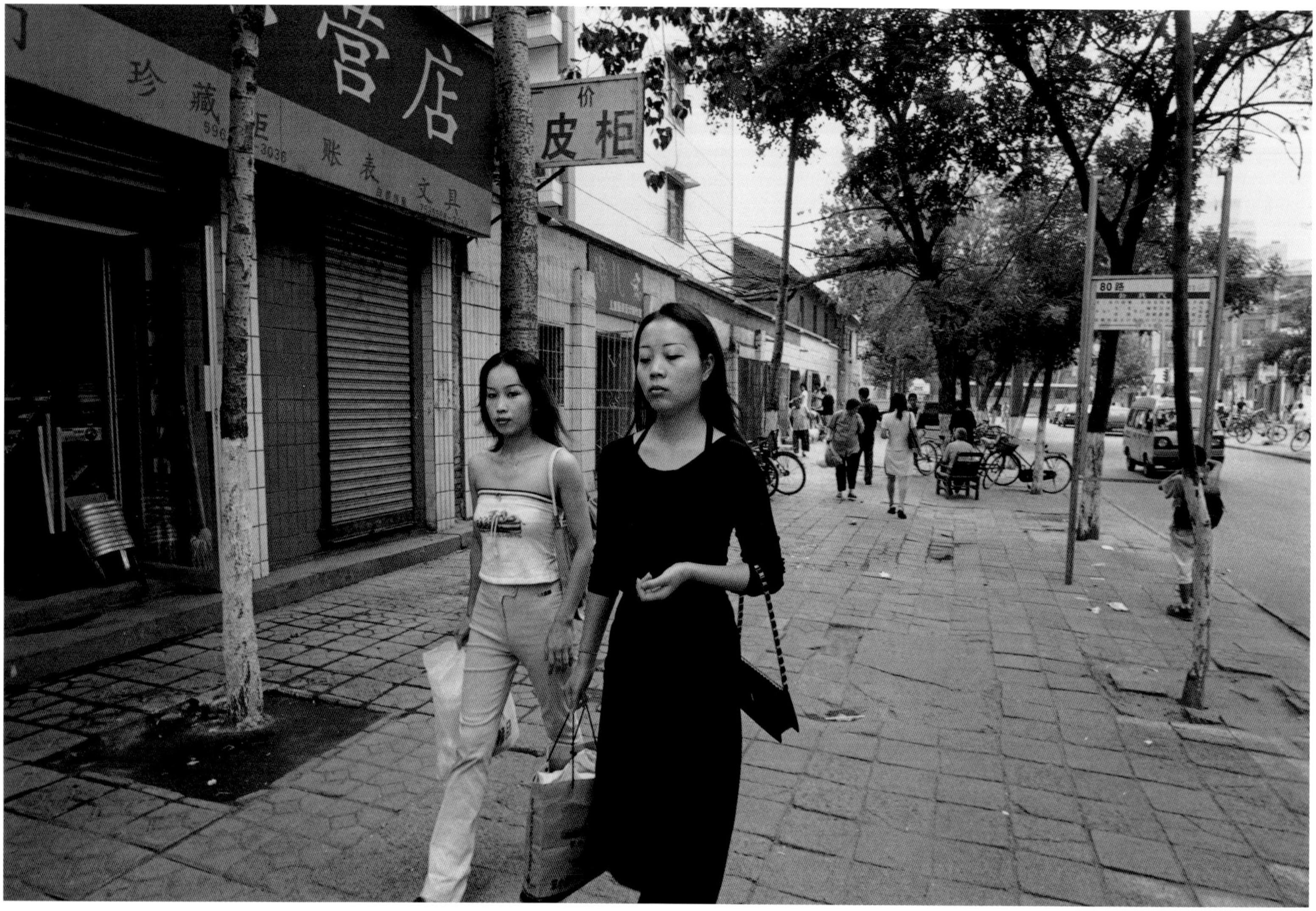

Zhengzhou, Henan – 2001

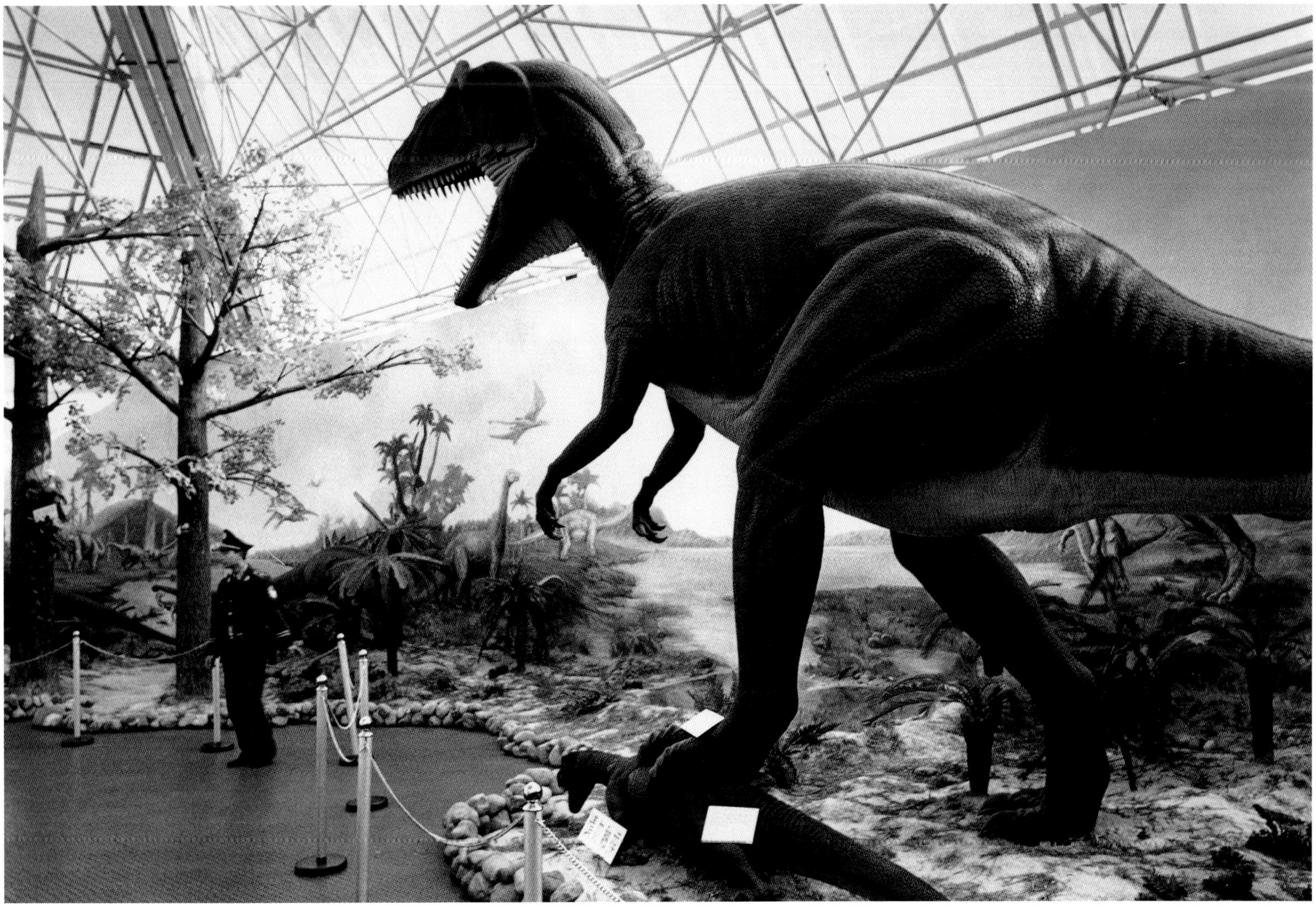

Zhengzhou, Henan – 2001

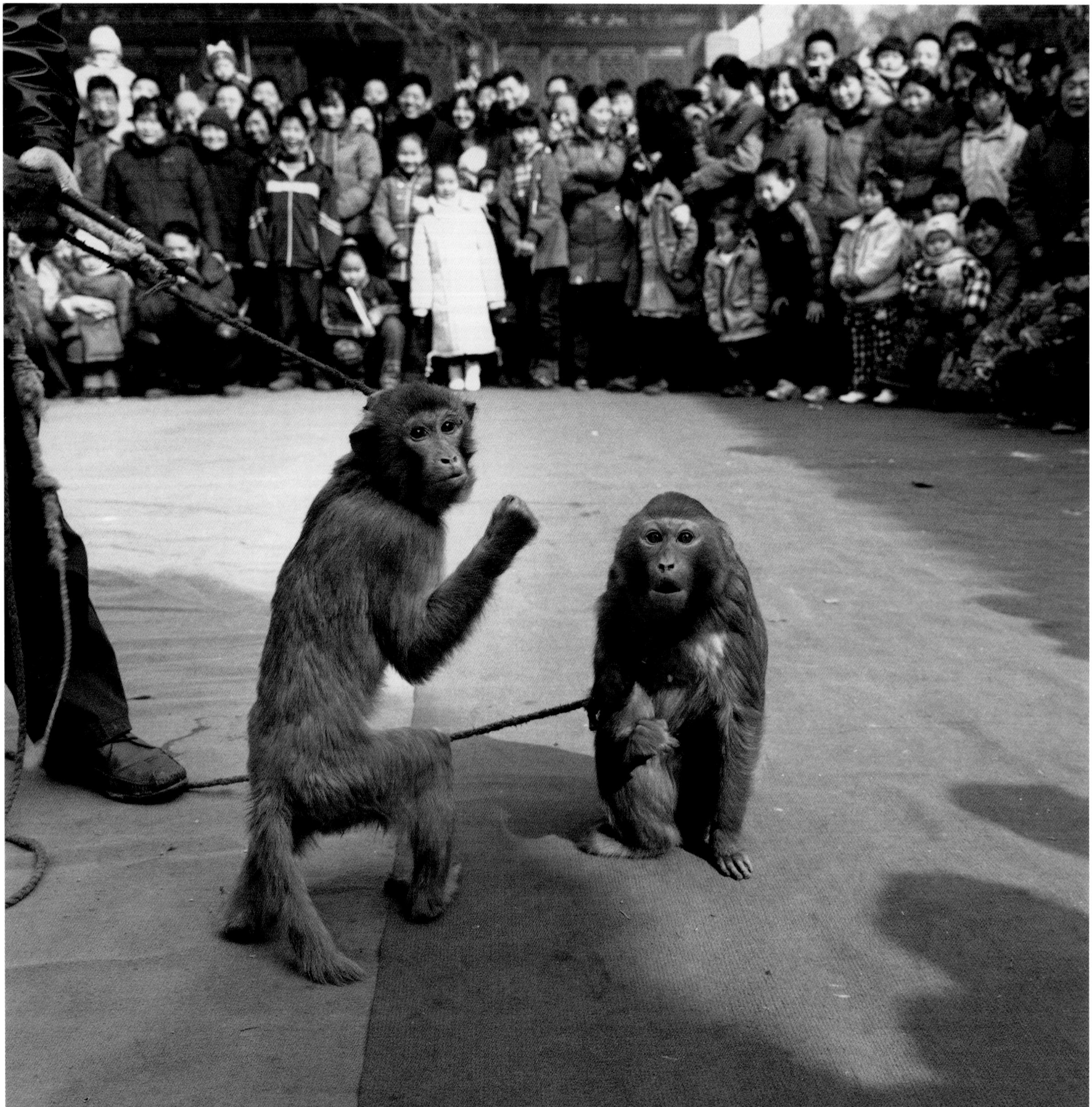

Zhengzhou, Henan – 2008

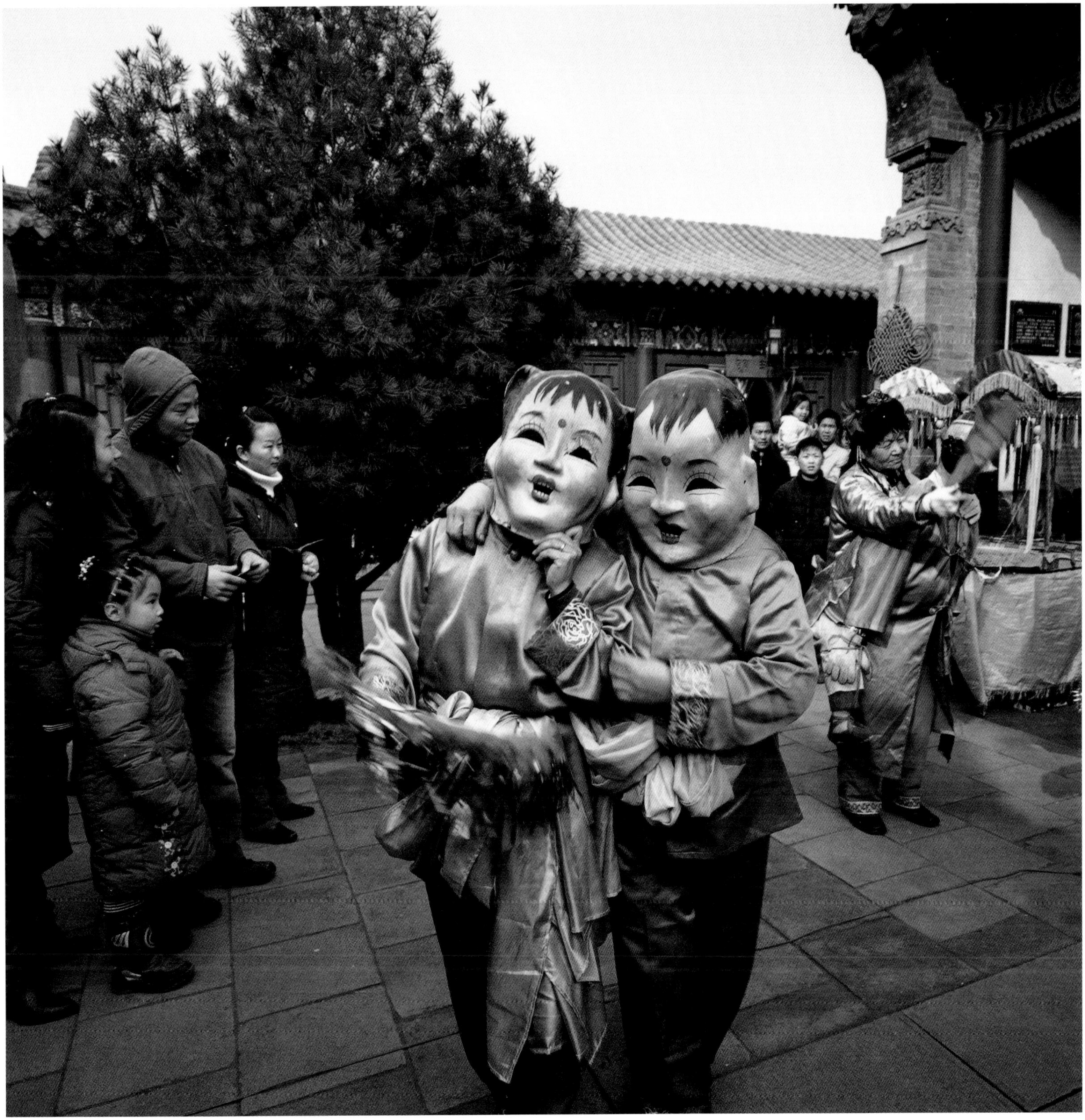

Zhengzhou, Henan – 2008

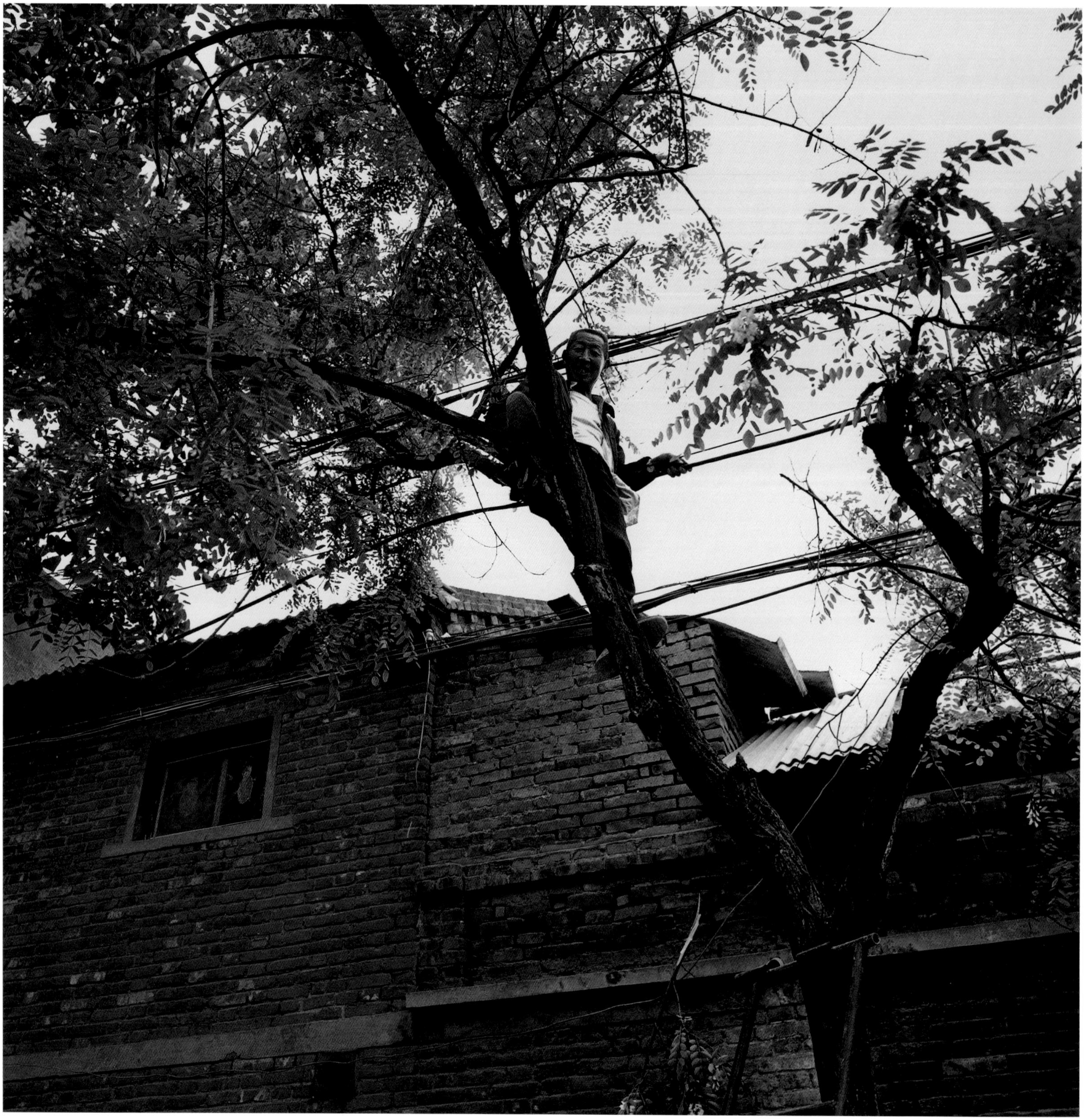

Shifo, Henan – 2007

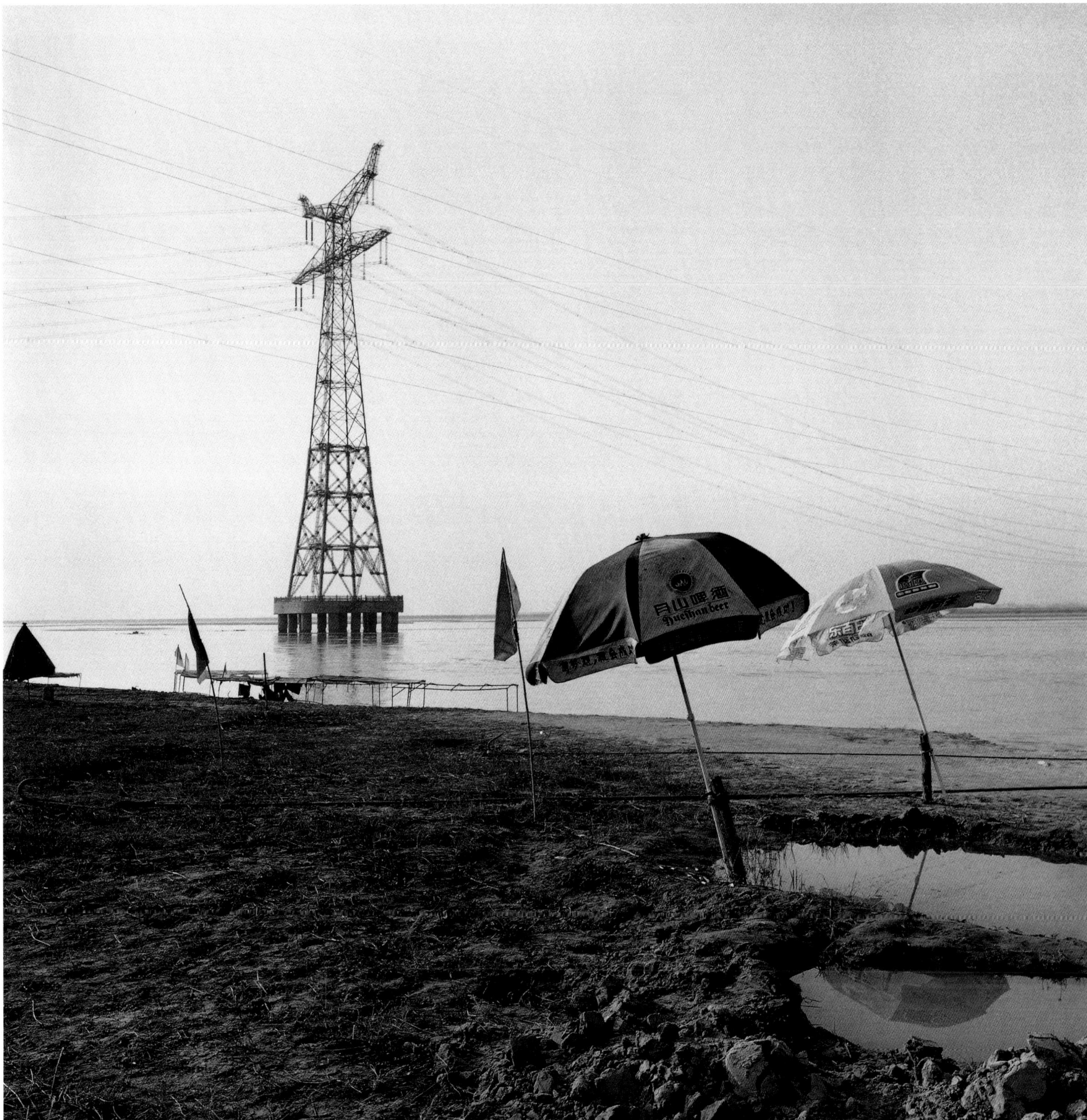

Yellow River, Henan – 2005

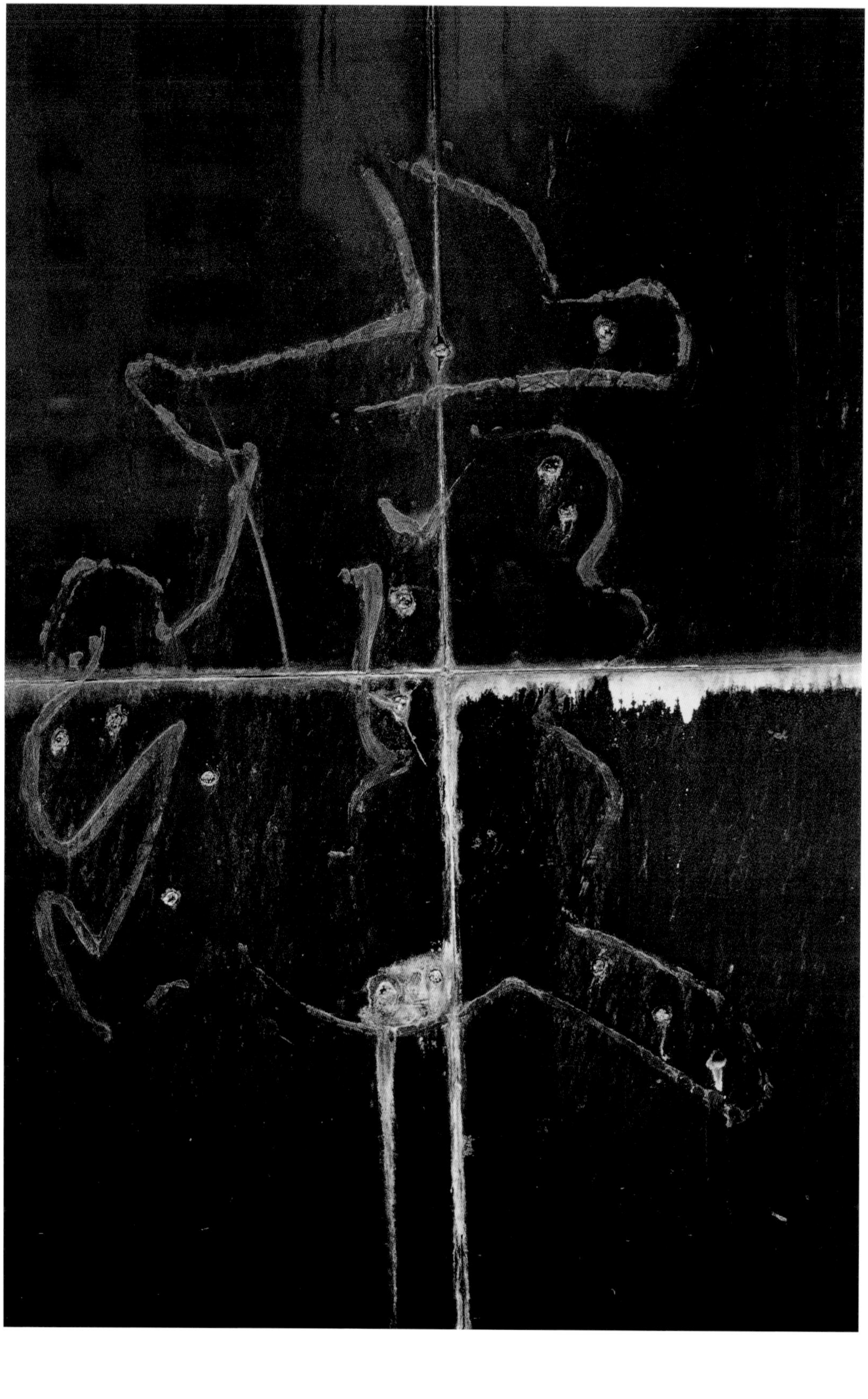

Zhengzhou, Henan – 2004

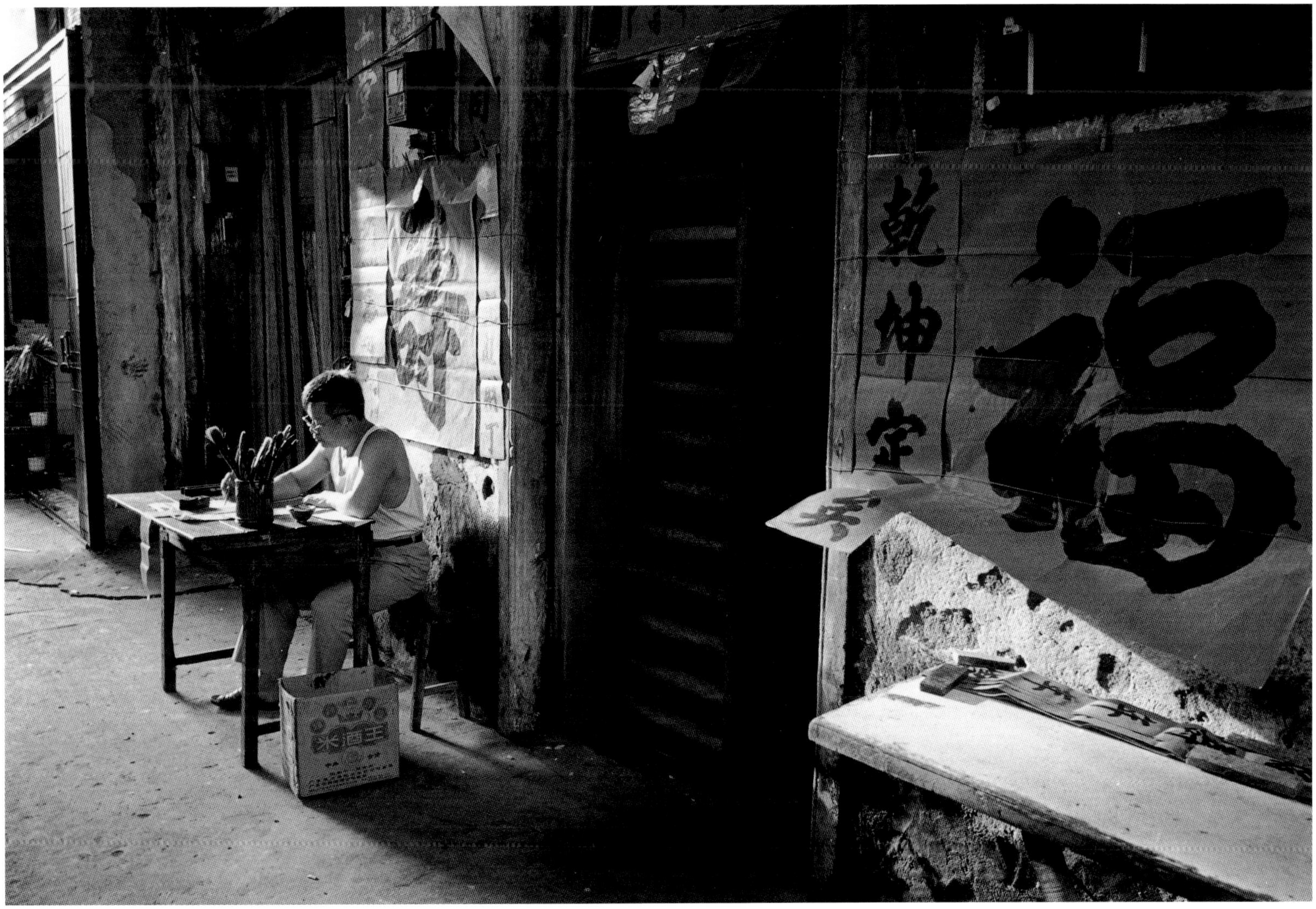

Haikou, Hainan – 2001

I would like to express my appreciation to all those who contributed to making this book, in particular:
Mein herzlicher Dank geht an alle, die mich bei der Realisierung dieses Buches unterstützt haben, ganz besonders an:
Mes remerciements chaleureux s'adressent à tous ceux qui ont contribué à la réalisation de ce livre et plus particulièrement à:

Cui Feifei
Chantal Krummenacher
Pierre Bessot
Walter Ponzo
Pierre Alain Jeannet
Liu Zheng
Jiang Jian
Li Wei
Jia Zhaosheng

Photography & Text	Marco Paoluzzo, Nidau, Switzerland
Calligraphy	Jia Zhaosheng, Beijing
Translation	Lucy Délèze-Black, Geneva
Übersetzung	Hubertus von Gemmingen, Villars-sur-Glâne
Design	Jérôme Heimann, Atelier Bart, Bienne
Scans & Printing	Beijing Artron Colour Printing Co. Ltd. China
Production	Flashback Publications, Nidau, Switzerland
	www.marcopaoluzzo.com
Deutsche Ausgabe	**Benteli Verlags AG** Bern - Sulgen - Zürich www.benteli.ch ISBN 978-3-7165-1694-2
Edition française	**Editions Favre SA** 29, rue de Bourg, CH-1002 Lausanne Bureau de Paris: 12, rue Duguay-Trouin, F-75006 Paris www.editionsfavre.com ISBN 978-2-8289-1225-3

First edition 2011

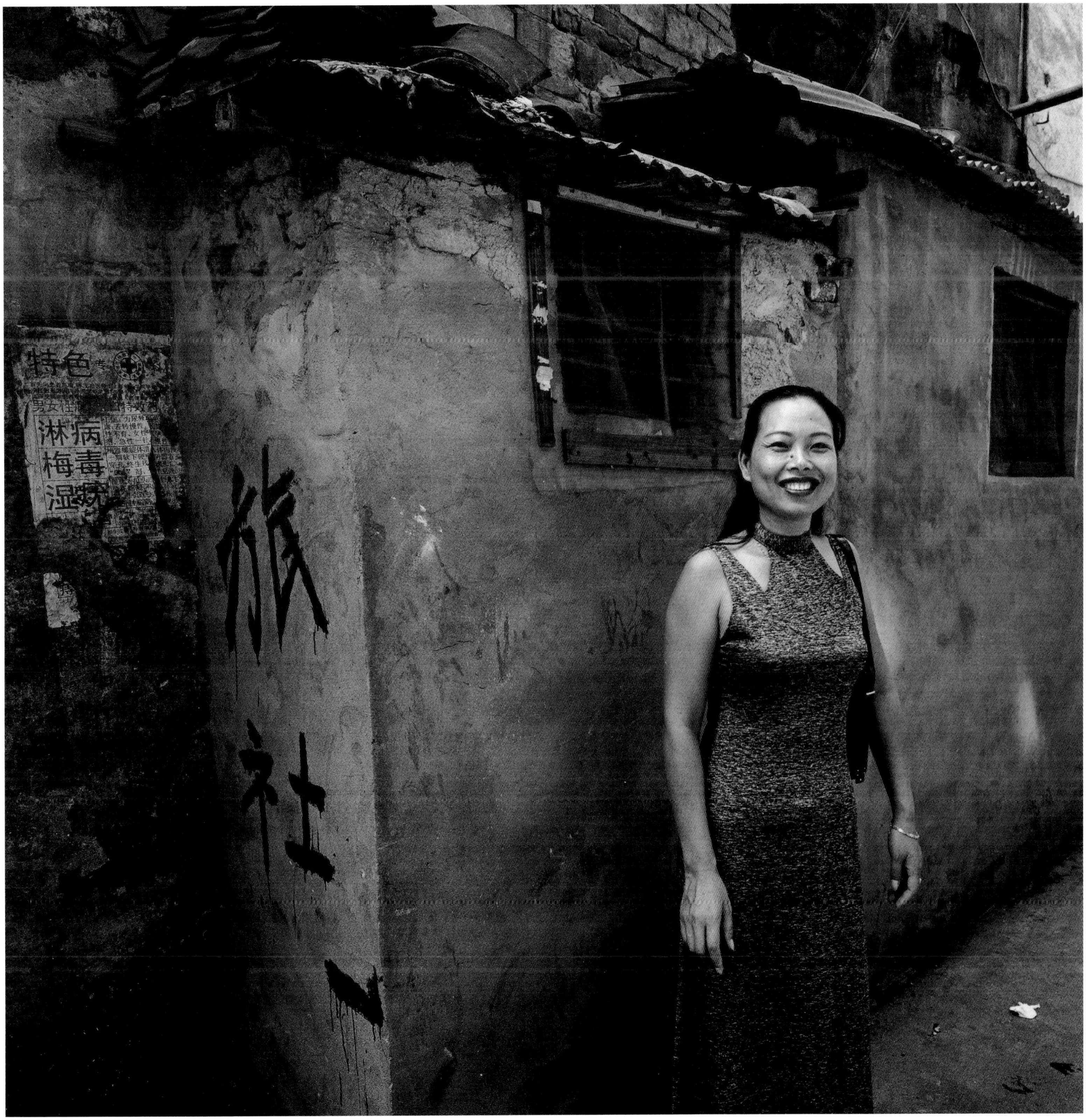

Guilin, Guangxi – 1998